国家自然科学基金重大项目

我国重大基础设施工程管理的理论、
方法与应用创新研究系列专著

重大工程情景鲁棒性决策理论及其应用

徐 峰 盛昭瀚 丁 斅 梁 茹 等/著

科学出版社

北 京

内 容 简 介

重大工程决策的关键问题是如何在工程全生命周期背景下对重大工程决策方案做出选择。一旦选择失误，将会造成极其严重的后果。本书从重大工程决策方案的大时空尺度有效性与工程–环境复合系统动态演化行为的深度不确定性出发，系统地构建了包括情景、情景耕耘、情景发现与预测及情景鲁棒性度量在内的情景鲁棒性决策基本原理及相应的完整范式与流程，以及情景耕耘技术。在此基础上，分别以港珠澳大桥工程、太湖流域水环境治理工程以及三峡工程等典型重大工程中的决策为例，对所提出的情景鲁棒性决策理论、方法和相应的支撑技术进行实际应用和验证。

本书可供工程管理领域工作者、研究人员，以及决策管理领域的相关人员参考使用，也可作为相关专业研究生教材。

图书在版编目（CIP）数据

重大工程情景鲁棒性决策理论及其应用/徐峰等著. —北京：科学出版社，2018.8

（我国重大基础设施工程管理的理论、方法与应用创新研究系列专著）

ISBN 978-7-03-056292-0

Ⅰ. ①重…　Ⅱ. ①徐…　Ⅲ. ①重大建设项目–项目决策–研究

Ⅳ. ①F282

中国版本图书馆 CIP 数据核字（2018）第 003200 号

责任编辑：魏如萍/ 责任校对：赵桂芬
责任印制：霍　兵/ 封面设计：无极书装

科 学 出 版 社 出版
北京东黄城根北街 16 号
邮政编码：100717
http://www.sciencep.com

中国科学院印刷厂 印刷
科学出版社发行　各地新华书店经销

*

2018 年 8 月第 一 版　开本：720×1000　1/16
2018 年 8 月第一次印刷　印张：15
字数：292 000

定价：135.00 元
（如有印装质量问题，我社负责调换）

序　一

"水之积也不厚，则其负大舟也无力；风之积也不厚，则其负大翼也无力。"重大基础设施工程（以下简称重大工程）是国家强盛必不可少的物质基础，也是现代社会赖以发展的重要支柱。

近年来，我国重大工程建设取得了举世瞩目的成就。从三峡工程到南水北调，从青藏铁路到港珠澳大桥，从"五纵七横"国道主干线到令全世界羡慕的高速铁路网，重大工程建设者创造了一个又一个"世界奇迹"，彰显着"领跑"之志、印证着大国实力、承载着民族希望。重大工程跨域式发展的硕果实现了从量的积累到质的飞跃，从点的突破到系统能力的提升，为经济建设、社会发展、民生改善提供了强大保障。然而，重大工程的大规模、开放性、多元化，以及新技术运用等，使得工程复杂性越来越突出，延伸性影响越来越显著，急需我国重大工程管理的科学研究产出创新性成果。在国际化、信息化和可持续发展时代背景下，传统的以项目管理知识体系为核心的工程管理理念、方法与技术驾驭重大工程管理复杂性的能力日渐式微，管理科学界迫切需要重新审视重大工程管理的本质内涵，激发学术创新，以促进工程管理的科学发展、推动工程行业的整体进步。

欣喜的是，由南京大学、哈尔滨工业大学、同济大学、华中科技大学和上海交通大学学者组成的团队在国家自然科学基金重大项目"我国重大基础设施工程管理的理论、方法与应用创新研究"的支持下，在重大工程管理的基础理论、决策分析与管理、组织行为与模式创新、现场综合协调与控制以及社会责任、产业竞争力与可持续发展方面开展了深入的研究，取得了一系列有价值的成果。

这套系列专著汇集了该团队近五年来的相关研究，作者立足于我国重大工程的管理实践，运用创新的学术话语体系对我国重大工程管理实践经验进行了深度解读和理论抽象，为形成具有中国特色的重大工程管理理论体系进行了积极的探索。

在重大工程管理的基础理论方面，作者在科学描绘国内外工程管理理论研究历史演进的基础上，通过对重大工程管理知识图谱的精细描绘及对重大工程管理理论形成路径的基本规律的揭示，基于系统科学与复杂性科学，构建了重大工程管理基本理论体系架构和基本内容，以具有中国特色和原创性的学科体系、学术体系、话语体系进行了深入的理论思考和学术创新。

在重大工程决策分析与管理方面，作者面向重大工程决策方案大时空尺度有效性与工程-环境复合系统动态演化行为的深度不确定性，系统提出了情景鲁棒性决策基本理论和方法、情景耕耘技术的完整范式和流程，并以港珠澳大桥工程选址、太湖流域水环境治理工程和三峡工程航运等实际决策问题为研究对象进行了验证和研究，开拓了关于重大工程决策大时空情景下复杂整体性的新认知及其方法论创新，并且对重大工程决策治理体系与治理能力现代化、工程战略资源管理决策等做了专门研究。

在重大工程组织行为与模式创新方面，作者详细剖析了我国"政府-市场"二元制度环境对重大工程组织模式的主导作用，从高层领导团队、领导力、跨组织关系网络、良性行为、异化行为等众多角度描述了重大工程组织行为的多元交互、多层复合及动态适应性，并利用组织计算试验模型和技术实现了对独特的"中国工程文化"形成的组织场景和复杂的社会经济系统环境的科学表述，对改造和更新现有工程管理组织模式具有重要作用和方法意义。

在重大工程现场综合协调与控制方面，作者针对重大工程现场管理的空间广度、影响深度和协调难度，从新的角度探讨了重大工程现场资源供应的协调与优化，在集中供应模式下的大宗材料安全库存设置与分拨决策、预制件供应商培育与生产的激励机制以及生产与装配的协同调度、关键设备资源共享与优化配置和考虑空间资源约束的工程调度优化等问题上给出了整体的解决方案，为深刻理解重大工程现场管理范式创新与行为变迁提供了科学的指导。

在重大工程社会责任和可持续发展方面，作者围绕重大工程的可持续发展战略，提出了重大工程社会责任论题，构建了社会责任"全生命期—利益相关者—社会责任"三维动态模型理论、治理框架和评价体系，辨识了驱动和阻滞要素，探究了互动、传导、耦合机理及多层次协同机理和溢出效应，对重大工程未来发展路线图进行了全面思考，体现了深厚的人文关怀精神，为建立系统的重大工程社会责任管理理论奠定了坚实的基础。

从前瞻性出发，作者还提出了"互联网+"时代的智能建造模式，研究了该模式下的工程建造服务集成、工程协同管理、智能工程建造管理和工程建造信息支撑环境，并介绍了"互联网+"环境下工程质量管理、工程现场安全管理和工程材料供应管理等的变革。

"凡是过去，皆为序章。"我国重大工程的伟大实践正孕育着强大的理论创新活力，积极参与具有重大学术价值的重大工程管理理论问题的自主性和原创性研究并贡献中国智慧是当代我国工程管理学者的历史责任。

　　这套系列专著体现了我国工程管理学界多年来努力对源于我国重大工程管理实践的理论思考，标志着中国工程管理学界在学术研究基本模式和路径上出现从"跟着讲"到"接着讲"的重要转变、从以"学徒状态"为主到以"自主创新"为主的重要转变。同时，我们要看到，重大工程管理实践如此宏大和复杂，科学问题始终在发展，相应的理论也在不断升华，所以，希望这套系列专著为学术界提供的若干理论创新的开场话题能激发更多学者积极、深入地开展具有自主性、原创性的重大工程管理研究，用"中国话语"把重大工程管理理论、方法和应用讲新、讲好、讲透，这不仅能有力地推动我国重大工程管理科学技术的发展，同时也能为人类重大工程管理文明的进步做出积极贡献。

　　基于此，本人欣之为序。

中国工程院院士

2017 年 12 月

序 二

　　重大基础设施工程是国家社会经济持续发展的基础性平台与环境保障。过去几十年，我国重大基础设施工程建设取得了举世瞩目的成就，截至2016年底，我国高铁运营里程已经超过2.2万千米，占世界高铁运营总里程的60%以上；长度排名前列的全球长大桥梁中，我国占据了一半以上；三峡枢纽、青藏铁路、西气东输、南水北调等超级工程不断提升了我国重大基础设施工程的建设与管理能力，不仅积极促进了我国重大工程建设的科技进步，也成为我国重大工程管理创新研究的巨大推动力。

　　应该看到，由于重大基础设施工程的复杂性，我们对重大工程管理内涵与管理的认知需要不断提高、对工程管理实践经验的总结需要不断深化，而源于国外的项目管理和工程管理理论虽然在我国重大工程管理实践中发挥了重要作用，但也出现了"水土不服"和解决复杂性管理问题时的实际能力日渐式微等问题，因此，我们既要借鉴国外理论，更要结合中国管理实践，运用中国智慧，在新的学术思想与哲学思维指导下，开展重大工程管理理论、方法与应用创新研究。

　　令人欣慰的是，我国重大基础设施工程的伟大实践为这一创新研究提供了丰沃的土壤，也是推动我国工程管理学界开展重大工程管理创新研究的新动能。

　　近几年来，由南京大学、哈尔滨工业大学、同济大学、华中科技大学和上海交通大学的学者组成的研究团队，在国家自然科学基金重大项目"我国重大基础设施工程管理的理论、方法与应用创新研究"的支持下，紧密依托我国重大基础设施工程管理实践，对重大基础设施工程管理的基础理论、工程决策、组织、现场和社会责任等关键问题进行了深入研究，提出了原创性理论体系以及一系列创新性管理方法与技术，并在实践中进行了成功应用，取得了一系列高水平成果，这套系列专著即该研究团队研究成果的系统展示。

　　在基础理论方面，作者立足于系统科学和复杂性科学思想，初步构建了重大基础设施工程管理基础理论体系，为重大基础设施工程管理研究提供重要理论支撑；在重大工程决策方面，作者抓住了重大工程决策所面临的根本性问题，包括情景深度不确定性和决策鲁棒性理论、评价重大工程决策方案质量的鲁棒性度量技术，以及重大工程决策治理体系建立和治理能力现代化、工程战略资源管理决策等，为提高我国重大工程决策质量提供了重要理论依据与关键技术；在重大工程组织方面，作者基于我国独特的体制机制背景，提炼出重大工程组织模式的主要范式和设计逻辑，这对于形成适应我国国情的重大工程组织模式具有重要意义；在重大工程现场管理方面，作者对重大工程现场资源供应的协调与优化提出了新方法，并提出了"互联网+"时代的智能建造模式，讨论了该模式下的工程建造服务集成、工程协同管理、智能工程建造管理和工程建造信息支撑环境和工程质量、安全和工程材料供应管理等方面的变革；在重大工程社会责任治理方面，作者从一个全新的视角提出了重大工程社会责任的新论题，这也是新时代我国重大工程绿色、和谐发展的基本问题，进一步丰富了重大工程可持续性理论，开辟了重大工程管理理论和实践发展的新方向。

以上这些系列成果对于我们深刻认识重大工程管理规律具有基础性和引导性作用，是当前我国工程管理学者对重大工程管理理论、方法与应用创新的重要贡献和突出标志，必将为进一步提高我国重大基础设施的管理水平发挥重要作用。

随着全球社会、经济的不断发展，重大基础设施的内涵和外延也在不断拓展：从关注单个重大基础设施工程建设到强调基础设施的互联互通；从铁路、公路、机场等传统基础设施到重大科技基础设施、互联网、物联网及信息通信等更广泛的基础设施；从我国国内的基础设施到"一带一路"的全球重大基础设施网络。重大工程管理主体、对象和外部环境的变化对重大工程管理理论的研究提出了更高的要求，因此，希望这套系列专著展现的成果能为重大工程理论界和工程界点燃更多的创新火花，激发更多学者广泛、深入开展具有自主性的重大工程管理学术研究，产出更多原创性成果，并通过我国重大工程管理研究取得的更高水平成果，为世界重大工程管理文明做出更大贡献！

中国工程院院士

2017 年 12 月

前　言

　　重大工程决策是指一类诸如规划、立项、投融资等对工程全生命周期有深刻或决定性影响的重要问题做出的基础性、全局性、战略性选择，选择的结果即重大工程决策方案。

　　事实证明，一旦重大工程决策失误或决策方案失效，不仅对重大工程自身，而且对与工程密切相关的社会、经济、自然环境都可能造成巨大危害，国内外这样的案例很多，如苏联卡拉库姆运河工程决策使咸海的水量在不到 30 年的时间里减少了近 60%，湖水盐度提高了一倍。而我国的三门峡水利工程决策也造成库尾泥沙淤积、渭河入黄河部分抬高、移民回迁等一系列问题。

　　造成上述这些决策问题的主要原因是重大工程决策方案未能在工程的全生命周期内保持其规定的作用和功能的长期适应性。这既要求重大工程决策方案功能对工程生命周期内环境情景重要变动具有稳健性，也要求其不会在重大工程完成后诱发社会自然工程复合环境新的有重要危害的情景出现。也就是说，重大工程决策方案不但要能够"扛得住"工程环境未来可能出现的情景变化带来的各种风险，而且在重大工程决策方案从概念变成实体后，相对于新的社会经济-工程复合系统"不惹事"，即不会诱发新的破坏性问题，如引发生态和自然环境的恶化与灾害、区域经济发展的衰退等情况。

　　从系统的角度看，重大工程决策方案是在工程所处环境基础上的一种人造复杂系统的设计。这种设计主要包括对该复杂系统一系列功能的设计，就其复杂性而言，可分为显性功能和隐性功能、构成性功能和自组织功能、涌现功能和隐没功能等。显性功能多指决策的物理性功能，如公路可以正常通车；隐性功能是指工程对社会经济发展的支撑效用，如大桥建成后对地方经济的促进效用；构成性功能是指决策方案设计时规定的效用；自组织功能是指设计时未直接考虑，而由社会经济-工程复合系统涌现出来的功效；隐没功能是指随着时间推移，原有的但逐渐消失的效用。从对决策方案的评价角度看，显性功能与构成性功能属于决策方案基础类功能，这些功能一般是对工程物理性目标的直接实现，是一个合格的工程决策方案最基本的必须实现的功能，而隐性功能、自组织功能与隐没功能属于演化类功能，通常需要在工程完成之后才能逐渐呈现出来并发挥效用。

而传统决策方法（如线性和非线性规划决策、多目标决策、多准则决策、随机统计决策及模糊决策等）更多的是针对决策目标明确、边界清晰、影响因素确定、决策环境稳定的结构"良好"的问题，其最优解一般是对某个特定情况下的最优概念。

但是，重大工程决策问题远比上述情形复杂，这主要是因为重大工程决策具有以下几个特点：一是决策主体因认识能力不够或掌握的信息不完全，对决策问题和目标的认识是模糊的，需逐渐比对进而变得清晰；二是重大工程及其环境存在着"深度"不确定性和演化性，由于重大工程的全生命周期一般在百年级别，在如此长的时间跨度内，重大工程环境的动态变化不是简单的或是有规律的不确定性，因此对其环境演化和涌现的预测将非常困难；三是重大工程决策问题本身是由多个内在的具有层次性、强关联、高度集成的一系列子问题构成的，因而在决策方案形成过程中，会涌现出一系列新的问题。

因此，考虑到重大工程决策问题的这些特点，决策主体在获得一个"好"的决策方案过程中，如何衡量决策方案质量的"好坏"呢？从重大工程长生命周期以及工程对环境有重大影响等特点出发，不但希望工程环境在大时间尺度内的情景变动不会对工程方案正常功能的发挥造成不利影响，而且在工程建成后，工程也不会诱发社会经济-工程复合系统产生新的重大危害。即决策方案对这两类情景变化都是鲁棒的。特别是，在未来各种可能情景下，在最极端或最负面的情景下，也是鲁棒的。

基于此，笔者提出了重大工程决策理论中的情景概念。所谓情景，是重大工程环境（包括社会、经济、自然等）或重大工程-环境复合系统在整体层面上形成的整体现象、现象的演化及形成该现象的可能路径。因此对于重大工程决策方案的评价，既不能仅仅考察一个时间点或某一个时间段，也不能仅静态或仅动态地考虑问题，而需要在工程全生命周期、多尺度及情景演化与涌现背景下，考察决策方案效果、作用及情景变动之间的契合程度。这一认知被我们抽象为评价和度量重大工程深度不确定决策质量的基本概念：决策情景鲁棒性。

基于此，本书提出重大工程决策情景鲁棒性是决策方案对工程全生命周期情景变动的稳健性或适应性的属性，其包含决策方案形成前对工程全生命周期情景变动预期的适应（第一类鲁棒性）和决策功能释放后对工程新复合系统可能出现的破坏性情景的防范（第二类鲁棒性）。我们将这类以情景鲁棒性为主要性能指标的重大工程决策称为重大工程情景鲁棒性决策。

重大工程情景鲁棒性决策的关键技术为情景的发现与生成技术，关键要解决两个问题：第一个问题是如何形成、发现、重构、预测出重大工程决策的不同情景，特别是极端情景；第二个问题是如何评价重大工程决策方案的鲁棒性。因此，本书系统地提出情景鲁棒性决策理论和相应的支撑技术，并选取我国典型且具有重大影响的工程实践进行研究。

本书的学术思想起源于笔者团队多年来深入开展的重大工程决策实践与研究，特别是国家自然科学基金重大项目（重大基础设施工程决策分析与决策管理研究，71390521）进一步推动了我们对重大工程决策理论的深入研究。通过研究，我们系统地提出了重大工程决策的深度不确定性概念，并指出情景鲁棒性是重大工程决策的情景耕耘技术方案质量新的、独特的、带有根本性的属性这一重要新认知。在此基础上，从重大工程决策方案大时空尺度有效性与工程-环境复合系统动态演化行为出发，构建了包括情景计算机生成、发现与预测，情景鲁棒性度量等情景鲁棒性决策基本原理及相应的完整范式与流程及情景耕耘技术。

在此基础上，我们分别以海床环境对港珠澳大桥工程选址的影响和港珠澳大桥对工程航道长久性影响决策问题、太湖流域水环境治理工程问题以及三峡工程扩大航运能力决策等典型性的重大工程决策为例，对所提出的情景鲁棒性决策理论、方法和相应的支撑技术进行实际应用和验证。值得指出的是，本书选取的港珠澳大桥选址决策案例已经应用于工程决策实践，并且为工程成功实践所检验，是一个难得的样本。

综上所述，本书所涉及的重大工程情景鲁棒性决策理论、情景耕耘技术、决策方案情景鲁棒性测度方法及相关实际应用等，形成了系统的关于重大工程决策理论、方法与应用的体系，其中提出的核心概念、基本原理和科学问题，在重大工程决策领域构建有首创性的成果体系与话语体系，特别是这一理论体系的形成主要源于我国重大工程决策实践，充分体现了面向国家重大现实管理问题，利用新的决策理念和新的决策方法研究中国实际问题，形成自主性创新成果的管理学学术研究的战略导向。

目　　录

上　　篇

下 篇

上　篇

　　上篇内容包括第 1 章到第 4 章，这一部分主要是对重大工程情景鲁棒性决策的理论与技术进行系统阐述，写作思路主要是从重大工程决策方案的大时空尺度有效性与工程–环境复合系统动态演化行为的深度不确定性出发，系统地构建了包括情景、情景耕耘、情景发现与预测及情景鲁棒性度量在内的情景鲁棒性决策基本原理及相应的完整范式与流程以及情景耕耘技术。

第 1 章　重大工程决策概论

1.1　重大工程决策的基本论述

1.1.1　工程、重大工程及其基本特征

20 世纪以来，随着人类社会经济的发展与科学技术的进步，全球范围内重大工程的规模越来越大，数量越来越多，针对重大工程的投资额甚至已经以亿元为单位了。例如，中国在 2008 年提出的四万亿计划，其中约有 15 000 亿元用于铁路、公路、机场、水利等重大基础设施；美国 2018 年 2 月提交的 2019 年财政预算为基础设施建设投入 2 000 亿美元；针对亚洲地区基础设施建设的亚洲投资银行法定资本额就有 1 000 亿美元。根据 20 国集团的《全球基础设施建设展望》报告，在 2016 年至 2040 年，全球基础设施投资将以平均 3.7 亿美元的年增长率，增长至 94 万亿美元（Global Infrastructure Hub，2017）。面对如此白热化的全球化实践趋势，理论界也开始了对重大工程的研究，厘清概念是人们思考问题的开始，这第一步，从"工程"开始。所谓"工程"，是人类的生产实践活动发展到一定阶段的自然产物。开始，人类为了解决最基本的物质生活需求，除了开展打猎捕鱼、采集果实、从事种养业等生产实践活动外，还开展了建房修路、造坝搭桥等造物与用物的实践活动，"工程"的概念也就随着各色"人造系统"的诞生而诞生了。

最初，人们大多把"工程"一词指为人造物实体，如《新唐书·魏知古传》："会造金仙、玉真观，虽盛夏，工程严促。"这里的"工程"指的就是土木构筑。这种对"工程"一词的理解在日常生活中随处可见，如"中国的万里长城是个伟大的工程"，这里"工程"就是指长城人造物实体。但是随着人类造物实践活动的丰富和认知的抽象，人们开始意识到人类的"造物"（包括改变原有事物性状）活动是一个完整有序的过程，包括造物意图的形成及造物方案的设计、组织、实施

直至人造物实体的整体完成，由此可见，"工程"概念可理解为根据一定意图而创造人造物实体的完整过程（盛昭瀚和游庆仲，2007；盛昭瀚等，2008）。

总结起来，关于"工程"的语义界定基本沿着以下两种方向行进。

一种是将有明确目的、有始有终的在某一领域进行的完整性活动皆视为"工程"。因为人类的造物工程主要从建造房舍、修路筑坝开始，所以在很长时期人类的造物都表现出浓厚的"土木性"。因此，根据工程造物过程必须基于明确目的和有始有终的完整性这一特征，只要在某一领域，有明确目的和有始有终的完整性的活动皆可视为"工程"。于是，陆续出现了"水利工程""机械工程""化学工程""遗传工程""电子工程""生物工程"等概念，并进一步从科学体系与教育体系的结合中将"工程"解读为大学教育中的学科概念。

另一种是把实体造物的工程概念拓展到社会、科技、精神及逻辑领域，将需要较多的人力、物力在一个较长时间周期内来进行规模较大且较为复杂的工作看作一个"工程"，于是出现了更为广义的工程概念，如城市改建工程、菜篮子工程、扶持农村教育的"希望工程"和发展大学教育的"211工程"等。

工程的定义虽然在不断变化发展着，但无论是对于"工程"界定的变化，如从最初的"土木""水利"延伸到"机械""电子""信息"领域，还是把物质型工程拓展到半物质型与非物质型工程，都反映了人类造物实践活动的不断丰富和造物活动范围的不断扩大，都是为了方便描述和认识这类人类特有的造物实践活动和过程。只要我们把握住了"人类造物实践活动"这一核心价值，再与具体的环境背景相互关联，就可以对特定语境下"工程"的含义进行清晰明确的表达。

根据上述说明，这里特别指出，本书讨论和研究的工程既不指一类非物质类型工程，也不指学科型工程，而主要是指一类实体型的造物工程，如公路桥梁工程、水利工程等。概言之：工程是人类为了实现某一目的，遵循客观规律并依据一定科学技术与社会人文原理，进行的造物或改变自然与事物性状的实践活动（何继善等，2005）。

随着人类社会经济的发展与科学技术的不断进步，全球范围内重大工程的规模越来越大，数量越来越多。特别是20世纪以来，人类工程活动逐渐呈现出环境复杂、规模宏大、技术先进、投资巨大、工程建设与生命周期长、对社会经济环境具有重要持续影响等特征。这类工程为人类或创造了新的公众服务支撑条件，或改善了原来的生存环境，同时为社会提供了大量的就业岗位，还为人类文化文明持续发展提供了重要支撑。因此，人们对"重大工程"这一概念的印象在日复一日的生活中不断加深。"规模巨大"和"影响深远"是我们对"重大工程"特征最直观的两个认识。

事实上，对"重大工程"概念的理解，主要是在"工程"概念的基础上，加入人们对"重大"一词的理解。显而易见的是，由于各国国情不同，所以对于"重大"的认知也存在差异，有些国家侧重于建筑面积，有些主要考虑使用者的特殊身份，有的则以投资额为核心标准。以工程投资额为例，如美国联邦高速公路管理局曾定义造价超过 10 亿美元的工程项目为重大工程，而挪威政府则规定超过 6 000 万欧元的工程就属于重大工程。这说明仅从工程投资的绝对数字来界定一项工程是否为重大工程是无法取得共识的，它涉及一个国家的综合国力，以及政府在“大炮与黄油”之间的偏好，所以并不是一个可以用投资量来判断的概念。基于长期的工程活动实践，我们发现人们更多倾向于从不同的视角和层次对“重大工程”的特点进行归纳，从而形成定性化的描述性概念。所以，回到我们之前提到的基本印象，这应当也是人们对于重大工程所达成的最大的共识，即重大工程是一类“很重要”和“规模大”的工程。

造物型“重大工程”依据其工程功能的广泛性大体可以分为以下三种类型：

（1）重大科学技术工程。这类工程需要在一定时限内探索和发现重大科学规律或实现重大技术突破。这一类工程在人类发现自然规律、突破重要关键技术以及提升战略性产业竞争力等方面都具有全局性影响和整体性带动作用，如一国或多国共同开展的“航天工程”“引力波实验工程”等。

（2）重大军事国防工程。这是一类国家或国家联盟出于军事目的为了国防安全或增强国家军事实力而开展的重大武器、军事装备研发及相关土木建筑建设工程，如美国开展的国家导弹防御（national missile defence，NMD）系统、俄罗斯的全球卫星导航系统（GLObalnaya NAvigatsionnaya Sputnikovaya Sistema，GLONASS）等。

（3）重大工程。基础设施包含两个方面的内容：一方面是指经济基础设施工程，如城市公用事业工程、交通工程及公共工程等；另一方面是社会基础设施工程，如教育、文化及卫生保健设施工程。由于基础设施工程一般都具有“规模巨大”和“影响深远”等基本特点，自然就形成了一类“重大工程”。

在以上三类重大工程中，重大科学技术工程与重大军事国防工程在工程主体、工程决策及工程实施等方面都具有特殊规定性和独特的运作程序，相关信息也处于高度保密和不对称状态。

比较而言，以改善民生和支撑社会发展为主旨的重大工程，如我国的三峡水利工程、南水北调工程、港珠澳大桥工程等，不仅比其他两类重大工程更为多见，而且相关信息比较公开，具有普遍的管理内涵与意义。根据长期的工程实践，我们认为重大工程最重要的基本特征有以下几点：

（1）决策主体单一重大工程的决策与投资主体一般都是国家（政府）机构。国家（政府）在工程建设中一般都起着重要的主导作用，在工程是否立项、是否出资、何时建设、怎样建设等重要问题上国家（政府）一般都拥有决策权与话语权（Cairns，2004）。

（2）工程规模巨大。这类工程规模庞大、涉及空间广阔。例如，中国三峡仅淹没区居住总人口就达 85 万人，考虑到二次搬迁等因素，三峡工程移民安置动态总人口达到113万人（石伯勋等，2011）。

（3）工程自然环境复杂。重大工程往往地处复杂甚至恶劣的自然环境中，如中国青藏铁路工程，该地段一年四季高寒缺氧、气候复杂多变，而且要穿越连续型温度高、厚度薄和敏感性强的冻土里程达550千米，还要建设世界上海拔最高、横跨冻土区最长的高原永久冻土隧道（孙永福，2005a）。

（4）工程影响重大而深远。这里的影响需要从两个方面来理解：正向与逆向。通俗地说，这里的影响是指工程和自然-社会-经济复杂系统之间的"互相伤害"。一方面重大工程建设和存续期间会受到其所处的自然环境等因素的影响，如泥石流对桥梁主体的影响，另一方面重大工程的存在也会对自然环境、经济发展造成影响，有些影响是正面的，如重大工程的建设目的一般都是积极而持久地促进社会经济的发展或改善人类的生存环境。但是，重大工程的目标在实践上并非都能一一实现；同时，由于决策考虑不周或失误反而可能出现人们意想不到的坏结果，而且，因为重大工程对区域社会经济环境影响深远，一旦出现这种情况，极有可能会对区域社会经济环境造成重大的破坏，这种破坏一般是长时期、不可逆的。例如，苏联卡拉库姆运河工程，由于开挖运河及引水灌溉等，咸海在不到30年的时间里水量减少了近60%，湖水盐度提高了一倍。

（5）工程生命周期长。重大工程建设由于漫长的工程生命周期，不仅会形成工程建设过程中的多个阶段和接口，更重要的是使工程建设特别是工程目标的释放置身于社会经济、自然环境长时间尺度的不确定性之中，从而需要重大工程功能在工程长生命周期内具有良好的"稳健性"（Priemus et al.，2008）。

上述特征虽然不是重大工程特征的全部，但体现了人们对重大工程典型特征的共识和对其科学内涵的认知。

因此本书主要研究的重大工程专指投融资主体组成复杂、创新性强、环境复杂、影响深远、规模巨大的重大工程。

综上所述，重大工程是从"工程"延伸出的概念，它既存有一般工程的某些特征，也具有一般工程基本上不存在或虽然存在但并不明显、不突出的若干新的特征。这些特征极大地推动了人们对工程认知的拓展与变革，形成了工程范畴内新的认知。也因为这些独特的、明显区别于一般工程的特征，重大工程的决策活动产生了许多与一般工程决策活动不同的新内容。

1.1.2　从工程决策到重大工程决策

既然重大工程存在其自身的本质特征，那就必然会与一般工程决策活动有所区别。下面我们从决策环境、决策问题、决策目标、决策组织、决策方案五个方面来分析重大工程决策与一般工程决策之间的重要区别，如表 1.1 所示。

表 1.1　一般工程决策与重大工程决策的差异性

因素	一般工程决策	重大工程决策
决策环境	相对稳定	动态变化
决策问题	信息不完全	情景不明确
决策目标	横向多目标	纵横向动态多目标
决策组织	主体群规模较小、组成结构简单、价值趋同、刚性	主体群规模大、组成结构复杂、价值多元化、柔性
决策方案	通过可行方案比对、优化，最终确定可实现目标的方案	不断比对迭代与收敛，形成能够对工程全生命周期内各种可能情景具有稳健性的方案

第一，决策环境。一般工程的决策环境是相对稳定的，而重大工程的决策环境是不断动态变化的。重大工程地域范围大、空间覆盖面广，工程的社会经济自然环境在工程长生命周期内不仅是动态变化的，还可能发生演化与突变等复杂现象（George et al.，2016）。这些都会对重大工程方案设计、建设施工，以及工程建成后的工程质量与功能稳健性产生深刻影响。例如，不稳定的政治社会环境可能导致工程建设中断，经济的激烈动荡可能会使工程资金链断裂，自然环境的重大变化则有可能影响工程功能的正常发挥（Salet et al.，2013）。因此，复杂的环境使得创造高质量工程更加困难。

第二，决策问题。与一般工程决策相比，重大工程决策过程中需要解决的决策问题不仅数量多，而且复杂得多。这些复杂的问题可能只占整个决策问题数量中的小部分，但却要花费决策者大部分的时间与精力，并且如果其中某一个问题解决得不好，都将严重影响重大工程整体建设和运营的质量与进度（Bertolini and Salet，2008）。首先，这些复杂决策问题一般都涉及多个学科和领域的知识，必然需要多个领域的专家运用多学科、多领域的知识才能解决（卢广彦，2009）。其次，这些决策问题的边界往往是模糊和不完全明确的，问题内部要素之间除有确定的输入/输出关系，还有不完全确定的关联关系。最后，这些决策问题一般都很难完全用一种比较明晰的结构化方法（模型）来描述。

第三，决策目标。解决决策问题总是以决策目标为导向的，重大工程决策问题的工程长生命周期特点使工程目标在不同时间尺度上都有所反映，又因为重大工程对社会经济环境有着重大影响，所以，在不同领域内又都会有各自目标的反映。不难看出，这些不同维度，或者同一维度但不同尺度的目标不仅形成了多层次、多维度、多尺度的目标体系，而且在目标表述时，还会出现目标模糊、不确定、相互冲突、难以计量等情况，从而增加了对这些目标进行综合分析和评估的难度（高梁和刘洁，2005；Masrom et al.，2015）。

第四，决策组织。一般工程的决策组织规模较小、组成结构简单、价值趋同，属于刚性组织，而重大工程的群体规模大、人数多、价值多元化，属于柔性组织。参与重大工程决策的主体群规模大、人数多，从客观上形成了多元价值观，而不同的价值偏好，使得重大工程决策活动中有更多的利益诉求和行为冲突。同时由于在实际操作中很难一次性构建对所有决策管理问题进行决策的决策组织，这时，就要通过重大工程管理组织在决策过程中对"柔性"和"适应性"的调整（包括变动主体构成、改变管理机制与流程）来提高其整体决策能力（Ponzini，2011）。

第五，决策方案。决策方案是由决策主体在专家团队支持下针对各个不同决策问题提出的解决方案。对于重大工程管理中一类相对简单的问题，其方案的形成与一般工程基本上没有什么差别。但是，对于其中的一类复杂程度高的问题，其方案的形成路径就会有很大的不同。重大工程决策主体群对决策方案的产生表现为一个不断探索的"试错"过程。在这一过程中，管理方案通常都不是一次"优化"形成的，而是根据对问题认识的深度和准确度，通过对备选管理方案的多次比对、修正与完善来确定的（Salet et al.，2013）。从总体上讲，这是一个由各阶段性方案沿着一条从比较模糊到比较清晰、从比较片面到比较全面、从品质比较低到品质比较高的路径，不断迭代、逼近而收敛到最终方案的有序过程。

从我国近几十年来建设的一大批重大工程决策实践出发，重大工程的决策问题可分为三个层次：

第一层次的决策问题多出现在基层层面，属于常规或重复性决策问题，问题相对简单，一般可以通过程序化方法解决。

第二层次的决策问题多出现在中层层面，涉及要素增多、要素之间关联紧密性与不确定性增强的问题，一般可以通过结构化或半结构化模型处理。

第三层次的决策问题多出现在工程的宏观层面，这类问题要素多、要素之间关系复杂，且有深度不确定性等特点，如立项决策论证、社会经济效益评估、投融资模式选择等涉及重大工程整体性、全局性与战略性的非结构化决策问题。

不难看出，对于重大工程上述三类决策问题，解决第一、第二层次问题相对简单，方法比较成熟，决策主体一般也具备相应的决策能力。但第三层次的问题，因其复杂性而成为重大工程决策的重点与难点，需要对这类决策问题确定新的认知、研究新的方法。为了重点体现重大工程决策活动的特征，我们把重大工程管理的上述第三层次决策问题作为研究重点，并简称为重大工程决策问题。至于另外的第一、第二层次决策问题，因其与一般工程决策问题性质与方法基本一致，因此，不再与第三层次问题混杂在一起。也就是说，本书所谓重大工程决策问题即指重大工程管理中第三层次的一类复杂性决策问题。

不论以上哪一类的决策问题，最终决策主体都要提出相关问题的决策方案。

在系统意义上，提出一个决策方案就是对一个人造复杂系统的功能谱进行设计（包括其中的涌现功能），这一人造复杂系统既包括重大工程硬系统，也包括重大工程软系统，前者形成重大工程的物理功能、关键技术，而后者则形成重大工程的管理方案。重大工程决策方案包括重大工程立项设计、组织模式、施工方案以及突发事件应急方案等。

　　系统的功能是在系统要素关联及结构基础上的系统整体行为与属性的表现。因此，决策主体提出决策方案的过程，实际上是通过理论思维与工程思维的结合，在既尊重一般规律又体现主体意图的基础上，对上述两类人造复杂系统的整体行为与属性进行预设与筹划。从系统的角度看，决策方案是对决策对象及其所处环境将形成的适应性复杂系统的一种设计方案。这种设计主要包括对该适应性复杂系统一系列功能的设计，可分为显性功能和隐性功能、构成功能和自组织功能、涌现功能和隐没功能。其中，显性功能多指决策的物理效用，如公路具有正常通车的直接效用；隐性功能是指决策对社会发展的效用，如港珠澳大桥建成后对各地经济的促进效用；构成功能是指决策方案设计时规定的效用，如对桥梁通行能力的规定；自组织功能是指设计时未考虑，完成后自己形成的效用，如悉尼歌剧院以歌剧院为设计功能，却成为澳大利亚的文化旅游地标建筑；涌现功能是指随着时间推移而涌现的新效用；隐没功能是指随着时间推移，原有但逐渐消失的效用。一般情况下，主体预设与筹划的价值观都是"善"的，而且期望将来的工程实体能够释放和实现预期的"善"的功能。但因为重大工程自身以及重大工程-环境复合系统的复杂性，这些"善"的功能预期并非都能如期实现，甚至还可能出现主体并未筹划也不期望出现的"恶"的功能。这反映了重大工程决策功能设计的复杂性。重大工程决策方案从设计、形成到实现的过程，是决策主体理论思维与工程思维相互结合，以及总体上从理论思维到工程思维转换的过程。而这一转换本身既体现路径依赖性，又充满了不确定性与演化特点，这是重大工程决策复杂性特征的体现。

1.2　重大工程决策的本质特征——深度不确定

1.2.1　"一般的"与"严重的"不确定性

"不确定"（Knight，1964；Lawrence and Lorsch，1967；Head，1967；Chapman and Ward，2004）是管理学研究中出现"频率很高"的主题，在行为预测、决策优化等领域，研究者常常面临经济环境突变、环境偶发性灾害、人的行为涌现等"预料之外、情理之中"的黑天鹅事情，甚至有些已在情理之外，这些都属于"不确定"的研究范畴。

　　毫无疑问，比起虚无缥缈、捉摸不定的"不确定"，人们更希望用"明确肯定、确凿无疑"的因果确定性与必然性来刻画和总结决策现象与问题，因为如果能够这样，不仅研究容易，结论也明确。然而，决策活动中越来越多的"不确定"现象告诉人们："不确定"贯穿整个决策过程，而许多决策的经验和规律都只能用"不确定"的语言表述。这一客观属性被人们称为"不确定性"。有了"不确定性"概念，人们反而认识到所谓"确定的"倒是一种罕见的理想假设。今天，人们对于决策活动中不确定性的形成原因基本上有了共识，大体上认为主要有以下两类形成原因。

　　（1）主观不确定性，即由于人类认知能力的有限性或信息掌握的不完全性所造成的"不确定"。随着人认识能力的提高和掌握的信息逐渐完备，对同一个管理问题，其主观不确定性会有所降低。

　　（2）客观不确定性，即决策问题与现象自身的某种机理让问题与现象的状态与运行结果有多种可能性。客观不确定性是事物或现象的一种客观属性。只有事实与现象自身机理发生变化，这种不确定性才会变化或消失。

　　决策活动中的不确定性既包括主观不确定性，又包括客观不确定性，很多场合下这两种不确定性同时存在并综合在一起。再进一步地，人们在实际管理中发现，在许多场合下"不确定性"还有着程度上的差异。为简便起见，我们不妨先把不确定性分为"一般的"和"严重的"两类。

　　所谓"一般的"不确定性主要指：

　　（1）主体知道对什么样的问题与现象，自己不能做出确凿和肯定的描述、预测及判断，并且知道通过什么样的途径与方法，能够提高自己的水平，减少和降低自己的主观不确定性。

　　（2）问题的客观不确定性，是问题的固有属性，并不以人的主观意愿而改变，但问题的客观不确定存在并遵循着某种"确定的"规律，而这种"确定的"规律减弱了固有的"不确定性"。

　　上面列举的是工程的"一般"不确定性，但在重大工程中遇见的"不确定"往往不是如此"温驯"的。我们先从下面具体的重大工程管理活动现象与情境中直观地体会一下"严重的"不确定性是怎样形成的。

　　（1）重大工程自然环境形成的"严重的"不确定性。

　　重大工程的建设环境一般都在崇山峻岭、江河湖海之处，所以其主体工程建设大多由江海隧道、人工岛屿等集群工程组成，这些地域水文地质状况复杂、气象条件恶劣、局部自然灾害频发。例如，中国的青藏铁路工程，翻越高山最高处达 5 072 米，经过九度地震烈度区 216 千米。在这样险恶的地区建设重大工程既缺乏对于历史数据和信息的记录与采集，也很难对现场自然环境等相关信息实时处理，所以决策者对其中许多决策问题的基本规律和原理缺乏了解，也很难形成完整、确切的认识。

（2）重大工程社会经济环境形成的"严重的"不确定性。

首先，重大工程涉及面广、干系人多、社会关注度高，重大工程决策过程中所需要的综合环境是缺失的或是不健全的。其次，重大工程基本目的是为社会和公众创造福利，但在工程建设过程中又可能会在局部地区和局部问题上与公众发生利益冲突。此外，重大工程是一类工程投资量极大的工程，工程投融资任务艰巨，但在具体实施时，这一政策选择必然关系到国家政治、社会稳定、经济发展态势、金融安全等一系列投融资决策环境要素，还关系到工程建设方案、移民和拆迁政策、补偿税减免等。所有这些环节的不确定性影响、微小风险因素传递和被放大的可能性等都可能成为重大工程投融资"严重的"不确定性根源。

（3）重大工程环境大尺度演化形成的"严重的"不确定性。

重大工程的周边环境自身就是一个复杂的自组织系统，在工程长生命周期内，环境行为不仅有一般动态性，而且还会出现复杂的自组织、自适应现象，这些现象一般不是构成性或生成性的，而是涌现性的，因此是一类机理复杂的不确定性现象。此外，工程建成后形成的新的"重大工程-环境复合系统"也可能会涌现出该地区从未出现过的新的复杂现象，而这类现象一般是人们凭借传统的经验、知识及常规方法难以发现和预测的。

（4）重大工程主体认知能力不足形成的"严重的"不确定性。

重大工程建设与决策主体在一个拟建设的重大工程面前，一般总是缺乏经验、知识和能力的，实际掌握的信息也很有限。这由时间地点、决策环境、决策目的、决策主体等因素的不同所造成，可以说世界上任何一个重大工程项目都不可能完全被复制。因此，对主体而言，一定存在新的、不可知和不确定信息，一定有知识与能力的不足。这其中有一部分不足是暂时的、可以改变的，但也有一部分不足直到工程建成后仍然是存在的。

长期的工程实践经验揭示了重大工程决策主体往往很难完全知道有哪些不确定性与不确定性类型、自己缺乏什么样的知识与能力、可以通过什么方法和途径来提高自身能力等。因此，从总体上说，重大工程决策中存在的"不确定性"大多都是"严重的"。

1.2.2 重大工程决策的深度不确定

现在的问题是，人们对重大工程客观不确定性可能存在以下几种情况（Schoemaker，1997）：①知道我们知道的（things we know we know）；②知道我们不知道的（things we know we do not know）；③不知道我们不知道的（things we do not know we do not know）。

不难看出，从①、②一直到③，这一变化在不确定性程度上，表现为主体的主观不确定性不断增强直至出现"严重的"不确定。

综上所述，重大工程管理活动中的各个领域与层次都实实在在地显现出一类有独特性的不确定现象。这一类不确定性比一般意义上的不确定性更加"严重"，自然会给重大工程管理带来许多新的挑战与问题。

产生这一类不确定性的原因主要有：①工程管理中不同领域、不同层次的不确定性叠加；②重大工程大时空尺度或重大工程-环境复合系统自组织演化；③重大工程强关联结构形成的不确定性涌现；④主体对重大工程复杂机理尚未认识或认识模糊等主观能力不足与信息缺失造成的不确定性。

虽然人们尚未梳理清楚这一类"严重的"不确定性的复杂形成机理，但已经明显地发现，传统的、相对简单的分析和处理不确定性的理念、工具与方法多已不适用于这一类不确定性问题的处理。因为这一类不确定性比传统的不确定性更严重、更强烈、更深刻。

为统一起见，我们称这一类源于重大工程管理实践活动的传统和常规处理不确定、思想与方法不再适用的更为"严重的"不确定为"深度不确定"。在工程思维层面，重大工程决策活动有着多样性的具体内容与形态；而在理论思维层面，研究重大工程决策又要从决策活动的基本属性入手。

例如，由于重大工程决策目标具有多尺度特征，可以认为重大工程决策是一类多尺度决策；从决策方案形成的"迭代式"路径出发，可以认为重大工程决策是一类"迭代式"决策。

但是，最能体现重大工程决策独特性的应是以下现象：决策主体需在一个相对较短的时间内做出一个必须在工程全生命周期内都能保证正确性与稳健性的决策方案，这既包括决策方案对工程生命周期内环境情景重要变动具有稳健性，也包括不会在重大工程完成后诱发社会自然工程复合环境中新的、有重要危害的情景。然而，在这个相当长时间内，工程环境因为深度不确定会形成各种可能的复杂情景及情景的演化，这样就产生了重大工程决策过程的"即时性"与决策方案长期"有效性"的矛盾。

由此可见，由深度不确定引起的决策方案关于情景的适应性是衡量和评价重大工程决策质量的一个新的、独特的、带有根本性的视角，正是这种深度不确定使得：①重大工程决策活动在许多方面与环节出现了更多、更严重的数据不精确、信息不完全与情景不明确等现象；②重大工程决策目标与方案功能谱同时呈现多层次、多维度与多尺度等新的特点；③重大工程决策方案功能谱在工程全生命周期内与环境情景变动之间的适应性应当成为重大工程决策方案质量的核心度量标准；④决策主体需要逐步确定和深化对决策深度不确定的认知，才能形成"好的质量"的决策方案。

由此可见，深度不确定对重大工程决策具有深刻的、全面的、根本性的影响，而决策的"多尺度""迭代式"等特征，都可以基于"深度不确定"这一特质得到延伸或拓展。因此，可以认为"深度不确定"是最能体现重大工程决策活动的本质特征，因此，我们称重大工程决策为"重大工程深度不确定决策"。

将重大工程决策基本属性凝练和抽象为深度不确定性，有着重要的理论意义：

第一，它揭示了重大工程决策活动与决策问题复杂性的主要根源，这有利于人们从深度不确定性出发，设计解决重大工程决策问题的思路与技术路线（Salet et al.，2013；曹春辉等，2011；Perminova et al.，2008）。

第二，深度不确定概念与重大工程理论中的情景、多尺度与适应性概念，以及复杂性降解、适应性选择、多尺度管理与"迭代式"生成原理等有着紧密的逻辑关联。

深度不确定性是重大工程决策最本质但不唯一的属性。因此，对重大工程决策的认知与分析，还要根据工程思维的实际需要，细微地凝练和抽象出其他属性与特征，以全面揭示重大工程决策的复杂性。

参 考 文 献

曹春辉，席西民，张晓军，等. 2011. 工程项目管理中应对不确定性的机制研究[J]. 科研管理，32（11）：157-164.

高梁，刘洁. 2005. 国家重大工程与国家创新能力[J]. 中国软科学，（4）：17-22.

何继善，陈晓红，洪开荣. 2005. 论工程管理[J]. 中国工程科学，7（10）：5-10.

卢广彦. 2009. 重大工程决策失误与重大工程决策机制构建[J]. 中国科技论坛，（4）：30-35.

盛昭瀚，游庆仲. 2007. 综合集成管理：方法论与范式——苏通大桥工程管理理论的探索[J]. 复杂系统与复杂性科学，4（2）：1-9.

盛昭瀚，游庆仲，李迁. 2008. 大型复杂工程管理的方法论和方法：综合集成管理——以苏通大桥为例[J]. 科技进步与对策，25（10）：193-197.

石伯勋, 尹忠武, 王迪友. 2011. 三峡工程移民安置规划与实践[J]. 中国工程科学, 13（7）: 123-128.

孙永福. 2005a. 青藏铁路多年冻土工程的研究与实践[J]. 冰川冻土, 27（2）: 153-162.

孙永福. 2005b. 青藏铁路建设管理创新与实践[J]. 管理世界,（3）: 1-6.

王胜万. 1999. 三峡工程投资管理模式改革的实践[J]. 中国投资与建设,（6）: 41-43.

吴宏. 2004. 西气东输管道工程介绍（上）[J]. 天然气工业, 24（1）: 117-122.

邢晓婧, 陈一. 2015-03-26. 中国水泥产量世界第一、三年用量超美国一世纪[N]. 环球时报.

Baccarini D. 1996. The concept of project complexity——a review[J]. International Journal of Project Management, 14（4）: 201-204.

Bertolini L, Salet W. 2008. Coping with complexity and uncertainty in mega projects: linking strategic choices and operational decision making[R]. OMEGA Center, Working Paper.

Bosch-Rekveldt M, Jongkind Y, Mooi H, et al. 2011. Grasping project complexity in large engineering projects: the TOE（technical, organizational and environmental）framework[J]. International Journal of Project Management, 29（6）: 728-739.

Cairns G. 2004. Mega-projects: the changing politics of urban public investment[J]. International Journal of Public Sector Management, 17（3）: 152-153.

Chapman C, Ward S. 2002. Managing Project Risk and Uncertainty: A Constructively Simple Approach to Decision Making[M]. West Sussex: John Wiley & Sons.

Chapman C, Ward S. 2003. Project risk management: processes, techniques and insights[J]. West Sussex: John Wiley & Sons.

Chapman C, Ward S. 2004. Why risk efficiency is a key aspect of best practice projects[J]. International Journal of Project Management, 22（8）: 619-632.

Cook K S. 2001. Trust in society[R]. Russell Sage Foundation.

Davies A, Mackenzie I. 2014. Project complexity and systems integration: constructing the London 2012 Olympics and Paralympics Games[J]. International Journal of Project Management, 32（5）: 773-790.

Dixon M. 2000. The new APM project management body of knowledge[R]. Association for Project Management.

Eisenhardt K M. 1989. Agency theory: an assessment and review[J]. The Academy of Management Review, 14（1）: 57-74.

Flyvbjerg B, Bruzelius N, Rothengatter W. 2003. Megaprojects and Risk: An Anatomy of Ambition[M]. Cambridge: Cambridge University Press.

George S, Panayiotis K, Marianthi T, et al. 2016. Time-based critical infrastructure dependency analysis for large-scale and cross-sectoral failures[J]. International Journal of Critical Infrastructure Protection, 12: 46-60.

Geraldi J G, Adlbrecht G. 2007. On faith, fact and interaction in projects[J]. Project Management Journal, 38（1）: 32-43.

Global Infrastructure Hub. 2017. Global Infrastructure Outlook: Infrastructure investment needs: 50 countries, 7 sectors to 2040[R]. Global Infrastructure Hub & Oxford Economics.

Harty C, Goodier C I, Soetanto R, et al. 2007. The futures of construction: a critical review of construction future studies[J]. Construction Management & Economics, 25（5）: 477-493.

Head G L. 1967. An alternative to defining risk as uncertainty[J]. Journal of Risk & Insurance, 34（2）: 205-214.

Heimer C A. 2001. Solving the problem of trust[C]. Russell Sage Foundation.

Hobday M. 1998. Product complexity, innovation and industrial organization[J]. Research Policy, 26（6）: 689-710.

Holland J H. 1995. Hidden Order: How Adaptation Builds Complexity[M]. New Jersey: Addison-Wesley.

Hu Y, Chan A P C, Le Y. 2014. Understanding the determinants of program organization for construction megaprojects success: case study of the Shanghai Expo construction[J]. Journal of Management in Engineering, 31（5）: 05014019.

Knight F H. 1964. Risk, Uncertainty and Profit[M]. New York: Augustus M. Kelley.

Lawrence P R, Lorsch J W. 1967. Organization and Environment[M]. Homewood: Irwin.

Marrewijk A V, Clegg S R, Pitsis T S, et al. 2008. Managing public-private megaprojects: paradoxes, complexity, and project design[J]. International Journal of Project Management, 26（6）: 591-600.

Masrom M A N, Rahim M H I A, Mohamed S, et al. 2015. Successful criteria for large infrastructure projects in Malaysia[J]. Procedia Engineering, 125: 143-149.

Meier S R. 2008. Best project management and systems engineering practices in pre-acquisition practices in the federal intelligence and defense agencies[J]. Project Management Journal, 39（1）: 59-71.

Meyerson D, Weick K E, Kramer R M. 1996. Swift trust and temporary groups[C]//Kramer R M, Tyler T R. Trust in Organisations. London: Sage Publications.

Miller R, Lessard D R. 2001. The Strategic Management of Large Engineering Projects: Shaping Institutions, Risks, and Governance[M]. Cambridge: The MIT Press.

Mok K Y, Shen G Q, Yang J. 2014. Stakeholder management studies in mega construction projects: a review and future directions[J]. International Journal of Project Management, 33（2）: 446-457.

Morris P W G, Hough G H. 1987. The Anatomy of Major Projects[M]. West Sussex: John Wiley & Sons.

Munns A K. 1995. Potential influence of trust on the successful completion of a project[J]. International Journal of Project Management, 13（1）: 19-24.

Perminova O, Gustafsson M, Wikström K. 2008. Defining uncertainty in projects—a new perspective[J]. International Journal of Project Management, 26（1）: 73-79.

Ponzini D. 2011. Large scale development projects and star architecture in the absence of democratic politics: the case of Abu Dhabi[J]. UAE Cities, 28（3）: 251-259.

Priemus H, Flyvbjerg B, van Wee B. 2008. Decision-Making on Mega Projects: Cost-Benefit Analysis, Planning and Innovation[M]. Cheltenham: Edward Elgar Publishing.

Salet W, Bertolini L, Giezen M. 2013. Complexity and uncertainty: problem or asset in decision making of mega infrastructure projects[J]. International Journal of Urban and Regional Research, 37（6）: 1984-2000.

Schoemaker P J H. 1997. Disciplined imagination: from scenarios to strategic options[J]. International Studies of Management & Organization, 27（2）: 43-70.

Sheng Z H, You Q Z, Li Q. 2008. Methodology and method of large scale complex engineering management: meta-synthesis management[J]. Science & Technology Progress and Policy, 25（10）: 193-197.

Shenhar A J. 2001. One size does not fit all projects: exploring classical contingency domains[J]. Management Science, 47（3）: 394-414.

Shenhar A J, Dvir D. 1996. Toward a typological theory of project management[J]. Research Policy, 25（4）: 607-632.

Shenhar A J，Dvir D. 2007. Reinventing Project Management：The Diamond Approach to Successful Growth and Innovation[M]. Boston：Harvard Business School Press.

Söderlund J. 2012. Project management，interdependencies and time：insights from managing large systems by Sayles and Chandler[J]. International Journal of Managing Projects in Business，5（4）：617-633.

Swanson A. 2015-03-26. How China used more cement in 3 years than the U. S. did in the entire 20th century[N]. The Washington Post.

Vidal L A，Marle F. 2008. Understanding project complexity：implications on project management[J]. Kybernetes，37（8）：1094-1110.

Ward S C. 1999. Requirements for an effective project risk management process[J]. Project Management Journal，30：37-42.

Ward S C，Chapman C B. 1995. Risk management and the project life cycle[J]. International Journal of Project Management，13（3）：145-149.

Williams T，Eden C，Ackerman F，et al. 1995a. The effects of design changes and delays on project costs[J]. Journal of the Operational Research Society，46：809-818.

Williams T，Eden C，Ackerman F，et al. 1995b. Vicious circles of parallelism[J]. International Journal of Project Management，13：151-155.

Woodgate R. 2009. A hybrid model of communication and information management in mega construction projects in Dubai using a new critical success factor approach[J]. Loughborough University，167（7）：350-353.

Xia B，Chan A P C. 2012. Measuring complexity for building projects：a delphi study[J]. Engineering Construction & Architectural Management，19（1）：7-24.

Yang J，Shen G Q P，Drew D S，et al. 2009. Critical success factors for stakeholder management：construction practitioners' perspectives[J]. Journal of Construction Engineering & Management，136（7）：778-786.

Yang J，Shen G Q P，Ho M，et al. 2011. Stakeholder management in construction：an empirical study to address research gaps in previous studies[J]. International Journal of Project Management，29（7）：900-910.

Zou X W，Zhang G，Wang J Y. 2014. Identifying key risks in construction projects：life cycle and stakeholder perspectives[J]. International Journal of Construction Management，9（1）：61-77.

第 2 章 重大工程决策情景

2.1 情 景 概 述

2.1.1 情景的基本概念

在重大工程决策过程中，工程决策问题如同一个个依时间顺序而展开的相对独立又有连贯性的故事。凡故事都有背景、情节与情节的发展，即都有情景。

情景源自剧本故事的情节发展（plot development），表示某些事件的发生。本意有二：一是指电影脚本、剧情或歌剧的概要；二是指想象中未来事件的顺序。因此，情景的本质是一个故事性的叙述题材，它说明了某一可能事件的发生及其前因后果（娄伟，2012）。情景基于未来演变，是由一连串的事件所构成的，而通过故事叙述的方式，可有效传达未来演变的内容（余序讲等，2008）。

情景概念在许多领域早有运用，对于情景的研究最早出现在军事领域。20 世纪 40 年代末美国兰德公司对核武器可能被敌对国家利用的各种情形加以描述，是兰德公司的研究员 Herman Kahn 在 20 世纪五六十年代提出情景一词的基础。其后，壳牌石油的规划团队最早将情景和战略相结合，在其战略选择中引入"风洞"的概念。目前的应用领域主要有战略管理、政策分析、风险评价、决策管理、可持续发展等。研究情景分析的文章数量呈快速上升趋势，目前主要有三个主流学派：直觉逻辑学派 intuitive logics school、概率修正趋势学派 the probabilistic modified trends school（趋势影响分析 trend impact analysis、交叉影响分析 cross-impact analysis）、远景学派 prospective school。

Kahn 和 Wiener（1967）合著的《2000 年——关于未来 33 年猜想的框架》一书中第一次出现对 "scenario" 作为预测方法的比较系统的解释："情景是试图描述一些事件假定的发展过程，这些过程描述有利于针对未来变化采取一些积极措施。"

关于情景，还有一些典型论述：①情景是试图描述一些事件假定的发展过程，可能出现的未来以及实现这种未来的途径的描述就构成了一个情景（Kahn and Wiener，1967）。②情景是一套合理可行但结构不同的、具有内部一致性和挑战性的、关于未来的描述（van der Heijden，1966）。③情景是描述性叙述可选择的未来（Fahey and Randall，2009）。

以上学者关于情景的定义虽不尽相同，但其中的共识充分概括了情景作为科学概念的基本内涵，这对重大工程决策理论研究有很大的启发和借鉴意义，这些共识包括但不限于：

（1）情景是关于未来的。显而易见，"未来"二字出现在上述每一种定义中，研究者普遍认为情景是未来的专有名词。这样其实容易把未来与现在、过去割裂开，毕竟未来是从现在发展演化而得到的，这样严格区分是否妥当呢？情景必须是关于未来的吗？关于"现在"与"过去"，我们可以情景重现吗？

（2）情景提供一种可选择的未来。这一点是情景类预测方法与传统预测方法最大的不同。提供可选择的未来，意味着情景研究者意识到了未来并不是单一的、线性的，而是有多种可能发展路径的。在这一前提下，有些研究者也把情景理解为"一种被期望的未来"（林德格伦和班德霍尔德，2011），可以用"可供选择的愿景替代基于目前情形的研究"（Ratcliffe，2000）。在这个意义下，关于未来的多种可能性就降解为我们期望的一种"愿景"，研究者将重点放在如何使"现在"作为一个行动主体，在面对十字路口时（或更多选择时）乖乖走到我们希望它到达的目的地。研究者不再研究究竟有多少条路可供选择，转而研究关于"愿景"的达成问题。在企业战略规划与政府可持续发展研究中，此类情景研究方法是非常有效的。

（3）情景可以应对复杂性与不确定性。研究者认为一套情景应当足够复杂以涵盖所有外部不确定的最密切相关的维度，但是，同时"情景"需要"愿景"、需要"描述"等，使得在实际应用中，可利用的情景实际数量往往会控制在3~5个。这个数量级能否如他们希望的那样应对复杂性与不确定性呢？当然，重大工程决策是属于人类的一类有着特定规则性的实践活动，因此活动中涉及的情景内涵、特征、描述方式及它在决策问题中的作用都有自身特点与表现形式。也就是说，重大工程决策中的情景有着自身的个性与特点，只有把它与上述情景的一般内涵结合起来，形成重大工程决策理论中的情景概念才能体现出其真正有用的价值。

2.1.2 前景、愿景与情景

在谈重大决策情景前，需要先讲清楚几个概念，这对于我们研究决策情景有很大的帮助。

从今天这个时间点可以到达的未来是可以确定的吗？在这一点上，科学家们达成了空前的一致：未来是充满不确定性的。这意味着，站在"今天"这个时间点，我们往时间轴的箭头方向看时，找不到一个确定的点可以与"今天"直接对应，反而会找到一个无穷大的空间——未来空间。在这个空间里每一个点都可能是我们会到达的"明天"。用数学语言描述，这有些类似于点集映射，即一个情景点映射到了一个情景集。"社会的今天包含着过去，但今天未必包含在过去之中，明天也不完全包含在过去与今天之中"（盛昭瀚，2012）。以历史事件为例，虽然历史是不能假设的，但是每一个事件都必然只是情景集中的一个情景点而已。推而广之，每一个具体的社会现象实际上都是无数个可能情景中的一个而已，这一个就是我们观测到的现实情景——今天、过去。社会情景的本质特点就是这种点集映射的不确定性。

未来空间是指每一种可能出现的未来的集，它是一个"无穷大"的空间，我们到达的"明天"必然包含在这个空间之中，是它的一个点。一般来说，我们看得越远、时间线拉得越长，我们试图预测的系统就越复杂，我们的未来空间就会越大。从一天、一周甚至一年的时间跨度来看，我们其实没有很多选择，可能出现的变数是有限的，这使得我们的未来空间相对而言是比较小的。但是如果我们去看十年、二十年以后的未来，可选择的未来数量会多得多。我们举一个简单的例子来说明这一点。请问一个小学生明天要做什么呢？一般来说，他会去学校上课或休假，这取决于是工作日还是周末。当然上课是上语文课还是数学课或是别的课，休假是在家休息还是去游乐场或是其他，属于粗粒度问题，问题越具体，我们可以描绘的未来空间子类会越丰富。那么这个小学生十年后会做什么呢？去学校上课、去公司上班或者休息，这取决于他是否会继续深造，这一天是否是周末，这一天是否需要加班，等等。所以，即使不考虑粗粒度等其他问题，仅仅拉长时间线，就会使这个问题对应的未来空间变大。在较短的时间跨度内，大多数现象是连续的、是我们可以看得到的。但是时间跨度拉长后，往往会出现戏剧性的间断点，使未来变得不连续，如生物系统中恐龙的突然灭绝。

前景，是指在"今天"看来比其他未来更有可能实现的未来。与前景相关的最有名的一个词是卡尼曼提出的前景理论，它是一个描述性范式的决策模型，描述了在不确定情况下的人为判断和决策。它主要用来描述风险规避，人在面对损失时比面对收益时更敏感。结合卡尼曼的决策模型，它是通过修正最大主观期望效用理论发展而来的，换言之，比起人们"应该怎么做"，它描述了人们"实际会怎么做"。所以，前景理论中的"前景"一词，其实是指真实情况下人们更会做的选择、发生概率更高的未来，这与我们前面提出的定义是一致的。在本小节中的前景就是指这样一种发生可能性比较高的未来。在"可能的未来"这一空间中，它属于"发生概率高"的那个子空间。它不一定是人们希望发生的。

愿景，是指"一个积极承担一种期望的未来概念"（林德格伦和班德霍尔德，2011）。它是我们更希望到达的未来，相对于其他可能的未来而言，它更理想、更合适、更加被期待。愿景研究一直是情景领域的研究热点，从政治决策到商业规划，它一直受到研究者的宠爱。愿景研究者认为不必花时间去探索每一种可能出现的未来，即图 2.1 中的可能未来圈，因为它太大、太复杂了，如大多数未来可预测性很低、很多对核心问题而言差别不大等。为了减少复杂性，研究者通过降维等方法把大量的不确定性减少到少数几个方面。情景规划把焦点放在可能的和期望的未来上，而不是很可能的未来上。情景规划类研究者对待未来的态度积极而富有创造力，认为未来是被创造出来的，所以他们研究的重点是找到焦点问题最期待达到的未来——愿景，提供达到这个未来的实现途径。

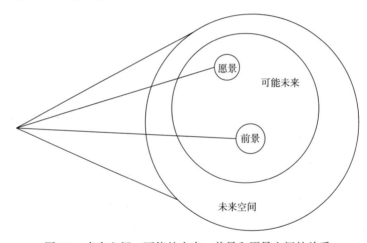

图 2.1　未来空间、可能的未来、前景和愿景之间的关系

可能的未来，是指我们通过各种手段（定性或定量、有因果逻辑或纯属想象等）可以预测到的全部未来的可能性。如果说未来是一个无穷大的空间，那么"可能的未来"就是我们拿来逼近它的一个空间。由于它是由人类制造的空间，所以必然是一个有限的空间，这意味着真实发生的那个未来可能恰好就落在我们构成的"可能的未来"之外。但是，我们都能明白一个道理，即预测总好过不预测，对未知了解得多一些对于我们应对未来而言总是好一点。因为我们预测未来是为了更好地应对它。这是我们希望构造的空间。

2.2　重大工程决策情景的认知

2.2.1　重大工程决策情景的概念

从以上重大工程决策活动重要实践背景出发，可提出如下的重大工程管理理论中的情景概念。

所谓情景，是指重大工程环境或重大工程–环境复合系统在整体层面上形成的宏观现象、现象的演化及形成该现象的可能路径。

在这一概念中，需要作如下强调说明：

（1）研究者们普遍认为情景是未来的专有名词。这样其实容易把未来与现在、过去割裂开，毕竟未来是从现在发展演化而得到的，而事实上，无论在哪一个时间点上，对决策主体而言，现在、过去或未来都有情景的生成与演化，并且是一个连贯过程，不可把"未来"孤立地与"现在""过去"割裂开。

（2）之前的情景主要是由研究者设计的。情景作为一种可选择的未来的描述，其组成部分中人为的部分占了很大的比重，这样容易产生两类问题：一类是人为错误，另一类是思维局限。人为错误包括先入为主的情景构建、出于个人偏好的愿景选择、跨领域之间的沟通障碍等。思维局限则包括由于个人、组织知识面局限的原因，也包括认知上的原因。但现在应当意识到情景的生成与演化不完全是由人来设计和规定的。情景主要是包括人、工程与环境在内的复合系统的自组织与演化的结果。这个复合系统表现出来的涌现性是复合系统要素之间的非线性相互作用的结果，并且系统的演化过程出现类似随机行为。

（3）一般情况下，情景是一个普遍且普通的概念，但重大工程决策情景，则是一个有着复杂内涵的概念，特别是情景空间的广泛性、情景形成路径的未知性及情景的变动与演化等，都是一般意义上的情景所不具有的，而出现这些独特性质并能形成一类专门的情景规则，主要与大尺度、复杂性，特别是深度不确定性等概念紧密相关。

（4）情景是一种描述。研究者们普遍坚持将情景转化成一段生动形象的描述，描述的是目标实现后的情形。但是，我们也应当意识到，在信息技术高度发达的今天，这种"描述"完全可以被数字化取代，那么情景在描述化之外，我们应当赋予这种"描述"更多的可能性，情景可以是一段数据、一幅图像、一段影片，甚至更多。

现在我们举一个实例以加深对重大工程决策情景概念的理解。

改善长江航运状况、提高通航能力是中国长江三峡水利枢纽工程的重要目标功能之一。这就要对工程周边地区未来交通运输情景进行预测，并在此基础上进行船闸通过能力设计。事实上，自 2003 年三峡工程蓄水以来，三峡船闸通过货运量年均增速高达 12.2%，2011 年突破 1 亿吨，这一情景与当初工程设计能力相比，大大提前了 19 年（中华人民共和国交通运输部，2014）。

工程环境这一未来情景与当初的工程功能设计之间的"误差"已经越来越突出，通航量估计严重不足，水上航运能力已不适应运输市场需要，交通不畅已成为长江中上游乃至整个长江流域发展的"瓶颈"。在过闸需求继续快速增长、通过能力缺口越来越大的情况下，专家提出了建设三峡枢纽水运新通道的设想。而这一工程在选址、技术难度、移民搬迁、生态环境保护等方面都十分复杂，估计论证建设过程需要 15~20 年。由此可见，对工程环境未来情景的预测准确与否对重大工程决策的科学性是多么重要。

三峡工程建成后，工程与周边环境形成了新的重大工程-环境复合系统，重大工程情景的科学内涵告诉我们，这一新的系统在若干年后可能会涌现出原来没有出现过的一些新情景。事实正是如此，三峡工程蓄水后，长江下游水干净了，含泥沙量少了，但长江水位下降了，原来居民饮水和工业用水的取水管在水位下降以后抽不到水了。另外，三峡水库蓄水之后，三峡地区仪器可测到的地震次数明显增加，这是否是由三峡水库产生结构性的地震有待进一步考证。这是重大工程-环境复合系统新情景的涌现，它对重大工程功能与目标的实际效果也会产生极大影响。

中国三峡水利枢纽工程这两方面的实际情况，具体、生动地反映出重大工程不同类型的情景现象及其对重大工程决策理论研究和风险防范的重要价值。

2.2.2 重大工程决策情景的特点

那么，从上述"情景"的基本内涵出发，重大工程决策中的情景概念有哪些重要的含义呢？

（1）虽然情景在许多情况下是关于未来的现象，但对重大工程决策活动而言，除了关注未来的情景，还要关注过去和现在的情景，即同时要关注情景的重构与再现，因为重大工程决策本身就是嵌入在过去、现在和未来连贯时间历程中的一个重要"情景"。这也就表示，我们不再仅仅承认未来的不确定性，因为当用系统的眼光看时，过去与现在何尝不是处在不确定性之中呢。如果仅仅将过去与现在视作一个点，而将未来看作一个空间，这对于我们探索事物发展的规律是有弊端的。另外，不再把"未来"孤立地与"现在""过去"割裂开，使得三者出现在了同一个坐标系中，不再仅仅是因变量与自变量的关系，也会使得三者演化发展的关系更为明确和现实。

（2）重大工程未来情景的形态本质上是复杂和深度不确定的。传统的情景类预测方法能够提升规划者的学习能力、拓展规划者的心智模式、有效激发规划者的想象力。但是也正因为这些特点，传统的情景类预测方法在一定程度上依赖于决策者的直觉，操作起来主观性较强，容易出现人因性失误。虽然决策者在一定程度上能够依据经验与知识及可推导的因果关系来构建、预测与想象未来情景，但不能认为人可以完全凭借意志来设计和指定未来情景，未来还可能会出现从未见过，甚至连想象都困难的难以预测的"意外"情景，而这些"意外"情景，远远超过了工程决策者的预测和想象能力，并会给工程造成很大的潜在风险。

（3）重大工程决策环境或决策问题中的未来情景，除了包括工程环境系统产生的情景，还包括重大工程-环境复合系统涌现出来的情景。这是由社会经济系统在高层次上会涌现出单个要素或低层次系统没有的性质所决定的，如在社会经济系统中高层次层面的整个系统是协调稳定的，而在低层次的某个要素属性或行为却是杂乱无章的。出现系统中的涌现现象，原因有很多，其中最主要的是系统要素相互之间的非线性作用。线性作用产生的功能是可加的，可以进行简单的叠加。但在非线性作用下，子系统或组成要素的微小变化，都有可能引起系统相当大的变化。非线性相互作用是社会经济系统复杂性的根源，它突出表现在确定性条件下将出现的类似随机行为的系统演化过程。因此，决策主体不能完全站在重大工程之外来旁观情景，而要认识到有时正是重大工程本身和人的造物行为制造出了情景。

（4）重大工程有着充分大的未来情景空间。这意味着，站在"今天"这个时间点，我们往时间轴的前方看时，找不到一个确定的点可以与"今天"直接对应，反而会找到一个无穷大的空间——未来空间，在这个空间里每一个点都可能是我们会到达的"明天"。一般来说，当我们看得越远、时间轴拉得越长时，我们试图预测的系统就越复杂，我们的未来空间就会越大。因此，决策者需要做好必要的情景风险防范，不能凭借经验只关注自以为有更大可能性的情景（一般称为前景），也不能凭借价值偏好只关注更理想、更美好的情景（一般称为愿景），更不能主观地把自己不希望出现的情景从未来情景可能空间中剔除。

因此，重大工程决策理论中的情景概念，不能仅通过设定不同参数、扩大可能区间等简单方法来获取。首先，人的认知能力有限；其次，当前与未来之间重大工程情景因果链太长、关联关系太复杂，其中充满了许多我们知道或者不知道，甚至我们不知道我们有哪些不知道的事情。

2.3 重大工程决策质量的重要性能指标——情景适应性

2.3.1 重大工程决策质量

对于工程决策,人们经常会谈论工程决策水平高、决策水平低、决策有问题、决策不全面乃至决策失误等所有这些关于工程决策的评价,其核心都是对决策质量的描述,决策质量实际上是一个非常重要、深刻的概念。

质量的概念始于制造业,最初是针对所制造的物质型产品而言的,所以产品的物理性能、耐久性和稳定性等是人们衡量产品质量的主要指标。人们最初关于工程质量的认知,基本上也是在这一范畴内,是从人造工程硬系统的物理属性,如工程是否坚固、是否经得起环境变化等来衡量工程质量的(Battikha and Russell,1998;Pries and Quigley,2013)。

随着人类"制造"实践内涵的拓展,越来越多的以非物质属性为主要特征的产品被制造了出来,如人们的重大工程决策活动就"制造"出了决策方案这样的产品。决策方案的功能与作用不再以物质属性,而是以非物质属性体现它的存在与作用,即它通过对一个人造复杂系统功能谱的设计而表现出对解决某个决策问题所做出的规定。至于这一方案是否合理、有效,在工程整个生命周期内是否能够保持稳健,最终是否让人们满意以及满意度的高低等,实际上就是重大工程决策质量的基本含义。

第一,重大工程决策活动的确具有质量属性。首先,重大工程决策活动本身是一种服务活动。服务是指为社会利益办事,而重大工程决策活动按照其定义,其实是政府作为决策主体为公众做事,履行满足公众需求或地区发展需要职责的过程。这符合服务的广义定义,所以重大工程决策活动本质上也是一种服务活动,是一个满足他人主要是公众需求的过程。其次,决策活动是一个有活动结果的服务活动,其最终产品是非物质性的决策方案。如果说生产制造活动的最终产品是物质性实体产品,那么决策活动的最终产品则是决策主体最终选择的决策方案。同时,需要指出,传统制造业主要看制造的产品——物质性产品的质量。而决策质量,则主要指决策方案的质量。但无论制造出一个物质类型产品,还是制造出一个非物质类型的决策方案,都是一个制造过程的最终结果。因此,要研究决策质量,除研究决策方案自身的质量外,还必须研究制造决策方案过程的质量,即研究什么样的决策过程能有利和保证有更好的决策质量。这实际上告诉我们,必须从重大工程决策全过程来考虑、分析决策质量问题。

第二，既然重大工程决策活动是一类理论思维与工程思维相结合的实践，决策方案必然既体现了工程建设与管理的一般规律，又体现了决策主体在工程筹划中的意图与价值偏好。因此，对一个决策方案的质量评价，首先应尊重它对解决决策问题的实际客观作用和效果，至于决策主体的满意程度，只能在尊重这一客观作用和效果前提下，兼顾主体的价值意图，决不能以主体的客观偏好凌驾于决策方案所揭示和反映出的客观规律性之上，这一情况往往是重大工程决策出现问题，甚至出现重大失误的主要原因。

第三，重大工程决策活动主要是在工程虚体层面上在工程前期所开展的管理活动（Jergeas，2008；Williams and Samset，2010）。因此，决策方案更多地包含着决策主体对某一决策问题的经验与认知，它充分反映了决策主体对该决策问题的预设与理想化。而决策方案的可行性、合理性及可操作性都需要在重大工程造物的实际活动中接受实践的检验。因此，即使一个决策方案经"迭代式"多次逼近而成，也不能简单地认为它是"完美的"。特别是重大工程决策是一类深度不确定决策，许多深度不确定性只有在实践中才会有最真实的暴露，并且一些新的、人们事先无法预知的深度不确定性也只有在实践中才真切地涌现出来。因此，即使形成了主体很满意的决策方案，也还有可能存在隐性和潜在的问题，需要对其进行完善与变更。所有这些都告诉我们，在对重大工程决策质量进行评价与认定时切记，实践是唯一的检验标准。

此外，目前对于决策方案质量的研究常陷入误区，普遍地以工程的质量来替代工程决策质量，如以工程进度、成本来评价决策质量（Perminova et al.，2008；Winch，2013）。其实工程质量是用于描述工程物理性的质量，包括功能的延续性（如工程的寿命）、工程物理指标的可靠性（如桥梁的承载力）等。而决策质量则主要考虑在工程全生命周期内出现重大情景变化时，决策方案规定的功能谱能否保持功能或品质的稳健性。因此，工程质量与决策质量之间有着重大的差异。

以我国三门峡水利枢纽工程为例，作为在世界上泥沙量最多的河流——黄河上建设的第一座水库，在水轮机及水工建筑物抗高含沙水流磨蚀方面、水库调度与水库寿命保持等方面的丰硕成果已经证明它的工程质量是值得肯定的，但是也由于三门峡工程对水土保持作用的错误估计，没有设计泄流排沙的孔洞，泥沙严重淤积，已经致使渭河成为悬河，使渭河流域形成"小水大灾"的奇特景象，时刻威胁着当地百姓的生命财产安全，它在宏观上反映出来的决策失误引起各方讨论。在现实情况中，一个重大工程最终的质量将由决策质量与工程质量综合来评价：高决策质量与低工程质量、低决策质量与低工程质量、低决策质量与高工程质量、高决策质量与高工程质量。在重大工程中，两者任何一个出现质量低下的情况都会造成重大损失，所以大家追求和认可的是"双高"质量工程。

当然，如果工程相对比较简单，工程决策方案关于功能谱的设计与规定在实践中容易实现，方案中的功能设计转换为工程实体的物理实现路径比较确定和简单。因此工程决策质量与工程质量之间的一致性比较明确，但对于重大工程深度不确定决策来说，这一点是不容易做到的，因此，不能轻易地把重大工程决策质量与重大工程质量混为一谈。

总而言之，重大工程决策质量是决策方案对工程综合目标实现的保证及对工程环境变动的稳健性，其质量是指工程决策目标体系的实现性及在工程全生命周期内工程决策方案对各种环境情景及要素变化的稳健性。因此，重大工程决策方案在面对工程全生命周期情景变动与演化时能否保持稳健性，自然深刻反映出深度不确定性环境下决策方案的质量属性，此即我们下面要介绍的重大工程决策的情景适应性。

2.3.2　重大工程决策的情景适应性

重大工程决策者总是希望能找出最优的决策方案，可是该如何衡量决策方案的优劣高低呢？

对于重大工程决策活动，由于它在时间跨度与空间广度上都影响深远，所以必须保证决策方案在未来很长一段时间内的有效性，以这种有效性作为评判决策活动质量的标准。

其中最重要的是工程规划与设计阶段，从重大工程长生命周期与工程对环境影响巨大等特点出发，自然希望决策方案对工程环境未来情景不仅是恰当的，而且面对未来情景的可能变动与演化，决策方案的效用仍然是有效的，即对情景变化是适应的。从工程风险防范意义来讲，决策方案基于未来情景的适应性非常重要。因此，仅仅考虑前景与愿景是不够的，因为我们既不能保证现在自认为高度可能性的情景在未来就一定出现，更不能要求未来情景听命于我们的主观偏好。面对未来情景的深度不确定性，我们只能希望决策方案所释放出来的有效性在未来各种可能情景下，包括在最极端或最负面的情景下也能正常发挥并且是适应的。

重大工程决策活动一般都是在深度不确定情景下进行的（Williams et al., 1995a, 1995b; Flyvbjerg et al., 2003），因此，对于重大决策活动，"满意与否"不应当以个人感观或心理感受为主要评判标准。从其超长生命周期与工程对环境的巨大影响力角度考虑，在重大工程决策中，一个好的决策最重要的是保证对未来情景的可能变动始终维持其基础性功能有效，即对情景变化是始终具有适应性的。

从工程管理方案的角度考虑，一般时间越久，抗干扰能力会越低，这意味着适应能力在减弱，就像人的年龄越大，身体抵御外界变化能力越弱，越容易生病一样。但重大工程环境的变动是客观的，我们无法要求环境在工程长生命周期内的变动只限制在一个我们期望的小范围内。

不难看出，方案的适应性不是"活"的主体关于环境变动的主动性反应，而是主体行为适应性最终结果的属性体现，即人造复杂系统功能品质的反映。其实质是对决策方案功能与工程环境情景深度变动之间长时间尺度耦合程度的整体性度量。

这样，我们就需要构建一套方法来度量这一适应性。例如，要研究如何预测与发现重大工程决策环境情景的技术，还要研究如何度量方案功能关于情景变动的适应性程度的方法等。显然，这些技术和方法与一般工程决策中运用的一般状态趋势预测和评估方法有着很大的不同，因为它们都是基于深度不确定性的复杂系统整体行为的问题，需要我们通过方法论创新才能解决。

参 考 文 献

林德格伦 M，班德霍尔德 H. 2011. 情景规划未来：未来与战略之间的整合[M]. 郭小英，郭金林译. 北京：经济管理出版社.

娄伟. 2012. 情景分析理论与方法[M]. 北京：社会科学文献出版社.

舍伍德 D. 2008. 系统思考[M]. 邱昭良，刘昕译. 北京：机械工业出版社.

盛昭瀚. 2012-04-11. 计算实验：社会科学研究的新方法[N]. 光明日报.

余序讲，许志义，陈泽义. 2008. 技术管理与技术预测[M]. 北京：清华大学出版社.

中华人民共和国交通运输部. 2014. 破解三峡通航瓶颈：挖潜　翻坝　新通道[Z].

宗蓓华. 1994. 战略预测中的情景分析法[J]. 预测，（2）：50-51.

Baccarini D. 1996. The concept of project complexity—a review[J]. International Journal of Project Management，14（4）：201-204.

Battikha M G，Russell A D. 1998. Construction quality management - present and future[J]. Canadian Journal of Civil Engineering，25（3）：401-411.

Bosch-Rekveldt M，Jongkind Y，Mooi H，et al. 2011. Grasping project complexity in large engineering projects：the TOE（technical，organizational and environmental）framework[J]. International Journal of Project Management，29（6）：728-739.

Chapman C，Ward S. 2002. Managing Project Risk and Uncertainty：A Constructively Simple Approach to Decision Making[M]. West Sussex：John Wiley & Sons.

Chapman C，Ward S. 2003. Project Risk Management：Processes，Techniques and Insights[M]. West Sussex：John Wiley & Sons.

Chapman C，Ward S. 2004. Why risk efficiency is a key aspect of best practice projects[J]. International Journal of Project Management，22（8）：619-632.

Cook K S. 2001. Trust in society[C]. Russell Sage Foundation.

Davies A，Mackenzie I. 2014. Project complexity and systems integration：constructing the London 2012 Olympics and Paralympics Games[J]. International Journal of Project Management，32（5）：773-790.

Dixon M. 2000. APM project management body of knowledge[R]. Association for Project Management.

Eisenhardt K M. 1989. Agency theory：an assessment and review[J]. The Academy of Management Review，14（1）：57-74.

Fahey L，Randall R M. 2009. Learning from the Future：Competitive Foresight Scenarios[M]. West Sussex：John Wiley & Sons.

Finlay P N. 1998. Steps towards scenario planning[J]. Engineering Management Journal，8（5）：243-246.

Flyvbjerg B，Bruzelius N，Rothengatter W. 2003. Megaprojects and Risk：An Anatomy of Ambition[M]. Cambridge：Cambridge University Press.

Geraldi G G，Adlbrecht G. 2007. On faith，fact，and interaction in projects[J]. Project Management Journal，38（1）：32-43.

Harty C，Goodier C I，Soetanto R，et al. 2007. The futures of construction：a critical review of construction future studies[J]. Construction Management & Economics，25（5）：477-493.

Head G L. 1967. An alternative to defining risk as uncertainty[J]. Journal of Risk & Insurance，34（2）：205-214.

Heimer C A. 2001. Solving the problem of trust[C]. Russell Sage Foundation.

Hobday M. 1998. Product complexity，innovation and industrial organization[J]. Research Policy，26（6）：689-710.

Holland J H. 1995. Hidden Order：How Adaptation Builds Complexity[M]. Reading：Addison-Wesley.

Hu Y，Chan A P C，Le Y. 2014. Understanding the determinants of program organization for construction megaproject success：case study of the Shanghai Expo construction[J]. Journal of Management in Engineering，31（5）：05014019.

Jergeas G. 2008. Analysis of the front-end loading of Alberta Mega Oil Sands Projects[J]. Project Management Journal，39（4）：95-104.

Kahn H，Wiener A J. 1967. The Year 2000：A Frame-Work for Speculation on the Next 33 Years[M]. New York：The Macmillan Company；London：Collier-Macmillan Limited.

Knight F H. 1964. Risk，Uncertainty and Profit[M]. New York：Augustus M. Kelley.

Lawrence P R，Lorsch J W. 1967. Organization and Environment[M]. Homewood：Irwin.

Meier S R. 2008. Best project management and systems engineering practices in pre-acquisition practices in the federal intelligence and defense agencies[J]. Project Management Journal，39（1）：59-71.

Meyerson D，Weick K E，Kramer R M. 1996. Swift Trust and Temporary Groups-Trust in Organisations[M]. London：Sage Publications.

Miller R，Lessard D R. 2001. The Strategic Management of Large Engineering Projects：Shaping Institutions，Risks，and Governance[M]. Cambridge：The MIT Press.

Morris P W G，Hough G H. 1987. The Anatomy of Major Projects[M]. West Sussex：John Wiley & Sons.

Munns A K. 1995. Potential influence of trust on the successful completion of a project[J].

International Journal of Project Management，13（1）：19-24.

Perminova O，Gustafsson M，Wikström K. 2008. Defining uncertainty in projects—a new perspective[J]. International Journal of Project Management，26（1）：73-79.

Porter M E. 1982. Competitive Advantage[M]. New York：Free Press.

Pries K H，Quigley J M. 2013. Total Quality Management for Project Management[M]. Boca Raton：CRC Press，Taylor & Francis Group.

Ratcliffe J. 2000. Scenario building：a suitable method for strategic property planning?[J]. Property Management，18（2）：127-144.

Shenhar A J. 2001. One size does not fit all projects：exploring classical contingency domains[J]. Management Science，47（3）：394-414.

Shenhar A J，Dvir D. 1996. Toward a typological theory of project management[J]. Research Policy，25（4）：607-632.

Shenhar A J，Dvir D. 2007. Reinventing Project Management：The Diamond Approach to Successful Growth and Innovation[M]. Boston：Harvard Business School Press.

Söderlund J. 2012. Project management，interdependencies and time：insights from managing large systems by Sayles and Chandler[J]. International Journal of Managing Projects in Business，5（4）：617-633.

van der Heijden K. 1996. Scenarios：The Art of Strategic Conversation[M]. West Sussex：John Wiley & Sons.

Vidal L A，Marle F. 2008. Understanding project complexity：implications on project management[J]. Kybernetes，37（8）：1094-1110.

Ward S C. 1999. Requirements for an effective risk management process[J]. Project Management Journal，30：37-42.

Ward S C. 2005. Risk Management Organisation and Context[M]. London：Witherbys.

Ward S C，Chapman C B. 1995. Risk management and the project life cycle[J]. International Journal of Project Management，13（3）：145-149.

Williams T，Samset K. 2010. Issues in front-end decision making on projects[J]. Project Management Journal，41（2）：38-49.

Williams T，Eden C，Ackerman F，et al. 1995a. The effects of design changes and delays on project costs[J]. Journal of the Operational Research Society，46（7）：809-818.

Williams T，Eden C，Ackerman F，et al. 1995b. Vicious circles of parallelism[J]. International Journal of Project Management，13（3）：151-155.

Wilson I. 2000. From scenario thinking to strategic action[J]. Technological Forecasting & Social Change，65（1）：23-29.

Winch G M. 2013. Escalation in major projects：lessons from the channel fixed link[J]. International Journal of Project Management，31（5）：724-734.

Xia B，Chan A P C. 2012. Measuring complexity for building projects：a Delphi study[J]. Engineering，Construction and Architectural Management，19（1）：7-24.

第3章 重大工程决策的情景鲁棒性

本章在前面章节讨论的基础上，提出评价和度量重大工程深度不确定决策质量的基本概念——情景鲁棒性。作为重大工程决策质量的基本属性，情景鲁棒性是重大工程决策方案设计的功能谱与环境之间相互情景耦合（契合）度的度量。首先，我们界定情景鲁棒性的基本科学内涵；其次，通过识别重大工程决策情景发现的特征，提出预测和发现情景以及提高情景鲁棒性的路径；最后，提出如何精细地描述决策方案的情景鲁棒性，即情景鲁棒性度量方法。

3.1 重大工程决策的情景鲁棒性概述

3.1.1 重大工程决策的情景鲁棒性概念

"鲁棒性"这一术语在多年前已被提出，但至今尚未建立精确的一致性定义。根据美国新墨西哥圣塔菲研究所（Santa Fe Institute，SFI）的收集，多达17种不同的关于"鲁棒性"的定义被提出。这些研究人员既不是为了达到鲁棒性用法的一致，也不是为了约束不同领域的研究者对这个术语的使用，而是为了探究鲁棒性含义的范围并希望能够对其进行改进。下面列举其中的几个：①在网络、生态领域，鲁棒性是指一个系统在即将面临内部结构或外部环境的改变时能够维持其功能的能力大小（Liu et al.，2012）；②在计算机系统领域，鲁棒性是指一个系统或组件在出现不正确或矛盾的输入时能够正确运行的程度（Vezér，2016）；③在人类语言技术领域，鲁棒性（识别和分解等）是指人类在信息不完全、意思模糊或不断变化的情况下仍然能够实现沟通的能力大小（Orozco-Arroyave et al.，2016）；④在非线性控制领域，鲁棒性是指一个系统在遇到设计中所没有考虑过的情况时不受其影响的程度（Eremin and Shelenok，2017）；⑤在生物系统领域，鲁棒性是指一个系统具有恢复、自我修复、自控制、自组装、自我复制功能的能力大小（Crommelin et al.，2015）；⑥在模型的不可靠性领域，鲁棒性是指一个模型在某种不同于设计该模型时所用的假设下仍是正确的（Tuffin et al.，2014）。

即使在同一应用领域，人们对"鲁棒性"的定义也不尽相同。例如，在供应链研究中，Vlajic 等（2012）认为鲁棒性是指供应链在一个或多个物流流程遇到意外事件干扰的期间和之后表现出的可接受的性能的程度；Wieland 和 Wallenburg（2012）认为鲁棒性作为一种积极主动的策略，是指供应链在不改变初始稳定配置的情况下抵抗变化的能力；Klibi 等（2010）认为鲁棒性是能够在所有可能的未来场景下提供可持续的价值创造；Meepetchdee 和 Shah（2007）认为鲁棒性尽管对供应链造成了一定的损害，但供应链能够在一定程度上执行它的职能；Kouvelis 等（2006）认为在某种意义上，鲁棒的供应链是指根据规划周期内不确定因素使公司的业绩和最严重的突发事件对冲；Asbjørnslett 和 Rausand（1999）认为鲁棒性是一种抵御意外事件的系统能力，并恢复其预期任务且保持与意外事件发生前相同的稳定状态；Ferdows（1997）认为一个鲁棒的网络可以应对竞争环境中的变化，而不需要采取极端措施。

下面就决策鲁棒性与脆弱性、稳定性、可靠性、适应性及敏感性等基本语义之间的比较来进一步理解鲁棒性的内涵。

（1）决策鲁棒性与脆弱性（共存）：决策鲁棒性强调系统的健壮性；而脆弱性强调系统本身的某一微小变动可能促使整个系统濒临崩溃。两者在同一系统中往往是共存关系，即某一系统在某方面/层面具有鲁棒性，而同时在另一方面/层面具有脆弱性。

（2）决策鲁棒性与稳定性（功能保持）：决策鲁棒性反映了系统的持久性，是系统在演化过程中相对初始条件变化仍能保持其能力的程度；而稳定性强调系统的过程相对环境或系统本身变化的保持能力。两者均定义了系统在遇到某一特定扰动时所显现的功能特征。

（3）决策鲁棒性与可靠性（敏感程度）：决策鲁棒性是方案功能对不确定性具有的免疫功能；而可靠性是决策方案在预期条件下和预定时间内完成规定功能的能力，包括在多大程度上实现决策目标、多大程度上抗干扰及多大程度上适应预期的条件等。

（4）决策鲁棒性与适应性（涌现特征）：决策鲁棒性是在较长时期内对系统继续保持功能的衡量；而适应性是面对环境的变化和各种不确定因素，能够及时做出相应调整，使得系统本身能够继续保持其功能（即与环境变化发生协调作用的测度）。

（5）决策鲁棒性与敏感性（负相关）：决策鲁棒性是系统相对环境或系统本身某一变动的不敏感程度；而敏感性是系统相对内部或外部某一因素变化的敏感程度。

　　在对决策鲁棒性内涵理解的基础上，我们对重大工程决策方案情景鲁棒性作如下进一步说明：对一个高度开放与深度不确定的环境且在大时空尺度的整体意义下，重大工程决策方案的质量既不能仅考察一个时间点或一个时间段，也不能仅静态或仅动态考虑问题，而需要在工程全生命周期、多尺度及情景演化与涌现背景下考察决策方案效果、作用与情景变动之间的契合程度，即在情景意义下决策方案的效果、作用相对于大时空尺度情景变动能够保持决策情景鲁棒性。

　　针对具有深度不确定性的重大工程决策问题，决策情景鲁棒性有其特别的意义。通常我们最关心的是环境的变化对决策方案造成的影响，即决策方案能否在变化的环境中保持自身的功能，此时决策方案达到规定的性能水平的不确定范围称为显鲁棒性。同时，决策方案效果与作用是有时空跨度的，尤其是在大时空决策方案的生命周期里，环境也会随着决策方案功能的释放发生新的变化。而这些新的变化又会涌现出新的情景而影响决策方案的功能，此时决策方案达到规定的性能水平的不确定范围称为隐鲁棒性。

　　不管环境是自身变化还是由决策方案引起变化，我们关注的是决策方案对于环境变化是如何应对的。情景鲁棒性同时包括这两种鲁棒性，但隐鲁棒性在深度不确定的重大决策问题中更加值得防范，从而避免诱发新的危害情景。

　　由此形成了对重大工程决策新的认知：①深度不确定下，传统工程决策理论与方法已不适用于重大工程决策，度量重大工程决策方案质量、提高决策方案质量，需改进、优化、创造重大工程决策理论与方法；②高质量的重大工程决策方案能够在工程全生命周期内，对各种情景变动具有鲁棒性，鲁棒性又可细化为正鲁棒性与逆鲁棒性两类。需要强调的是，鲁棒性是工程全生命周期内关于决策方案作用稳健性与契合度的整体性概念。如果把环境（包括重大工程-环境复合系统）看作一个系统，决策方案看作另一个（人工）系统，则情景鲁棒性就是该方案系统的功能谱与环境系统之间在情景意义下的耦合（契合）度的度量。

3.1.2　情景对重大工程决策的影响

　　重大工程自然环境、社会经济环境及环境大尺度演化是形成重大工程决策活动深度不确定的重要原因，决策方案必须在很长的工程生命周期内保持其有效性与稳健性；而工程原有环境系统与重大工程-环境复合系统在如此长的时间内极有可能会产生多种情景的涌现与演化，这都将严重影响决策方案的有效性与稳健性，从而降低决策方案的质量乃至使决策方案失效。现在来分析这个问题。

　　首先，重大工程立项与规划论证将充分考虑到自然、社会、经济环境的变动性对工程建设的影响，决策主体一般把环境作为工程系统的背景来考虑，并会尽量在决策方案中体现这些影响以保证工程与环境之间的协调。由于重大工程生命周期长，环境的变动性会呈现出各类复杂情景；而决策方案的作用与效果则要能体现对这类情景的适应性。

其次，一旦重大工程建成，原来的环境系统与新建的重大工程在总体上又形成了一个新的人工复合系统，即重大工程-环境复合系统。这一新的人工复合系统不仅可能有助于决策方案实现预期功能，还可能因其新的系统情景的涌现与演化而破坏决策方案作用与效果的稳健性，甚至可能会出现决策主体完全未曾预料到的负面作用与效果。决策的深度不确定性越严重，出现这些情况并造成决策方案损伤甚至失误的风险越大，从而导致决策质量不高甚至决策失误。重大工程及原来的环境系统主要考虑了重大工程实体尚未形成，把环境作为工程背景；而重大工程-环境复合系统主要考虑了重大工程实体形成后，重大工程与原环境系统已耦合成一个新的人工复合系统，此时重大工程及原来的环境系统均为新的人工复合系统的子系统。

3.1.3　重大工程决策的情景鲁棒性辨析

"情景"是系统在整体层面的未来情形以及形成该情形的演化路径。在设定某一情景时，人们首先需要回顾分析过去的历史，再对未来的趋势进行一系列合理的、可认可的、大胆的、自圆其说的假定，即通过对未来的情形进行构想来确立某些希望达到的未来情形，并分析达到这一未来情形的种种可行性措施。尽管现有的情景分析法认为未来情形充满了不确定性，但不确定性的特征也决定了未来情形的部分特征及状态仍是可以预测的。不确定性主要来源于：①影响系统的本质上的不确定因素。这类不确定因素是无法预测的，它们由相互联系、相互影响的多种因素构成，并影响该系统的发展趋势及未来情形。②对影响系统的因素不够了解。能够对系统产生影响的因素难以预测，因此可以采用一些系统的科学方法把这类因素中可预测的、规律性的因素分离出来，即在一定意义下通过降低系统的不确定性来更好地预测系统发展的未来情形。

由于重大工程深度不确定决策活动的环境情景不都是常规的，可能是非常态、变异的，并且随着时空尺度的增长，情景也越有可能发生意外，从而决策方案的有效性及稳健性越有可能发生损伤；而这种意外情景会不会出现、何时出现、造成的损伤有多大等，都是深度不确定的。这就意味着，重大工程决策的情景鲁棒性虽然为我们提供了一个观察与衡量决策方案质量的窗口，但还有一系列科学问题需要我们探索与解决。例如，如何更加精细地描述决策方案的情景鲁棒性，如何度量与提高鲁棒性，以及如何预测和发现情景等。

3.2　重大工程情景鲁棒性决策

3.2.1　重大工程情景鲁棒性决策流程与基本范式

在工程思维层面，重大工程决策活动有着不同类型的具体内容与形态；而在理论思维层面，研究重大工程决策又要从决策活动的基本属性入手。可以从不同的视角来抽象和理解这种属性。例如，由于重大工程决策目标具有多尺度特征，可以认为重大工程决策是一类多尺度决策；从决策方案形成的"迭代式"路径出发，可以认为重大工程决策是一类"迭代式"决策；等等。但是，最能体现重大工程决策独特性的应是以下现象：决策主体需在一个相对较短的时间里做出一个必须在相当长时间里都能保证其鲁棒性的决策方案，而在这个相当长时间内会形成各种可能的复杂情景及情景的演化。这样，关于重大工程决策方案的情景鲁棒性就变得非常重要。没有这一品质，决策方案的功能有可能在工程生命周期内受损或失效，这将直接影响到工程决策主体本来的意图与工程自身价值的实现。

在一般决策理论中经常有最优决策方案的概念，即基于一定的目标，决策主体通过一定方法选择一个最优方案。但对于深度不确定的重大工程决策，要准确、全面地提出决策目标并寻找到这样的最优方案实在是困难的。只能在尽量顾及深度不确定因素的前提下选择那些对深度不确定情景变动可能造成的损害不敏感的方案作为整体上可接受的"质量高"的方案。由此可见，这一思想与传统的最优方案有着很大不同，它更能体现对决策深度不确定及对决策情景变动复杂性的考虑。

此外，重大工程情景鲁棒性决策有其基本流程与范式。首先，重大工程深度不确定决策是决策范畴中的一种类型，因此，一般决策的基本原理自然也是它的基本原理。例如，决策主体、决策问题、决策流程、决策目标、决策方案等基本要素同样也是重大工程决策活动的基本构成要素（Priemus，2010）。特别是，由于任何决策方案都是决策主体关于人工系统功能的设计，因此，系统分析既是决策的基础，也是决策的辅助技术，自然也是重大工程决策活动的重要组成部分。

其次，重大工程决策活动也是以具体的决策问题为导向，确定整体性的决策目标、构造备选的决策方案，通过搜集与分析数据、信息与资料，运用定性定量相结合方法以及计算机模拟仿真技术等，对备选决策方案进行比对、重组与优选，在一定的准则下或者构成决策方案，或者进行上述程序的重新迭代，并最终得到认可的决策方案。

当然，重大工程决策必然要体现重大工程管理活动的基本原理。例如，根据复杂性降解原理，在确保重大工程决策目标及决策功能设计的基础上，一般会通过适当的分解方法将某些整体性的决策问题分解为若干个相对独立的子决策问题，并对其分别进行决策得到相应的决策方案。在此基础上，在适应性选择与"迭代式"生产原理的指导下直接形成一个同时与这些子方案兼容的整体方案或通过对部分子决策方案进行调整从而形成一个整体性的决策方案。

另外，在工程思维与可操作层面上，完整的重大工程决策活动由多阶段相互独立又相互关联的子决策活动过程所组成，这些子活动过程在决策实践中同时又表现为决策实践中的实际管理职能。

决策过程中存在着一条决策主体的基本行为主线，即主体对解决决策问题所确定的价值准则以及在整个决策过程中对数据、信息的处理与转换。

那么就这两个基本点而言，在工程思维的筹划与操作层面重大工程决策原理要能充分体现出：①有效降解由于深度不确定而导致的重大工程决策复杂性，提出能够体现重大工程决策特有质量概念的决策方案形成路径；②设计好能够适应深度不确定的决策组织平台与功能；③构建与深度不确定决策相匹配决策的方法体系和决策支持体系。

正是因为在以上各点综合作用的基础上，才能形成较为完整的重大工程决策主体行为原则、决策流程与决策方法，也才能形成重大工程决策的基本原理与一般范式，见图 3.1。

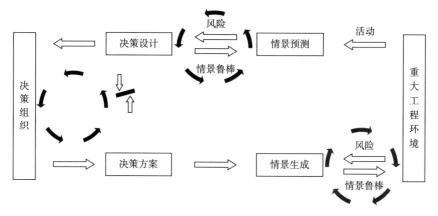

图 3.1　重大工程情景鲁棒性决策过程

3.2.2　重大工程决策情景预测和发现

从理论上讲，被预测的未来情景空间内可能包含相当多的情景点，其中的许多情景点可能是环境的常态点，代表了未来决策环境的常见、稳定的性状，即使这些性状会有波动起伏，一般也不会使决策方案效果失效。但是，情景空间中可能还有另外一类情景点，它们的性状或波动起伏可能会对决策方案的正常效果造成极大的损坏。这类情景点不论出现的可能性有多大，往往是决策主体最关注、最需花力气防范的。重大工程决策主体经常提出百年一遇的质量、安全标准就是针对这一类虽然罕见但对决策方案鲁棒性有极大危害的情景。这一类极端情景实际上将成为我们判断重大工程情景鲁棒性决策方案的阈值，因为决策方案如果能够对这一类极端情景表现出鲁棒性，那该方案对情景空间中其他情景点的鲁棒性自然是有保证的。

当然，由于工程决策情景空间太大，极端情景会极端到什么程度，除了一定的客观标准外，还取决于决策主体的价值偏好。例如，我们在选择决策方案时，是仅考虑十年一遇的极端情景，还是考虑百年一遇的极端情景；除了要考虑情景出现的可能性、危害程度等，还必须考虑不同决策方案的实施成本、实现难度等。也就是说，极端情景由决策主体综合考虑各方面因素而最终认定，这些因素包括情景对工程功能稳健性可能造成的损坏程度、情景出现可能性大小及决策方案实施成本及可行性等。

为了探索决策方案的鲁棒性，不同的鲁棒决策框架被相继提出，如鲁棒决策（Lempert et al.，2006）、多目标鲁棒决策（Kasprzyk et al.，2013；Hadka et al.，2015）及信息鸿沟（Ben-Haim，2006）方法等。下面从五个基本步骤对这三种鲁棒决策框架进行总结和对比（Herman et al.，2015；Radke et al.，2017）：①问题的形成。这三种方法都包括不确定性、决策方案集、行动与结果/仿真模型之间的定量关系及性能指标。②生成备选方案集。鲁棒决策方法和信息鸿沟方法是通过计算搜索（如优化、抽样等）并可能进一步选择指标来预先给出备选方案集；而多目标鲁棒决策方法是从多目标优化的帕累托-近似集中确定候选方案集。③世界的状态（即未来情景）。鲁棒决策方法和多目标鲁棒决策方法是通过不确定因素的可能范围及拉丁超立方体抽样（郑金华和罗彪，2009）来形成情景集；而信息鸿沟方法是从不确定因素的"最佳估计"偏差的固定间隔来形成情景集。④鲁棒性指标。鲁棒决策方法和多目标鲁棒决策方法的鲁棒性指标包括满意指标（满足特定性能需求的情景比例）和基于后悔的指标（包括一个情景中候选方案和预期性能之间的差异，以及一个情景中候选方案和最优性能之间的差异）；而信息鸿沟方法的鲁棒性指标是满意指标（直到候选方案失败的不确定时间间隔的数量）。⑤鲁棒性控制/敏感性分析。鲁棒决策方法和多目标鲁棒决策方法通过使用情景发现算法来识别关键的不确定性及目标之间的权衡；而信息鸿沟方法中的"不确定界限"已经给出了不确定因素的影响信息。但究竟哪种情景生成方法真正应对了深度不确定性并能够确定鲁棒性呢？具体而言，对不确定参数值的"最佳估计"似乎与"鲁棒性"概念是相互矛盾的，对鲁棒指标的"最佳估计"直接影响了对"鲁棒性"的判断（Singh et al.，2015；Sniedovich，2012；Matrosov et al.，2013；Maier et al.，2016）。"最佳估计"用于寻找一组帕累托-近似解，也可用于测量对"最佳估计情景"的遗憾值。但应用"最佳估计"来寻找一组候选方案集的目的是将整个决策空间缩小到候选方案集的一个高性能和可管理集，这与"鲁棒性"概念并不是相矛盾的。因为如果找不到一个最优解是鲁棒的，那么我们可以对非最优解进行鲁棒性分析。

情景发现是建立在直觉逻辑上的模型驱动方法（Bryant and Lempert，2010），它建立了早期的深度不确定决策下的决策模型（Bankes，1993；Lempert et al.，2002）。例如，Groves 和 Lempert（2007）使用了一个含 20 个参数的模型；Bryant 和 Lempert（2010）使用了一个含 8 个参数的模型。情景发现旨在总结世界的、合理的未来状态集，提炼出所提策略的关键漏洞（脆弱性），并通过对决策者和风险承担者有用的方式来描述这些情景（Bryant and Lempert，2010）。情景为许多决策支持应用中的不确定描述提供了一种常用和直观的方法，但当存在多利益主体共同参与时，情景可能无法发挥其潜力，为此，Bryant 和 Lempert（2010）描述了一种参与式的计算机辅助情景开发方法，并称之为情景发现。该方法将情景定义为能够代表所提策略的漏洞（脆弱性）的、世界的、合理的未来状态集，即某策略不能满足决策目标的情况。Bryant 和 Lempert（2010）进一步提出了情景发现的 3 个基本步骤：①指定实验的抽样设计和不同利益情况下的输出标准；②将一个或多个算法应用到生成的数据库中，来确定能够很好地描述不同利益情况的情景集；③使用各种诊断工具（重新取样测试及 P 值检验）来评估这些情景，并不断循环迭代。

目前情景发现已被应用于不同的实际决策问题中（Solomon et al.，2007；Aden et al.，2002；Bryant and Lempert，2010）。Kwakkel 等（2013）从概念、技术和实践角度拓展了情景发现方法：①在概念上，情景被理解为是随着时间而发展的，而不是世界的状态；②在技术上，机器学习技术不能直接用于情景发现，为了克服这个问题，作者采用时间序列聚类来识别一段时间内的行为集，从而将时间序列结果转换为标量值，并作为情景发现中各种机器学习技术的输入；③在实践中，作者通过使用结构上截然不同的两个模型来拓展情景发现，这些实践应用提出了情景设计和结果分析的新挑战。

在实际的重大工程决策活动中，主体能够感知的是正在发生和形成的现实情景，称为即时情景。但许多重大工程决策活动不仅需要了解即时情景，还需要预测未来情景，有时还会重构过去情景（Millett，2003）。例如，重大工程前期规划认证需要对不同工程方案进行分析和比对，这就要把不同方案对应的"虚体工程"放到未来的工程环境情景中形成重大工程–环境复合系统情景，再分析不同的未来情景将产生怎样的整体效用与风险来比对不同工程方案的优劣。又如，对已做出的重大工程决策进行评估可能要再现该工程某一过去情景，在情景"回放"中分析当时管理主体的决策行为选择。

如何生成情景一直是人们在决策研究中所关注的。有学者在企业战略决策研究时将企业未来可能遇到的情景进行构成因素分析；在此基础上挑选出若干重要因素并对它们进行不同的组合，使一种组合对应一种情景并由此归纳出几种情景；再分别在这些情景下研究企业如何选择战略。不难看出，这样的情景生成方法反映了人们如下的技术思维：①假设所有的情景都是人们完全了解的，人们完全确知有哪几种情景出现，各自出现的可能性有多大。②所有的情景都是可结构化的。③所有的情景都是可以完全由人构成的，这样，通过不同的规则与参数设定就得到不同的情景。但是，重大工程决策理论中的情景远比此复杂得多，特别是深度不确定、多尺度意义下涌现出的重大工程情景，绝不能仅用如此简单的方法生成。

那么如何预测和发现情景呢？这是一项综合性的技术，该技术的基本思想如下：任何实际的重大工程决策方案都是决策主体设计的一个人造系统，因此必然具有相应的系统功能和系统属性，而决策情景可以当作这一人造系统的环境整体行为。这样，可以从系统与环境之间的相互影响出发，研究人造系统功能对环境变动的敏感性，这实际上就构建了决策方案对情景鲁棒性度量的技术路线。

既然是研究重大工程决策情景的预测与发现方法，就要先对生成对象即情景的最基本特点进行梳理。无论是过去、现在还是未来的重大工程决策活动中的情景，都是包括人、环境及工程物理世界的复杂系统的整体行为，因此它是演化的、涌现的和自组织的。Ostrom（1988）提出了可供社会科学家使用的三个"符号系统"。他指出，除了我们比较熟悉的用自然语言进行认证的定性方法和用数学语言描述的定量方法之外，还可以用计算机的标准化和程序语言来描述自己的思想，并且通过计算机的辅助来反思过去、分析现状和预测未来。

特别地，任何重大工程决策情景不仅是复杂的，还是该工程所独有的，且在整体上也是稀缺、少样本的。因此，一般不能指望从大量已知的工程决策情景样本中提取其统计规律，而只能在少量宝贵的工程决策情景样本或线索基础上，以计算机系统为"实验室"，把少量宝贵的工程决策现实情景概念与线索当作"种子"进行播种、培育，让其生长，最终得到各种不同的情景"果实"，进而从这些"果实"形成的动态演化过程及这些"果实"的类型与特点中，分析、预测和重构关于重大工程决策情景的知识与规律。我们称这一关于情景生成的计算机模拟方法为重大工程决策理论研究中的情景耕耘方法。具体而言，情景耕耘方法一般按照标准的研究范式进行，以保证情景耕耘结果的客观性和可信度。其研究范式一般包括以下五个方面：研究情景的界定、概念情景的形成、可耕耘模型的建立、情景耕耘模型的计算机实现以及评估与比较耕耘结果。详细步骤请参考本书第 4 章相关内容。

3.3　重大工程决策情景鲁棒性的度量方法

3.3.1　重大工程决策情景鲁棒性度量概述

不确定性是决策的内在属性，因此，不确定是众多系统学科的研究目标，且这些学科已经在各自兴趣范围研究了不确定的类型学、分类学及其定义，如风险分析师根据次数影响的可能性来研究不确定。与此非常不同的是，物理学家根据某一现象发生的可能性来研究不确定。在过去的数十年，人们做了许多科学研究，试图使这些不同的论述相一致（Morgan and Henrion，1990；Funtowicz and Ravetz，1993；van Asselt，2000；Kwakkel et al.，2010；Walker et al.，2013）。关于决策的不确定性定义及其内涵与外延，人们至今还没有统一明确的规定和解说。目前，人们对决策的不确定性大概有三种理解。决策的不确定性贯穿于整个决策过程中的评价结果，包含了决策多方面的特征与属性。

在决策科学中，依赖于未来精确预测的预知-行动或预知-期望的范例是非常常见的，而预测认为未来没有根本的变化或对未来大的吃惊的期望，换句话说，预测探索的是能够很好适应的"无吃惊的未来"。因此，预测成为政治决策或政策制定过程中最容易使用的方法。情景基于关键关系和驱动力（如技术变化、价格）的一系列连贯且和内部一致的假设，是合理的。因为情景的使用暗示着这样的假设：大多数情况是不能证实的，情景不预测将来发生什么，而是表明什么可能发生（即它们是合理的未来）。传统情景方法常陷入这样的困境：涉及的不同行动者对未来世界的看法、预测罕见的事件及应对合理未来的方法缺乏共识。因此，传统情景方法面对的挑战如下：分析师必须努力捕获关于小的、可理解的、有用的情景集合中不确定的未来状态的全部范围。但是开发和识别能够充分代表所有合理的未来状态的少数情景是十分困难的，并且通过交流或者使用更多的这类代表性情景同样是困难的甚至会适得其反。接着，一种被称为"情景发现"的方法被提出来开发设计大量具有不同世界观、价值观的行动者及大量不确定因素的决策问题的情景（Lempert et al., 2002）。情景发现是基于直观逻辑学的一种模型驱动方法，建立在早期深度不确定决策模型的基础之上。

然而，上述对不确定的预测都是基于一定的假设/假定，仅仅是对数据、状态不确定的处理方式，还有一类长时间尺度的不确定决策问题（如重大工程决策问题），已不仅仅是参数、目标函数、状态轨迹的简单不确定，而是基于情景的不确定，不确定程度要更加严重，传统的不确定优化方法已经无能为力。

决策情景的深度不确定性可以从以下三个方面来考虑：①决策客体的不确定。这类不确定性是指所考虑的决策系统的固有的可变性，常常包括状态、参数、数据、情景等的不确定性。在这些不确定因素/方面中，有些我们已经认知，或者通过获取更多的信息能够认知；有些我们暂时无法清晰地认知，甚至还没有意识到这种不确定的存在。②决策主体的不确定。这类不确定性考虑到人类知识结构、认知能力、决策偏好等的差异性。同样的决策问题，对于认知能力较高的决策主体来说，可能是能够被确知的，也就成为确定的问题；但对于认知能力较低的决策主体而言，可能是不能够被确知的，也就成为不确定的问题。③决策主客体交互的不确定。这类不确定性主要体现在决策问题及过程的不确定性上，主、客体之间构成了一个矛盾对立的统一体。因此可以说，不确定的本质是不确知，即决策者不能明确地、唯一地做出判断。一方面，无论客观上是否唯一，只要我们还没有确知决策结果，即是不确定。另一方面，不确定性和确定性是相对的概念，若一个状态或事物在未被确知之前是不确定的，则它一旦被确知就变得是确定的。同时，不确定是一个多维概念。

（1）决策情景深度不确定的特性，可分为模糊的认知不确定和本体不确定。这种不确定是由于我们缺乏对现象的知识（如认知或知识的不确定）引发决策问题中涉及的各类行动者呈现的多结构（如模糊性或认知不同），或者由于现象固有的可变性（如固有的不确定性质，有时也称为本体的不确定）。因此，不确定的性质关系到不确定的策略选择。如果不确定的性质是模糊的，可结合决策系统结构和决策支持方法来解决。在工程决策实践中，这两种性质的不确定往往会同时出现，如决策环境未来发展状态的不确定以及决策方案选择过程的不确定同时存在。

（2）决策情景深度不确定的程度，即在完全确定到完全不知的连续区间中，不确定显示出它自己所处的位置。在有些情况下，一个事件或结果的不确定程度可以用数字来表示；但在另外一些情况下，一个事件或结果的不确定程度会使用更加不确切的说法，如"更可能"、"较少可能"或"等可能"。我们列举从完全确定到完全不知的五种不同的不确定程度：①公认不确定。我们承认事物或结果不是完全确定的，但不愿或不能使用任何精确的方法来测量这种不确定的程度的情况。②浅度不确定。此时可以用概率的方法来列举出所有不确定的各种可能性或所有似乎合理的可能结果。③中度不确定。此时能够对不确定的各种结果进行列举并排序，即能够明确彼此间出现可能性的大小顺序，但不能给出彼此间可能性概率的精确差值。④深度不确定。此时，仅能够列举出不确定的各种可能性，但由于决策者的异质性不能准确地给出各种可能性发生的概率，甚至不能给出各种可能性彼此间出现概率的大小顺序。深度不确定通常起源于决策问题的多重尺度。⑤极端不确定。此时甚至不能给出不确定的各种可能性，但是认为有可能出现"错误的"或"吃惊的"的可能性结果。

（3）决策情景深度不确定的对象，具体包括以下几个方面：决策方案不确定是指决策者不能从决策方案集中做出唯一的选择，或者是找不到决策方案，即对所选的唯一方案不确知；决策目标不确定是指决策方案功能是不确知的；决策环境不确定既有社会经济的不确定，又有自然生态环境的不确定；决策方法不确定既有模型的不确定，又有数据的不确定及状态、参数的不确定；等等。这些不确定的位置在重大工程决策中均有体现。

未来情景不确定一般意味着：未来有一系列可能的结果，但是不能很好地理解导致这些结果的机制，因此，不可能指定任何一个可能结果发生的概率，即对未来只能表明什么情景可能发生，但无法表明它发生的可能性大小，因此未来情景是深度不确定的。

不确定应对方法分为两类：缺乏信息和未来的不确定（指深度不确定性）（Walker et al.，2013）。后一种不确定类型被认为是全局不确定，而前一种不确定被认为是局部不确定，表示围绕一种特定的全局不确定性导致的不完备知识（Mejia-Giraldo and McCalley，2014）。局部不确定（或信息缺乏）一般可由概率分布来表示，且已建立了很好的方法来应对这种类型的不确定性（Bode et al.，2008；Srinivasa et al.，2013；Wilson et al.，2006；Woodward et al.，2014；Basupi and Kapelan，2013）。相对而言，应对全局不确定（或深度不确定）的优化方法比较少。这是因为最重要的策略规划问题都是深度不确定的（Walker et al.，2013）。

一般来说，应对深度不确定的两种方法包括寻找鲁棒解（即在未来状况的广泛范围里表现良好）及寻找适应解（即能够适应变化的未来状况）（Walker et al.，2013）。在最优解概念下，Woodward 等（2014）及 Basupi 和 Kapelan（2013）分别对洪水风险管理与配水系统的排序设计提出了适应方法，但是在应对深度不确定的每种情况里仅考虑一个相对的、有限范围的、合理的、已知的未来条件（由概率分布来表示），而不是可能的情景集。Mahmoud 等（2009）指出，概率预测明显影响了不同结果的可能性，而情景则被设计成了世界的、未来状态的一个可替代的集合。此外，Housh 等（2013）和 Ray 等（2012）基于传统的优化方法（分别为随机规划和线性规划）与演化优化方法进行了比较（Maier et al.，2014）。

为了探索决策方案的鲁棒性，人们提出了各种不同的鲁棒决策方法。鲁棒决策、多目标鲁棒决策及信息鸿沟是应用最多的方法。鲁棒决策（Lempert et al.，2006）是在深度不确定条件下的通用方法；多目标鲁棒决策（Kasprzyk et al.，2013；Hadka et al.，2015）结合鲁棒决策与许多客观的进化优化和视觉分析应对决策环境的深度不确定性；信息鸿沟首先应用于未知空间分布的机械工程中，并由 Ben-Haim（2006）提出作为一种通用的方法，同时，信息鸿沟也应用在气候变化不确定的环境管理中（Hall et al.，2012；Matrosov et al.，2013）。鲁棒优化最初是由 Ben-Tal 等（2009）提出作为寻找既能保持几乎全优又能满足不确定未来情景的性能约束的一种框架。它被成功应用于自然资源管理不确定性的多目标决策问题中（Palma and Nelson，2009；Gabrel et al.，2014；Knoke et al.，2016）。当今，应用鲁棒优化技术不同于不确定性的鲁棒性及定量方法。例如，Deb 和 Gupta（2006）利用概率方法-多元鲁棒优化从预期性能的方案中优化多变量约束。类似于鲁棒优化，信息鸿沟只适用于局部优化，而不适用于深度不确定，因此只是对不确定参数的最好估计（Sniedovich，2012）。以上三种框架可描述为生成决策方案、生成世界状态（即未来情景）、决策方案的鲁棒性度量及识别控制性能的不确定参数及其强度（Herman et al.，2015）。

3.3.2　重大工程决策情景鲁棒性度量指标

鲁棒性度量指标一般包括均方差（Boratyńska，2017）、最优方案一致率（Varneskov，2016）、方案排序匹配率（Peng et al.，2015）、Spearman 系数（Raju and Vasan，2007）和 Kendall 系数（Liu et al.，2012）等。鲁棒性定义是基于多个可能的未来情景的一个决策方案性能满意度（Hall et al.，2012；Mortazavi-Naeini et al.，2015），而不是一个期望情景下的最优。情景鲁棒性要求没有任何概率被附加到那些未来情景上。然而，这些核心想法有着不同的微妙之处。首先鲁棒性可以基于满意或后悔偏好来度量。一个决策者可以从满意的观点寻求选择，以满足其在合理的范围未来情景下的性能要求。从后悔角度来看，决策者要尽量减少选择错误的后悔，其中的后悔值可基于性能的损失。这种后悔可能是假设错误的情景方案的成本或选择错误方案的成本。在第一种情况下，方案的最大后悔是它在最好的估计未来情景和最坏的估计未来情景之间的区别（Kasprzyk et al.，2012）。在第二种情况下，在某种未来情景下的方案的后悔是其实际方案选择与最佳表现的方案之间的差别（Savage，1951）。在这两种后悔的情况下，最小最大后悔（maximum regret）的方案是最鲁棒的。关于鲁棒性的满意和后悔的方式的一个惊人的差异是，满意是在可能的情景范围内的性能要求的实现，而后悔是将替代的性能与预期的性能或最佳的选择相关联，如 Lempert 和 Groves（2010）使用绝对性能标准（满意）和相对性能标准（后悔）去识别鲁棒性来区分这两个方法。如果对于一组不确定的参数值（未来的情景），则会满足约束（性能要求）。选择在最坏场景中表现最佳的备选方案，基于 Wald 的极小规则，它力求最大限度地减少最大损失（Wald，1939）。不确定的参数值的集合可以有不同的形状（如矩形、椭圆形）（Ben-Tal et al.，2009），从而也存在什么是最坏情景并从而如何定义鲁棒性的问题。基于满意的鲁棒性可以进一步细分为全局满意和局部满意的概念（Hall et al.，2012）。全局满意使用类似域指标的度量值，域指标量化了决策者的性能要求得到满足的不确定空间的体积。全局满意度量的是所有可能的未来情景（每个不确定因素的可信范围的取样结果）中满足要求的部分，分数越高，选择的鲁棒性就越强。然而，一个真正鲁棒的解决方案必须在所有可能的未来情景中满足性能要求，相比之下，局部满意并不考虑整个不确定空间，而是利用不确定性视界的概念来量化鲁棒性（Ben-Haim，2006）。不确定度是在不再满足性能要求之前，不确定参数的最佳估计值的偏差数，因此，局部满意从一个最佳估计向外取样，而不是抽样整个不确定空间，这基本上是公认的稳定半径概念（Sniedovich，2012）。不足之处是对深度的不确定性，局部满意不可能作一个最佳的估计，并且可能证明是非常错误的（Sniedovich，2012）。其他的鲁棒性指标是安全第一和有限程度的信心（McInerney et al.，2012），两者都平衡了最大化预期效用的目标，并将最坏性能降到最低。根据 Wald（1939）的极小原则有限的置信度是有效的，而安全第一只在确保最坏情景超过性能要求之后最大化预期效用，然而，这两种标准都部分依赖于预期的价值，因而包含了概率。

3.3.3　重大工程决策情景鲁棒性的度量与分析

根据上述技术路线，我们来介绍决策方案极端情景鲁棒性的度量方法。这一方法的学术思想如下：①设定基准方案，即决策主体选择某一鲁棒性指标并以此确定决策方案。②设计性能指标，即决策主体设计某一与所选鲁棒性指标紧密相关的另一性能指标。③鲁棒性缺失变换，即分别给出候选方案与基准方案的性能指标差值，并通过变换的方式将该差值变换为所有候选方案的鲁棒性缺失。这里的关键是，变换的方式既与方案的客观属性有关，也与决策主体的价值取向及决策偏好有关。这一点可以从下面构造的不同变换方式看出来。

例如，对某个未来极端情景 s_e，决策方案 a 具有相应的性能（价值、功效等），记作 $\text{Pessimism}_v(a, s_e)$，若决策主体采用方案 a，出现了极端情景必然会遭受到风

险或损失，现定义决策主体因此产生的悲观值（Wald，1950）为

$$\text{Pessimism}_{\text{v}}(a,s_{\text{e}}) = \frac{1}{\text{Performance}_{\text{v}}(a,s_{\text{e}})} \tag{3.1}$$

其中，决策方案 a 属于方案集 $A(a \in A)$。极端情景 s_{e} 的情景空间 $S(s_{\text{e}} \in S)$，可通过情景耕耘技术等发现。

接着，可通过 $\min_{a \in A}\{\text{Pessimism}_{\text{v}}(a,s_{\text{e}})\}$ 准则确定最终方案。这种基于最小悲观值选择决策方案的方法是在最不利的极端情景情况下找出相对最有利的方案的方法。在极端情景下选择悲观值最小的方案，意味着决策主体留有较大的情景鲁棒性可靠性（Lempert et al.，2006）。

如果上述从极端情景最不利情况出发过于"保守"，还可以考虑下述基于后悔值确定方案的方法。该方法的基本思想为决策主体选定一个方案，若在未来遇到某个极端情景，相对这个极端情景的"满意"方案，该选定方案必然会因鲁棒性缺失而造成一定损失。决策主体也会因此而自责与后悔（遗憾），如果我们无法完全避免因深度不确定而造成的这种后悔，那么至少可以按照事后后悔不要太大的原则来选择决策方案。为此，先给出如下的决策方案后悔值定义：一个决策方案 a 在未来某个极端情景下的性能与该极端情景 s_{e} 下满意方案性能之间的差称为该决策方案的后悔值（Savage，1951），满足

$$\text{Regret}_{\text{v}}(a,s_{\text{e}}) = \max_{a'}\left[\text{Performance}_{\text{v}}(a',s_{\text{e}})\right] - \text{Performance}_{\text{v}}(a,s_{\text{e}}) \tag{3.2}$$

其中，决策方案 $a'(a' \in A)$ 是决策方案集 A 中所有方案在未来极端情景下性能最好的方案；s_{e} 属于情景空间 $S(s_{\text{e}} \in S)$。在后悔值中选择最小后悔值 $\min_{a \in A}\{\text{Regret}_{\text{v}}(a,s_{\text{e}})\}$，该最小后悔值所对应的方案即主体应该选择的最优方案。具体地，本方法通过度量各决策方案在极端情景下的后悔值，找出各方案的最大后悔值，则最小的最大后悔值所对应的决策方案即情景鲁棒意义下最优决策方案。

当然，如果决策主体认为仅从极端情景考虑方案选择过于"极端"，还可以将极端情景与"非极端"情景综合在一起加以考虑。这在极端情景出现的可能性极小或极端情景下方案成本过大时可以考虑采用。例如，决策主体既考虑到方案 a 在极端情景 s_{e} 下的性能 $\text{Performance}_{\text{v}}(a,s_{\text{e}})$，又考虑到 a 在非极端即一般情景 s_{g} 下的性能，并折中考虑这两种情景下度量方案 a 的情景鲁棒性。首先，定义决策方案 a 在 s_{e} 与 s_{g} 下的折中（加权平均）性能（Hurwicz，1951）：

$$\text{Eclectic}_{\text{v}}(a,s_{\text{e}},s_{\text{g}}) = \beta\text{Performance}_{\text{v}}(a',s_{\text{e}}) + (1-\beta)\text{Performance}_{\text{v}}(a,s_{\text{g}}) \tag{3.3}$$

其中，$\beta \in (0,1)$ 是折中系数。然后选择 $\max_{a \in A}\{\text{Eclectic}_{\text{v}}(a,s_{\text{e}},s_{\text{g}})\}$ 对应的那个方案作为情景鲁棒意义下的最优方案。

如上所述，虽然情景鲁棒性是重大工程决策方案质量的客观属性，但很难做

到既能对方案情景鲁棒性进行度量，又能够深刻反映决策主体的主观价值及决策偏好。因为，从总体上讲，在度量情景鲁棒性方法设计时，一般都表现出将这一客观属性变换为决策主体的某种主观价值。也正是如此，在对重大工程决策方案情景鲁棒性的度量中，很难说只有一种方法或只有一个唯一的度量值。相反，在不同的度量方法下，会得到多个不同意义下的情景鲁棒决策方案，这一现象反映了重大工程深度不确定性对决策问题与主体决策行为造成的深刻影响。从总体上讲，关于重大工程深度不确定决策，特别是情景鲁棒性决策的定量化分析方法是重大工程决策理论中刚刚起步并具有学术前沿性的科学问题。

参 考 文 献

郑金华，罗彪. 2009. 一种基于拉丁超立方体抽样的多目标进化算法[J]. 模式识别与人工智能，22（2）：223-232.

Aden A，Ruth M，Ibsen K，et al. 2002. Process design report for stover feedstock：lignocellulosic biomass to ethanol process design and economics utilizing co-current dilute acid prehydrolysis and enzymatic hydrolysis for corn stover[C]. European Conference on Antennas and Propagation，IEEE.

Asbjørnslett B E，Rausand M. 1999. Assess the vulnerability of your production system[J]. Production Planning & Control，10（3）：219-229.

Bankes S. 1993. Exploratory modeling for policy analysis[J]. Operations Research，41（3）：435-449.

Basupi I，Kapelan Z. 2013. Flexible water distribution system design under future demand uncertainty[J]. Journal of Water Resources Planning and Management，141（4）：04014034.

Ben-Haim Y. 2006. Info-gap decision theory[J]. Eological Modeling，211（1）：249.

Ben-Tal A，El Ghaoui L，Nemirovski A. 2009. Robust Optimization[M]. Princeton：Princeton University Press.

Bode M，Wilson K，McBride M，et al. 2008. Optimal dynamic allocation of conservation funding among priority regions[J]. Bulletin of Mathematical Biology，70（7）：2039-2054.

Boratyńska A. 2017. Robust Bayesian estimation and prediction of reserves in exponential model with quadratic variance function[J]. Insurance：Mathematics and Economics，76：135-140.

Bryant B P，Lempert R J. 2010. Thinking inside the box：a participatory，computer-assisted approach to scenario discovery[J]. Technological Forecasting and Social Change，77（1）：34-49.

Crommelin D J，Shah V P，Klebovich I，et al. 2015. The similarity question for biologicals and non-biological complex drugs [J]. European Journal of Pharmaceutical Sciences，76：10-17.

Deb K，Gupta H. 2006. Introducing robustness in multi-objective optimization[J]. Evolutionary Computation，14：463-494.

Eremin E L，Shelenok E A. 2017. Nonlinear robust control system for an unsteady nonaffine dynamic plant with a delay[J]. Optoelectronics, Instrumentation and Data Processing, 53（2）: 151-158.

Ferdows K. 1997. Making the most of foreign factories[J]. Harvard Business Review, 75（2）: 73-88.

Fildes R. 1998. Scenarios: the art of strategic conversation[J]. Journal of the Operational Research Society, 49（7）: 773-774.

Funtowicz S O, Ravetz J R. 1993. Science for the post-normal age[J]. Futures, 25: 739-755.

Gabrel V, Murat C, Thiele A. 2014. Recent advances in robust optimization: an overview[J]. European Journal of Operational Research, 235（3）: 471-483.

Groves D G, Lempert R J. 2007. A new analytic method for finding policy-relevant scenarios[J]. Global Environmental Change, 17（1）: 73-85.

Hadka D, Herman J, Reed P, et al. 2015. An open source framework for many-objective robust decision making[J]. Environmental Modelling & Software, 74: 114-129.

Hall J W, Lempert R J, Keller K, et al. 2012. Robust climate policies under uncertainty: a comparison of robust decision making and info-gap methods[J]. Risk Analysis, 32（10）: 1657-1672.

Herman J D, Reed P M, Zeff H B, et al. 2015. How should robustness be defined for water systems planning under change[J]. Journal of Water Resources Planning and Management, 141（10）: 04015012.

Housh M, Ostfeld A, Shamir U. 2013. Limited multi-stage stochastic programming for managing water supply systems[J]. Environmental Modelling & Software, 41: 53-64.

Hurwicz L. 1951. Optimality criteria for decision making under ignorance[R]. Cowles Commission Discussion Paper, Statistics.

Kasprzyk J R, Reed P M, Characklis G W, et al. 2012. Many-objective de Novo water supply portfolio planning under deep uncertainty[J]. Environmental Modelling & Software, 34: 87-104.

Kasprzyk J R, Nataraj S, Reed P M, et al. 2013. Many objective robust decision making for complex environmental systems undergoing change[J]. Environmental Modelling & Software, 42: 55-71.

Klibi W, Martel A, Guitouni A. 2010. The design of robust value-creating supply chain networks: a critical review[J]. European Journal of Operational Research, 203（2）: 283-293.

Knoke T, Paul C, Hildebrandt P, et al. 2016. Compositional diversity of rehabilitated tropical lands supports multiple ecosystem services and buffers uncertainties[J]. Nature Communications, 7: 11877.

Kouvelis P, Chambers C, Wang H. 2006. Supply chain management research and production and operations management: review, trends, and opportunities[J]. Production and Operations Management, 15（3）: 449-469.

Kwakkel J H, Walker W E, Marchau V A W J. 2010. Classifying and communicating uncertainties in model-based policy analysis[J]. International Journal of Technology, Policy and Management, 10: 299-315.

Kwakkel J H, Auping W L, Pruyt E. 2013. Dynamic scenario discovery under deep uncertainty: the future of coppe[J]. Technological Forecasting and Social Change, 80（4）: 789-800.

Lempert R J, Groves D G. 2010. Identifying and evaluating robust adaptive policy responses to climate change for water management agencies in the American West[J]. Technological Forecasting and Social Change, 77（6）: 960-974.

Lempert R J, Popper S W, Bankes S C. 2002. Confronting surprise[J]. Social Science Computer Review, 20: 420-439.

Lempert R J, Groves D G, Popper S W, et al. 2006. A general, analytic method for generating robust strategies and narrative scenarios[J]. Management Science, 52（4）: 514-528.

Liu H, Han F, Yuan M, et al. 2012. High-dimensional semiparametric Gaussian copula graphical models[J]. The Annals of Statistics, 40（4）: 2293-2326.

Mahmoud M, Liu Y, Hartmann H, et al. 2009. A formal framework for scenario development in support of environmental decision-making[J]. Environmental Modelling & Software, 24（7）: 798-808.

Maier H R, Kapelan Z, Kasprzyk J, et al. 2014. Evolutionary algorithms and other metaheuristics in water resources: current status, research challenges and future directions[J]. Environmental Modelling & Software, 62: 271-299.

Maier H R, Guillaume J, van Delden H, et al. 2016. An uncertain future, deep uncertainty, scenarios, robustness and adaptation: how do they fit together[J]. Environmental Modelling & Software, 81: 154-164.

Matrosov E S, Woods A M, Harou J J. 2013. Robust decision making and info-gap decision theory for water resource system planning[J]. Journal of Hydrology, 494: 43-58.

McInerney D, Lempert R, Keller K. 2012. What are robust strategies in the face of uncertain climate threshold responses?[J]. Climatic Change, 112: 547-568.

Meepetchdee Y, Shah N. 2007. Logistical network design with robustness and complexity considerations[J]. International Journal of Physical Distribution & Logistics Management, 37（3）: 201-222.

Mejia-Giraldo D, McCalley J D. 2014. Maximizing future flexibility in electric generation portfolios[J]. IEEE Transactions on Power Systems, 29（1）: 279-288.

Millett S M. 2003. The future of scenarios: challenges and opportunities. Strategy & Leadership, 31（2）: 16-24.

Morgan M G, Henrion M. 1990. Uncertainty: A Guide to Dealing with Uncertainty in Quantitative Risk and Policy Analysis[M]. New York: Cambridge University Press.

Mortazavi-Naeini M, Kuczera G, Kiem A S, et al. 2015. Robust optimization to secure urban bulk water supply against extreme drought and uncertain climate change[J]. Environmental Modelling & Software, 69: 437-451.

Orozco-Arroyave J R, Hönig F, Arias-Londoño J D, et al. 2016. Automatic detection of Parkinson's disease in running speech spoken in three different languages[J]. The Journal of the Acoustical Society of America, 139（1）: 481-500.

Ostrom T M. 1988. Computer simulation: the third symbol system[J]. Journal of Experimental Social Psychology, 24（5）: 381-392.

Palma C D, Nelson J D. 2009. A robust optimization approach protected harvest scheduling decisions against uncertainty[J]. Canadian Journal of Forest Research, 39: 342-355.

Peng X, Yan R, Zhao B, et al. 2015. Fast low rank representation based spatial pyramid matching for image classification[J]. Knowledge-Based Systems, 90: 14-22.

Priemus H. 2010. Decision-making on mega-projects: drifting on political discontinuity and market dynamics[J]. European Journal of Transport and Infrastructure Research, 10（1）: 19-29.

Radke N, Yousefpour R, von Detten R, et al. 2017. Adopting robust decision-making to forest management under climate change[J]. Annals of Forest Science, 74（2）: 43.

Raju K S, Vasan A. 2007. Multi attribute utility theory for irrigation system evaluation[J]. Water

Resources Management, 21（4）: 717-728.

Ray P, Kirshen P, Watkins D. 2012. Staged climate change adaptation planning for water supply in Amman[J]. Journal of Water Resources Planning and Management, 138（5）: 403-411.

Savage L J. 1951. The theory of statistical decision[J]. Journal of the American Statistical Association, 46（253）: 55-67.

Singh R, Reed P M, Keller K. 2015. Many-objective robust decision making for managing an ecosystem with a deeply uncertain threshold response[J]. Ecology and Society, 20: 1-32.

Sniedovich M. 2012. Black swans, new nostradamuses, voodoo decision theories, and the science of decision making in the face of severe uncertainty[J]. International Transactions in Operational Research, 19（1~2）: 253-281.

Solomon B D, Barnes J R, Halvorsen K E. 2007. Grain and cellulosic ethanol: history, economics, and energy policy[J]. Biomass Bioenergy, 31（6）: 416-425.

Srinivasa P A, Umamahesh N, Viswanath G. 2013. Short-term real-time reservoir operation for irrigation[J]. Journal of Water Resources Planning and Management, 139（2）: 149-158.

Tuffin B, Saggadi S, L' Ecuyer P. 2014. An adaptive zero-variance importance sampling approximation for static network dependability evaluation[J]. Computers & Operations Research, 45: 51-59.

van Asselt M B A. 2000. Perspectives on Uncertainty and Risk[M]. Dordrecht: Kluwer Academic Publishers.

Varneskov R T. 2016. Flat-top realized kernel estimation of quadratic covariation with nonsynchronous and noisy asset prices[J]. Journal of Business & Economic Statistics, 34（1）: 1-22.

Vezér M A. 2016. Computer models and the evidence of anthropogenic climate change: an epistemology of variety-of-evidence inferences and robustness analysis[J]. Studies in History and Philosophy of Science Part A, 56: 95-102.

Vlajic J V, van der Vorst J G, Haijema R. 2012. A framework for designing robust food supply chains[J]. International Journal of Production Economics, 137（1）: 176-189.

Wald A. 1939. Contributions to the theory of statistical estimation and testing hypotheses[J]. The Annals of Mathematical Statistics, 10（4）: 299-326.

Wald A. 1950. Statistical Decision Functions[M]. New York: Wiley.

Walker W E, Haasnoot M, Kwakkel J H. 2013. Adapt or perish: a review of planning approaches for adaptation under deep uncertainty[J]. Sustainability, 5（3）: 955-979.

Wieland A, Wallenburg C M. 2012. Dealing with supply chain risks: linking risk management practices and strategies to performance[J]. International Journal of Physical Distribution & Logistics Management, 42（10）: 887-905.

Wilson K A, McBride M F, Bode M, et al. 2006. Prioritizing global conservation efforts[J]. Nature, 440: 337-340.

Woodward M, Kapelan Z, Gouldby B. 2014. Adaptive flood risk management under climate change uncertainty using real options and optimization[J]. Risk Analysis, 34（1）: 75-92.

第4章 重大工程决策情景耕耘技术

4.1 情景耕耘概述

4.1.1 情景耕耘概念

既然是研究重大工程决策情景的生成方法，那就需要对情景最基本的特点进行梳理。首先，重大工程决策活动中的情景，无论是过去的、现在的还是未来的，都是包括人、环境及工程物理系统在内的复杂系统的整体行为，因此，它是演化的、涌现的和自组织的。另外，真实情景一般同时包括结构化、半结构化和非结构化的成分。

从方法论角度出发，在重大工程决策研究中，研究者需要以某种符号系统作为媒介来对工程系统进行描述，并对工程系统未来的发展做出预测。一般而言，在研究过程中我们可以采用不同的符号语言来对问题进行描述，如我们一般比较擅长用自然语言对研究问题进行描述，随着对问题本质的认知，我们可以运用定量方法来精确刻画所研究的问题。近年来，随着计算机技术的快速发展，越来越多的问题可以用计算机语言进行准确的描述，人们可以使用程序语言来描述自己的思想，并且通过计算机实现和推演过去、现状和未来。也就是说，我们可以在传统的定性、定量方法的基础上，借助计算机技术实现对重大工程决策情景的描述、预测与重构。这就是本书关于重大工程情景生成的基本路线。

对于任何重大工程而言，其决策情景不仅是复杂的，有的还具有其独特性和单样本或者少样本性。因此，我们一般不能指望从大量已知的工程决策情景样本中提取其统计规律，而只能在少量宝贵的工程决策情景样本或线索基础上，以计算机系统为"实验室"，把少量宝贵的决策现实情景概念与线索当作"种子"进行播种、培育，让其生长，最终得到各种不同的情景"果实"，而从这些"果实"形成的动态演化过程以及"果实"的类型与特点中分析、预测和重构关于重大工程决策情景的知识与规律。我们称这一关于情景生成的计算机模拟方法为重大工程管理理论研究中的情景耕耘方法。

情景耕耘方法对于重大工程决策理论来说，是一类新的研究方法。因此，需要我们对其进行较为详细的说明。

首先，情景耕耘方法是以重大工程活动中的情景为核心，对情景进行"情景空间"定义下的计算机重构与预测。它是以一个或一些情景概念与线索为基础，通过预定义与假设，对一类具有相同本质和动力学机理的重大工程决策现象进行"情景空间嵌入"，即把该现象嵌入某一类情景空间中。

这一方法对于重大工程决策理论研究而言，有着特别重要的意义。因为重大工程决策情景从总体上说是稀缺的、不充分的，需要我们根据研究目的对少量宝贵的情景"种子"进行"耕耘"与"培育"，让其"生长"而"收获"更多的可能情景，以丰富我们对重大工程决策情景的认知。

其次，从操作过程看，情景耕耘方法在某种意义上可以把过去和现在的决策情景现象"搬到"计算机系统中，在现实工程决策情景的计算机"替身"上进行可控、可重复的"播种"，并通过生长结果告诉我们重大工程决策活动已经发生过和正在发生的情景的"昨天"与"今天"，还可以在计算机上构建非现实、虚拟的工程情景的"明天"，为我们展现重大工程-环境复合系统的未来情景图像。

因为工程决策情景的形成具有自组织性质，所以其演化过程沿时间轴向后有其确定的路径，但向前不能确定，即情景的今天包含着过去，但今天未必完全包含在过去之中，明天也不完全包含在过去与今天之中。所以，这些未来情景图像可能是我们过去与现在均未见过甚至是没有估计到的。这样，通过情景耕耘方法对重大工程决策活动中"明天"情景（前景）的发现与推断，可以帮助我们更好地预测重大工程决策环境可能的未来，提前布局对可能出现的有害情景的防范，或让我们所希望出现的情景（愿景）更好地实现。

重大工程决策情景是一种复杂的系统整体行为，它本身同时包含结构化、半结构化与非结构化成分。而情景耕耘方法是一类计算机模拟方法，因此它必须首先对工程情景进行抽象与符号化，对情景中的核心要素与关联（我们称为核情景）进行结构化建模。这样，计算机系统才能理解和执行耕耘程序和动作。由此可见，情景耕耘方法主要是运用计算机可计算的结构化技术路线培育情景并使其生长。这不可能不损失和舍弃情景本来存在的半结构和非结构化成分。但是情景耕耘中运用了多种方法把情景中的一些半结构化和非结构化成分尽可能地抽象和符号化，还充分发挥研究者的形象思维与创新思维，以弥补结构化可能造成的情景损失。综上分析和实践证明，情景耕耘方法的确是目前重构、发现和预测重大工程决策情景的一种有效方法。

由于重大工程决策情景要素众多，同时涉及社会、经济、自然生态多个方面，而且许多情景是在多尺度时空环境中演化而成的，因此，只有基于计算机系统的情景耕耘方法能够同时充分发挥计算机与人各自的优势，实现对情景复杂性和演化特性的重构与预测。也就是说，情景耕耘方法充分体现了研究复杂性管理问题的"人机结合，以人为主"的综合集成方法论。

需要注意的是，情景耕耘方法与一般的计算机仿真方法之间有着很大的不同。计算机仿真需要以某个真实系统为标杆，仿真追求逼真，而情景耕耘是对重大工程情景空间的模拟。任何具体的情景现象都具有路径依赖、不可逆与演化等不确定性或突变性，因此，就不能用我们所见过的或所认定的某个情景作为"真"情景来衡量情景耕耘结果的"是"与"非"，也不再预期一定是哪一条情景演化路径才是可接受和最好的。应该把情景耕耘结果理解为是在一定的假设与法则下，经过重大工程决策复杂性的催化以及重大工程-环境复合系统的自组织作用，在情景空间中所形成的一个情景区域和一束从现实到未来情景可能演化路径中的一条。在"可能"意义上，情景耕耘结果都应被视为是"真的"。

4.1.2　情景可耕耘性

情景的可耕耘性可以从以下两个方面解释。一方面，从理论角度来看，情景作为"种子"，能够"播种"到计算机构造的人工社会中培育，这体现了情景可以借助计算机这一工具进行建模，所以这证明了情景是可计算的，也即情景是可耕耘的。另一方面，从现实角度来看，情景在计算机中经过培育，最终可以"成长"并"收获"更多的情景，这些实际情景经过抽象加工获取主体属性、特征、行为、规则以及主体间关系，进而形成概念情景，再将概念情景通过符号、规则、公式、逻辑语言等形式转化成结构化情景。这个转化过程体现了情景在一定意义下是可以结构化表达的，且能够用图形或图表展示出来，并为人们所认知。因此情景可耕耘的前提就是系统具有可计算性，当一个系统的情景是可计算的，其重要问题就是如何进行情景的表达，结构化是表达信息的一个重要基础。因此，情景的可耕耘性主要包括两个方面，一是情景的可计算性，二是情景的结构化。

1. 情景的可计算性

计算理论中的计算和可计算性是面向实际问题的，不同的问题，其研究的目的、模型、技术路线均有较大的差异，表面上都是利用计算机开展计算，但利用计算机的目的、过程、所做的工作、使用的工具并不一样，它们的模型基础和模型表现存在很大的区别。因此，探讨工程系统可计算性的概念首先必须要从研究的问题出发，基于问题的分类或者研究的目的，来探讨利用计算机计算的目的与方法。

从研究的问题出发，如果把重大工程中的问题大致分为简单问题和复杂问题，简单问题就如同系统的同一层次要素之间的关联问题，而复杂问题如同系统的宏观、中观、微观之间的关联问题及系统的涌现和突变问题。简单问题一般可以比较容易地建立数学模型，用经典的计算理论，研究模型的可计算性，并用计算机进行数值计算来实现系统的参数辨识，但复杂问题，有时很难用数学模型来表示，有时又是众多模型的集成，所以其可计算性的测度需要进行深入的拓展。

从可计算性的视角出发，工程系统就目前所能做的而言，可借助于计算机进行如下三个方面的工作。

（1）模拟。模拟是计算机在工程系统中的典型应用，如突发事件或群体性事件的应急处置与调度、现代战争的模拟等。模拟可以再现现实工程系统真实场景，为针对实际情景的快速反应与行动决策提供指南。这方面比较典型的例子有海湾战争中，美军对"左勾拳"作战行动的虚拟的兵棋推演。美国密歇根大学的 Robert Axelrod 在 1984 年撰写的《合作进化》中阐述了他与 Stephanie Forrest 共同利用计算机模拟人的行为来研究人类合作的可能性问题，探讨了针锋相对策略对社会各个领域的合作的作用。

显然，这样的整体性工程系统的模拟与计算理论中的算法程序计算是不同的，它们虽然也需要通过计算机程序来构建模拟系统，但其原理不同于一般功能或函数算法计算的原理，复杂性及使用的计算机技术也大不一样。应该把这种系统级的计算复杂性与一般功能级的计算复杂性明显地区分开来。

（2）计算。这里的计算是指功能、函数级的狭义计算，在工程系统的应用中比比皆是，如工程系统中各种类型数据的统计，系统要素之间线性、非线性相关关系，各类优化问题、投入产出问题的数值求解等。对于这类计算的可计算性问题，完全可以参照计算理论中的原理和方法进行。

（3）实验。用实验的方法研究重大工程问题已经越来越普遍。实验是一种依据研究目的，严格按照步骤，在可控的条件下，通过操纵系统的部分要素来研究变量与变量、变量与系统、系统与系统之间相互关系的可多次重复并能再现的方法。实验的主要特征是控制情景和变量，以研究系统的行为和现象，建立系统要素之间的内在逻辑关系。

然而，在计算机中进行情景实验与在实际情景或实验室中开展实验研究，即使目的和目标相同，但采用的技术手段、过程、依据的原理以及研究的方便性和局限性还是有着明显的差别。计算机虽然具有大规模数据生成、获取、挖掘与计算的能力，克服了实际情景或者实验室中实验的局限性，但计算机仅靠"agent"，而缺乏"真人"的参与，因此，如何真正地反映人类的社会活动尚需深入探究。

然而，随着计算理论和技术的发展，相信一些不足会逐渐被克服和解决，计算机中开展情景实验研究将是一种"最经济""最高效"的方法。

正因为在计算机中开展实验与在现实场景中开展实验有区别，所以进行计算机情景实验的首要问题是实验的原理、技术与方案或者模型必须能翻译成计算机中的程序与计算逻辑。还必须保证实验数据的真实性和有效性，这样才能利用计算机开展工程系统实验研究。

通过上面的分析，我们发现，根据重大工程系统的实际问题和研究的需要开展针对性的计算研究，才是破解重大工程系统可计算性之路。重大工程系统可计算性是关于工程系统某一系统/模型的可计算性，且这种可计算性是指计算机在系统中的三类功能——模拟、计算和实验能否在计算机中实现。通过这样的转换，我们就可以避开经典计算理论中可计算性概念的限制与冲突，转而潜心于探索如何借助计算机开展工程系统的计算问题研究。因此，在这个意义下，工程系统会出现这样的状况：有时是可计算的，有时是不可计算的。可计算与否既取决于工程系统的实际问题，又取决于我们如何应用计算机解决。

事实上，重大工程系统本身就是一个复杂系统，而重大工程系统的计算也就是复杂系统的计算。只是重大工程系统不同于一般的复杂系统之处在于：重大工程系统所遵循的是工程系统运行的基本规律和工程系统中主体，即人的行为规律、心理规律和群体活动特征与规范。而一般的复杂系统则受自身的物理复杂性规律和规则的支配，它与重大工程系统构成了一般与特殊的关系，它们的很多特性，如自组织、涌现、适应性、不确定性、非线性等是相同的。因此，复杂系统的计算是工程系统计算的基础，这说明一般意义上复杂系统的计算理论和方法的探索同样重要。

此外，计算与可计算性是随着时间和计算理论、技术的发展而发展的，是一个依赖于技术的概念，如许多系统建模和工具平台对计算的支持。今天不能计算的问题，也许过不了多久就可计算了，这与人们认知水平和技术水平的提高是密切相关的。

前面我们对在重大工程系统中利用计算机开展研究的各类计算进行了概念的梳理，可以看出模拟也好，一般的功能（函数）计算也好，计算机中进行情景实验也好，都是计算。这种计算具有广义性，它与狭义的功能（函数）计算有着一定的区别。重要区别是广义的计算需要狭义上的功能（函数）计算理论和方法的支持，是狭义计算的算法序列或算法簇。

鉴于此，重大工程系统的计算可以用图 4.1 重大工程系统计算的结构模型来实现。由图 4.1 可见，重大工程系统的计算分为三个层次，即实际问题层次、概念模型层次和情景模型层次。

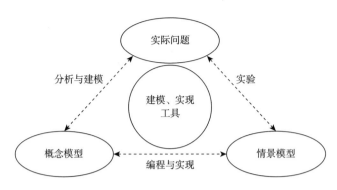

图 4.1　重大工程系统计算的结构模型

针对重大工程系统的需要，实际问题可以是对重大工程系统的整体模拟，还可以是对重大工程系统开展的实验研究或者是一般的功能求解计算。借助于合适的建模工具，通过系统的分析与建模，建立概念模型或数学模型。这种概念模型或数学模型不仅要对复杂的工程系统进行简化，反映重大工程系统相互作用的内在机理，还尽可能实现重大工程系统的可计算性，否则这种模型的构建没有太多实际的意义。

在概念模型或者数学模型的基础上，利用系统、功能实现工具或平台提供的程序设计语言，可实现在计算机上运行的模型。然后利用该模型，进行模拟、实验或数值计算，实现重大工程系统实际问题的可计算性。

因此，能否实现重大工程系统实际问题的可计算性，取决于能否实现以下两个科学过渡：①能否形成有效的概念模型或数学模型；②能否实现概念模型或数学模型到计算模型的转换。

由此可见，正如复杂与复杂性存在着区别一样，计算与可计算性也存在着明显的区别。可计算性事实上是对计算的性质、特征、程度的计量，而计算只是表示利用计算机解决重大工程系统实际问题的过程。鉴于以上的概念陈述和重大工程系统计算的结构模型，假定在概念模型或数学模型到计算模型的转换时，整个程序可以表示为有限数量的函数簇 $\{f_i, i=1,2,\cdots,N\}$，我们定义工程系统实际问题的可计算性如下。

定义：对于一个工程系统实际问题，如果函数簇中每个函数 $\{f_i, i=1,2,\cdots,N\}$ 都是可计算的，即如果函数 f_i 的定义域是 D_i，值域是 R_i，且存在一种算法，对 D_i 中任意给定的 x，都能在有限步内计算出 $f_i(x)$ 的值，则称工程系统实际问题是可计算的。

由定义可知，工程系统中一个实际问题的解决方案只要能够表示成有限的计算机函数处理逻辑单元，且每个单元能够在有限步内进行求解，则该工程系统是可计算的。这与我们对实际重大工程系统进行计算的做法也是一致的，且继承了计算理论中的可计算性概念，并与其保持高度的吻合。因此，这样定义是比较合理的。

研究重大工程系统的可计算性意义重大，这使我们不必浪费时间在不可能通过广义计算解决的问题上，或者在面临障碍时可以重新思考概念模型、数学模型或计算模型，甚至尽早转而使用计算机以外的更加有效的方法和手段，集中资源解决重大工程系统的实际问题。

2. 情景的结构化

情景的结构化过程体现了情景的可耕耘性。情景分析与情景建模是一个包含实际情景到概念情景、概念情景到结构化情景、结构化情景到实验情景的三阶段分析且不断循环迭代逼近的过程。首先，研究人员从自身的研究目的出发，通过对实际情景进行抽象加工，获取主体属性、特征、行为、规则以及主体间关系，进而形成概念情景。由于研究人员的研究动机、目标、知识、经验及方法不同，所以构建出来的概念模型往往也不同，甚至可能是完全不同的。因此，研究者对于同样的研究问题所建立的模型不尽相同是一种正常情况。其次，研究人员通过各种方法（如符号、规则、模型）将概念情景转化为逻辑清晰的结构化情景。在这个过程中主要是通过数理方法、智能算法及规则等进行描述。最后，将构建的结构化情景转化为实验情景。在这个过程中主要是利用计算机语言将其进行编码转化为可以执行的计算机程序。由于多主体建模技术是通过对主体的属性、行为、交互和关系的建模，采取自下而上分层搭建方法来实现整个系统的构建，能很好地满足情景建模要求。事实上整个情景耕耘过程一直是上述三个建模过程不断循环迭代逼近的过程。

通过情景分析技术完成了对现实情景的抽象，得到了概念情景。下一步需要将概念情景通过符号、规则、公式、逻辑语言等形式转化成结构化情景。重大工程研究主要是对工程现象或问题进行描述、解释，并从具体的实践活动中抽取普遍规律或总结具有普适性的原理，但人们在描述工程现象或问题时更多的是采用定性的语言。在对这类问题进行研究时，首先要对非结构化和半结构化问题进行结构化处理。例如，在供应链风险管理研究中，对突发事件的描述通过实证的数据拟合方法来刻画其从初期发生，到上升，再下降到恢复的几个过程，并通过概率方法来刻画其发生的偶然性。实际研究中，在对这些问题进行结构化处理时，常用的数理方法还有动力系统理论、博弈论、最优化方法、图论与复杂网络以及随机过程等。

一般情况下，情景的结构化应按照情景的要素内容来处理，它涉及情景建模中环境资源、主体基本属性、主体行为偏好、主体信息感知、主体间交互作用规则、主体行为决策模式、主体学习能力、系统事件发生规律等方面的科学描述与定量表达（盛昭瀚等，2009）。另外，社会系统的研究需要自适应的建模方法和工具，需要不断学习并根据其与系统目标的比较不断调整、优化系统模型。例如，在多主体系统中，主体需要采取多种策略，不断学习和进化，以调整自己的智能决策和适应能力。因此，学习和进化能力的提升是多主体系统被广泛应用的关键。为了解决主体学习与进化能力的提升问题，人们提出了许多学习和进化模型。

具体来说，情景的结构化按照建模过程可分为情景对象的结构化、系统环境的结构化、情景对象的结构化运算以及情景的结构化展示等。

1）情景对象的结构化

情景对象的结构化描述即采用数值或非数值的编码来表示对象。例如，人的性别、年龄、受教育程度、特长等和主体自身对应的私有属性，以及人的职务、岗位、工作类型、家庭角色等和社会活动对应的各种社会属性。情景对象的结构化可以用"分类+状态"的数值或非数值的编码方法加以描述，也可采用适当的结构树、结构表来表示它们之间的关系。例如，人的自然属性和社会属性的分主题描述，以及利用关系数据库中的数据表来表达一个人性别、年龄、受教育程度等属性之间的关系。

主体对象的结构化是情景结构化的核心内容之一。主体对象的结构化模型设计可以从归纳和推理两个角度来进行。主体结构化模型可以由大脑直接抽象来获得主体的一般特征，也可以是基于大量的数据分析、挖掘以及大量的文献梳理和理论研究来获得主体的一般特征。不管是通过何种方式来设计主体结构化模型，都包括抽象主体建模和抽象主体属性、方法和关系建模这两个部分。基于面向对象的建模把任何事物都抽象为一个对象，并通过对象的属性、方法和关系来刻画对象的特征。因此，在情景耕耘中可以根据对象建模思想来建立主体结构化模型。另外，主体对象还可以看成网络空间中的一个简单节点或比较复杂的智能机器人。需要注意的是，情景模型不是，也不可能是对情景中的主体进行完全复制，而是有选择地提取其特征、属性、能力、决策及与其他主体或者环境的相互作用，通过恰当的方式，将它们在情景建模中表达出来。首先，主体对象建模的属性、方法和关联关系的内容选择应该根据具体问题来确定。其次，还需要注意主体、主体属性、方法和关系的创建、更新或演化等问题。最后，在大规模情景建模中，还需要考虑情景主体模板设计问题，通过主体模板的实例化来创建大量主体。

例如，我们在工程供应链系统研究中，将工程供应链的网络定义为由若干条工程供应链交错形成的既竞争又合作的网络模型，运用复杂适应系统思想，将供应链复杂网络中节点企业抽象为具有适应能力的 agent，以研究不同网络结构下工程供应链系统的演化和涌现问题。又如，工程主体决策这一情景是很难刻画的，为了模拟工程主体决策，我们可以利用遗传算法来实现决策问题，可以将决策者的决策问题编码为一个位串，一般为二进制位串（如 100110110101），即染色体。

种群的染色体通过一系列遗传算子变换（进化）后，适应度高的染色体存活下来并产生下一代。遗传算法中包括三个遗传算子：选择、交叉和变异。这些遗传算子用来修改种群染色体，并使更适应的染色体遗传到下一代中。

2）系统环境的结构化

对于系统情景结构化，既需要考虑系统内部主体对象的结构、特征和规律，也需要考虑系统环境的影响作用。一般来说，系统主体周围的自然系统环境和社会系统环境都是影响主体决策和行为的主要环境要素。成功实现系统环境的结构化建模转换必须考虑两个方面内容，即系统环境的表达方式以及主体与环境关联关系的规则。系统环境的表达可以是一个简单的全局变量信息，也可以是一个具有自身内部结构和功能的系统。具体如何表达系统环境应根据具体环境来确定，如在工程供应链中，可以将工程的外部市场环境看作服从正态分布的函数。主体与环境关联关系的规则分析应从关注环境与主体间的关系入手，分析哪些元素是影响二者关系的主要要素，然后通过一些数学公式或规则模型来表达二者之间的逻辑关系。简单而言，环境与主体之间的关系建模就是建立主体-环境影响模型。

3）情景对象的结构化运算

情景的结构化运算就是情景的结构化操作，即采用一段处理程序来表达情景动态变化与运行的先后顺序，这样的一段处理程序可基于一组数学方程（公式），也可基于一组规则。基于数学方程的计算是将数值运算与逻辑运算通过基本的机器指令表示出来，用于对应计算机的基础机器指令。而基于规则的计算可以用接近自然语言的"IF/THEN"形式规范化表示，对应计算机的机器指令主要是逻辑运算，如工程供应商与工程承包商之间循环报价的谈判过程，表现为一系列报价、决策、反报价等过程。

重大工程系统各子系统之间、各系统要素之间以及各系统要素与各系统层次之间相互作用、相互影响，使系统整体呈现出动态的演化现象，并不断涌现出新的特性。而工程中不同主体在系统环境中经过多个周期的迭代计算，也会表现出不同的演化行为。因此，只有系统地对重大工程系统主体的演化内容、规则和内在机理进行深入研究，才能更好地了解重大工程系统这个"开放的巨复杂系统"（钱学森等，1990）。对于重大工程中的现象或决策问题的情景耕耘就是把重大工程系统主体的情景演化设计作为研究的切入点，把不同主体演化规则设计、内容设计和表达设计作为情景构成和生成的三个主要内容。具体来说，情景演化设计主要是根据具体研究内容或现实情景刻画的需要来确定系统中存在的演化要素以及主体的"演化规则"，通过对主体演化规则的内因和外因进行系统剖析，形成主体演化规则的结构化模型。因此，这将涉及大量的规则模型的运算和数据处理设计问题，一般常用的主体演化的表达设计有使用数据列表的数据记录与更新来表达主体某个关键状态参数的动态变化，或利用各种类型的图形（二维或多维图形）来表达主体动态的、实时的演化过程。主体演化设计如图 4.2 所示。

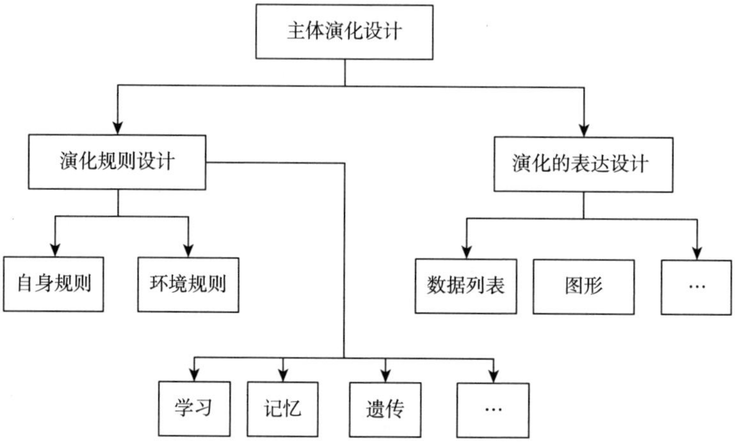

图 4.2　主体演化设计

以某一工程供应链中的供应商为例，考虑具有 n 个时间不长的销售期，工程供应商主体可以对每一期的当期需求、现有库存和销售价格进行监测，然后对监测的结果采用相似案例检索算法从案例库中找到最相似案例，这是一个概念情景，必须借助一定的公式和过程，转化成结构化情景。转化过程如下。

假设 $P = \{P_1, P_2, \cdots, P_m\}$ 是供应商根据历史经验形成的案例库集合，其中 $P_i(i=1,2,\cdots,m)$ 代表第 i 个案例，为了便于检索，假设 $Z = \{Z_1, Z_2, \cdots, Z_n\}$ 为案例所具有的 n 维属性集，其中 $Z_j(j=1,2,\cdots,n)$ 表示第 j 个属性。这样就可以用式（4.1）中的矩阵表示：

$$\boldsymbol{X} = \begin{bmatrix} X_{11} & X_{12} & \cdots & X_{1n} \\ X_{21} & X_{22} & \cdots & X_{2n} \\ \vdots & \vdots & & \vdots \\ X_{m1} & X_{m2} & \cdots & X_{mn} \end{bmatrix} \tag{4.1}$$

其中，X_{ij} 代表第 i 个案例的第 j 个属性值。

由于不同因素指标取的量纲并不相同，为了消除指标中不同量纲带来的影响，使不同因素之间可以比较，可以对数据进行标准化处理。最常用的标准化处理可以采用式（4.2）进行：

$$M_{ij} = \frac{X_{ij} - \overline{X}_j}{\sigma(X_j)} \tag{4.2}$$

其中，M_{ij} 为 X_{ij} 的标准得分；$\overline{X}_j = \dfrac{1}{m}\sum_{i=1}^{m} X_{ij}$；$\sigma(X_j)$ 为因素 Z_j 的标准差，依据标准差计算方法，我们可以得出式（4.3）：

$$\sigma(X_j) = \sqrt{\frac{\sum_{i=1}^{m}(X_{ij} - \bar{X}_j)^2}{m}} \qquad (4.3)$$

不同的权重对筛选结果具有重要作用，因此权重的设置可以由研究者自己确定，也可以采用不同的方法确定，如考虑到决策者个人偏见的主观影响，可以根据问题的特征采取相应的方法，我们假设 w_j 为因素 Z_j 的权重，可以采用式（4.4）分配权重。

$$w_j = \frac{\sigma(X_j)}{\sigma(X_1) + \sigma(X_2) + \cdots + \sigma(X_n)} = \frac{\sigma(X_j)}{\sum_{j=1}^{n}\sigma(X_j)} \qquad (4.4)$$

我们将目标案例记为 $T = \{T_1, T_2, \cdots, T_n\}$，则可以构建属性矩阵如下：

$$\boldsymbol{X} = \begin{bmatrix} X_{11} & X_{12} & \cdots & X_{1n} \\ X_{21} & X_{22} & \cdots & M_{2n} \\ \vdots & \vdots & & \vdots \\ X_{m1} & X_{m2} & \cdots & X_{mn} \\ T_1 & T_2 & \cdots & T_n \end{bmatrix} \qquad (4.5)$$

将式（4.5）代入式（4.2），经过计算可以得到标准化后的矩阵，即

$$\boldsymbol{X}' = \begin{bmatrix} M_{11} & M_{12} & \cdots & M_{1n} \\ M_{21} & M_{22} & \cdots & M_{2n} \\ \vdots & \vdots & & \vdots \\ M_{m1} & M_{m2} & \cdots & M_{mn} \\ M_{(m+1)1} & M_{(m+1)2} & \cdots & M_{(m+1)n} \end{bmatrix} \qquad (4.6)$$

计算后的得分矩阵可以采用闵可夫斯基距离（Minkowski distance）来计算相似度，即

$$D(T, P_i) = \sqrt{\left(\sum_{j=1}^{n} w_j \left(M_{ij} - M_{(m+1)j}\right)^p\right)} \qquad (4.7)$$

一般我们假设 $p = 2$，用欧式距离来计算，具体值选取还是取决于研究者的问题，这样我们就可以得到目标案例和各个源案例的相似度矩阵 $\boldsymbol{D} = (D_1, D_2, \cdots, D_m)$，然后根据大小排序，确定最相似的案例。

4）情景的结构化展示

情景的结构化展示就是运用某种图形或图表的方式来表达情景主体关键属性状态、关系网络状态、系统环境状态等。例如，利用二维空间坐标来表达主体间的关系亲密度，利用蓝藻在大尺度时间中的数量来刻画湖泊的污染程度等。

由此可见，情景的结构化过程是指，通过一定的方式和方法将概念情景转换成情景能够处理的可计算模型。但要注意到，哪些情景可以进行结构化，哪些不

可以进行结构化,如对于文化、宗教等因素就很难进行结构化。

4.1.3　情景耕耘的基本思路

与数据耕耘的思想一致,情景耕耘是一种"循环的循环",任务是通过创建情景耕耘的环境,能协作地探测分析大量情景的决策者在今天的不确定世界中需要面对的各种可能(Horne and Meyer,2004;胡润涛和胡晓峰,2009)。在情景耕耘中,最终需要创建一个可以充分表达研究者目的和重大工程系统情景的结构化的计算机情景。情景耕耘,一方面是利用挖掘技术,挖掘已有情景中关键因素,得到可计算的计算机情景;另一方面是利用耕耘技术对残缺、失真的情景进行培育,得到相对完整并满足研究需求的情景,再挖掘探索出可计算的计算机情景。整个情景耕耘过程中,核心包括计算机情景生成包、情景库包和情景耕耘生成包,其中,计算机情景生成包包括预设情景、构建结构化情景、检验结构化情景和生成计算机情景;情景库包包括预设情景库、计算机情景结构库以及构建和检验情景的情景构建规则库和情景检验标准库;情景耕耘生成包包括准备情景、培育情景和挖掘结构化情景。实现情景耕耘的基本思路如图4.3所示。

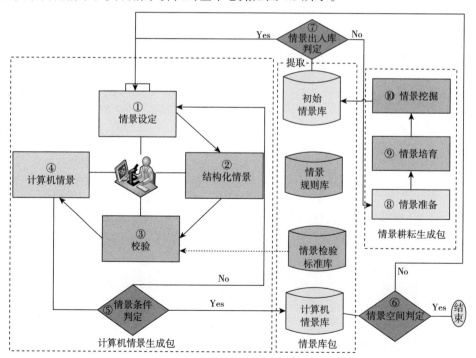

图 4.3　实现情景耕耘的基本思路

（1）预设情景：预设情景可以是从真实系统抽象后的结构化情景，也可以是研究者感兴趣而设想的重大工程系统情景，即可以预定义一些不存在的虚拟情景。

（2）构建结构化情景：主要是根据情景构建规则库的规则抽象、提取、归纳出可以测度的情景要素，这里的构建规则是研究者预设好的。结构化情景核心包括系统和主体的要素、关联、行为、结构和功能，以及情景耕耘实现所需的规则、数据和信息等。

（3）检验结构化情景：主要是根据情景检验标准库的标准对步骤（2）构建出来的结构化情景进行检验，即对系统和主体的要素、关联、行为、结构和功能，以及情景耕耘实现所需的规则、数据和信息等进行检验。

（4）生成计算机情景：主要是根据检验后的结构化情景生成计算机可呈现的情景，这是完成计算机情景生成包的最后一个步骤。

（5）计算机情景条件判定：由于计算机情景呈现时，要满足现实系统情景、环境及研究者主观世界等方面的要求，所以需要对计算机情景进行判定，看生成的可计算情景是否满足研究需求，如果满足则把计算机情景放入计算机情景结果库，为后续情景耕耘的计算机程序实现做好准备，如果不满足则把生成的计算机情景放入预设情景库，作为初始情景耕耘生成的"种子"。

（6）情景个数的条件判定：情景耕耘是把一类发生了或被假设的工程情景（故事）计算机化，是一类工程情景在计算机中的再现，情景耕耘会告诉我们"尘埃落定"的许多可能路径，即情景耕耘可能需要多个计算机情景。因此，这需要这样一个判定，即判定计算机情景的个数是否满足研究目的。如果满足，则全部循环结束，情景耕耘结束；如果不满足，则进入步骤（1）预设情景，这时的预设情景同样可以是研究者预定义一些不存在的虚拟情景，可见，一个研究者可以预设多个研究情景，即主体对真实重大工程系统的认知可以呈现多个版本。另外，预设情景还可以来自预设情景库。进入步骤（1）之后，进行新的循环。

（7）预设情景库条件判定：进入步骤（1）的情景有可能是从预设情景库中提取的，那么在提取时有可能是不满足研究者预设条件的，这时需要做一个判定，即判定从预设情景库提取出来的情景是否满足研究需求，如果满足则进入步骤（1），进行新的循环，如果不满足则需要进入步骤（8），这是情景耕耘过程的第三个循环，也是整个过程非常核心的部分。

（8）准备情景：主要是根据研究需求，从预设情景库中提取出部分或全部的情景，准备情景过程实际上是一个情景耕耘过程中的"播种"。

（9）培育情景：主要包括对情景的"施肥"，即让专家利用专业领域知识及其经验确定可能影响情景的重要因素的过程。这些因素主要是一些在实际中很重要但在以前没有被深入研究的因素，包括偏好、时机、直觉和适应性等；对情景的"耕作",即从上述专家给出的重要因素集合中挑选出对于给定情景来说是重要因素的过程,还包括情景"培育",指将构建的情景环境以及准备情景中的非结构化的重要因素培育为结构化的计算机可计算的情景要素的过程。

（10）挖掘结构化情景:这是情景耕耘的最后一个步骤,即总结、归纳、提炼出研究者需要的结构化情景。在此步骤结束后把结构化情景放入预设情景库,然后进入步骤（1）,进入新的循环。

4.2　重大工程的情景建模

重大工程决策能实施,一个重要的理论基础就是能够解决重大工程系统情景建模的问题。本节重点探讨情景建模的思路和情景分析与情景构建的方法。借助于情景建模方法可以更好地对重大工程系统进行刻画和描述,从而使重大工程决策得以顺利实施。

4.2.1　重大工程的情景建模思路

在对重大工程系统问题进行研究时,需要对问题"故事"进行情景建模,这主要是将"自上而下"情景分析与"自下而上"情景建模两个过程结合起来,并用不断迭代方式完成的。具体如下:

（1）"自上而下"情景分析:在情景分析时,主要是从整体上形成对工程系统的认知,然后不断对不同部分细化过程,进而从工程系统概念情景,到通过使用抽象、归纳等方法不断构建出工程系统的要素、结构、关系、系统和主体的行为与偏好等一系列自上而下的过程。

（2）"自下而上"情景建模:在情景建模时,主要是将情景分析阶段得到的情景变为模型。在这个过程中,主要是基于积木的思想,自下而上地由个体模块到整体集成的过程,进而实现从个体到整体的涌现过程。为了有效集成个体,系统的框架结构和接口设计是关键技术,在实际处理中,一般是结合研究问题,将"自上而下"与"自下而上"这两个过程不断迭代,并不断逼近和优化的过程。

重大工程进行情景研究的过程实际上是一个现实情景与模拟情景不断分析验证的交互过程,也是对现实系统认识并深入了解的过程。它是以研究者为核心,综合运用多种理论与方法构造重大工程系统的综合集成研究框架;通过人机交互,观察模拟重大工程系统演化过程；通过运用虚实结合的方法，将模拟情景与现实工程情景相互比对并进行综合分析评价。最终总结、提炼出影响系统演化过程的关键因素与改善系统运行的关键路径。

4.2.2　重大工程的情景分析

在情景分析中，首先对实际系统建立初步认知，抽象实际重大工程系统，其次在此基础上，将抽象系统进行结构化处理，形成概念系统，抽象出系统的要素、关联、行为、结构与功能。可见，重大工程是情景分析的对象，概念情景是情景分析的结果，情景分析的目的是为下一步的情景构建提供必要条件。

1. 从现实重大工程情景到概念情景

现实中重大工程的"实际情景"被研究者感知生成相应的"概念情景"。人们对"实际情景"的认知有直接途径和间接途径两种。直接途径，就是人们通过对实际情景的实际接触所获取的信息，形成对"实际情景"的个体主观认知。但因为个体认知差异，如能力、经验、知识、偏好以及观察的视角等都会导致对"实际情景"的认知深度和广度产生影响，甚至可能会导致不同的人产生不同甚至相异的认知结果。间接途径，就是个体在他人对"实际情景"的认知信息的基础上加上个体理解、学习和再加工而形成的认知。同样，主体获取信息、信息加工、信息学习、信息偏好等差异也会导致认知差异，甚至产生认知的失真。在实际情况中，人们常常将直接途径和间接途径综合使用去认知"实际情景"。由此可见，从"实际情景"到"概念情景"的转化中，由于研究个体主观及其他客观因素、个体认知能力差异等，对情景的认知偏差是客观存在的，因此需要在实践、实验和经验的基础上，不断并多次利用专家群体的经验与知识，通过综合运用各种工具、技术和方法，进而提高对重大工程概念情景的认知。

综上，人们使用多种方式认知重大工程系统概念情景过程，首先是体现在思维层面形成概念，进而将实体工程抽象到概念层次，然后在知识层面上形成概念模型，然后形成研究层面的概念情景的过程。同时，在这个转化过程中，必然包含了研究者基于特定研究目的、研究视角等对实际情景的一定的抽象、简化、概括等，并在此基础上潜移默化地选择实际情景中某些情景和该情景构建成概念情景。不难发现，从现实情景到概念情景的转化中，除了较为完整地保留着原来实际情景中的可结构化部分，还会保留较多的半结构化甚至非结构化的部分。同时，在该阶段中，无论定性知识还是定量知识在起初都是相对粗糙、模糊的；但是，随着研究者基于特定研究目的，从不同研究视角对实际情景进行深入分析与认知，会逐步实现概念情景的清晰化与系统化。这就是说，"实际情景"必须要通过一个相对无序、非结构、模糊粗糙但在进行不断改进、完善的系统程序，才能合理转化为"概念情景"。

2. 从概念情景到结构化情景

由于"实际情景"的整体性强且与外部环境联系密切，抽取出来的概念情景往往具有非结构化特征，故在"概念情景"阶段，研究者往往无法对"情景"及其要素有较为清晰的认识和理解。尤其是，为了能够重构重大工程的基本情景，并以此为基础再现重大工程情景的过去、现在和未来，研究者需要把概念情景中那些结构化情景与那些在一定意义下能通过各种方法可结构化的半结构化甚至非结构化情景，一起构成结构化情景，以便为反映重大工程本质特征的故事情景进行情景空间下的重构奠定基础。

结构化情景与数学化的模型并不完全对等，其除了包含数学化的模型外，还包括基于规则、流程以及上述工具混合构建的情景。在这个过程中，也会因为工具和手段的原因丢失部分不能被结构化的"情景"，但研究者可以通过这一过程将"真实情景"进一步抽象化和符号化，进而提取"结构化情景"中的主体、行为、结构、关联、规则等，从而使重大工程故事中的基本情景结构与逻辑关系明晰，结构化情景的产生如图4.4所示。同时，能够使得不同人员对研究的情景形成一致认知，减少对情景理解的分歧。需要指出的是，在"结构化情景"的形成过程中，需要运用不同的结构化技术与方法，如数据爬取、数据统计与分析、信息编码方法、数据挖掘与建模等，通过定性与定量方法的结合，完成从"概念情景"到"结构化情景"的转化，同样，这是一个多次迭代、反复演进过程。

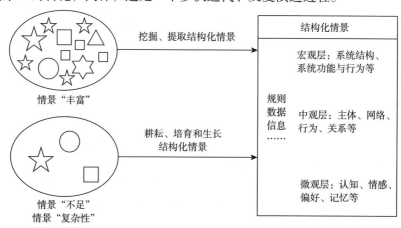

图4.4 结构化情景的产生

重大工程大量复杂性问题通常具有跨学科、跨领域、多层次等特征，因而情景需要以此为核心，运用从定性到定量的综合集成方法构建计算机可计算模型，实现通过一个或一些重大工程故事，对"一类"具有相同本质特征和动力机制的重大工程故事在基本情景一致基础上进行"情景空间嵌入"，在计算机系统中"培育"、"生长"和"再现"这类重大工程现象的基本情景，开展重大工程问题的分析、解释、预测、管理和控制研究。

同时需要指出，结构化情景的直接出发点是用逐步精确化、结构化的系统序列来提取情景要素，以易于建模并程序化，仍需在综合权衡研究目标与分析能力、可行性与必要性、效果与效率等基础上，选择粗粒度恰当的情景要素。

4.2.3　重大工程的情景构建

重大工程领域情景建模主要包括两个重要内容：一是明确重大工程系统的边界和环境；二是构建模型的三个层次，这三个层次通常为基元层、主体层、系统层（盛昭瀚等，2009）。如图 4.5 所示，基元层是主体层决策和行为演化的基础，主体层的演化又会对自身基元层进行改变，同时主体层决策和行为的演化又涌现出宏观的系统行为，而宏观系统环境又进一步作用主体层，这样三个层次之间不断互相影响，不断迭代演化，进而形成系统的不断演化过程，从而形成生成性情景、构成性情景和涌现性情景。

1. 基元层

基元层主要是构成主体行为和决策的底层部分，是构建重大工程和研究重大工程情景演化的最基本层次。系统中的行为主体会为了达到自身目标而根据环境不断变化，而基元层就是为主体行为和决策提供支撑的。以重大工程系统中个体决策为例，在大多数情况下，人们更倾向于基于过去经验，采取最大可能使自身效益最大的决策行为，而对于没有经历过的情况，人们就会根据已有知识和经验给出决策方案，并根据决策的结果将得到的经验和教训记录到现有的知识体系中，为以后的决策提供支持。事实上，在这个决策过程中，已经包括复杂科学所提出的知识的遗传、交换、突变等基本因素了。

基元层不仅包含着主体的心理和行为自我形成和演化所需的内部循环全过程，还包含着主体与外部环境之间的交互机制。主体的决策和行为主要是基于主体所处的环境、偏好、记忆长度等以及其他主体的决策行为而做出的反应。一般来说，主体的基元层组件由储元、识元、适元、事元等构成（盛昭瀚等，2009）。储元主要是存储主体的各种数据和信息，识元主要是识别环境、主体及系统层等

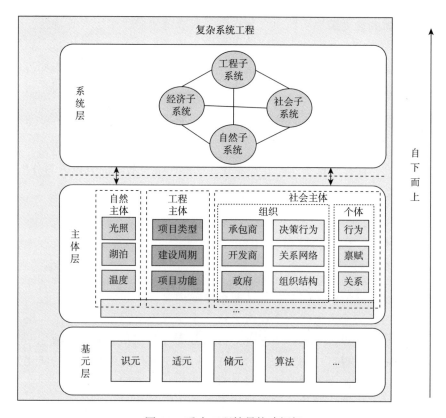

图 4.5　重大工程情景构建框架

不同主体的信息,事元主要是主体的决策和行为。此外,在情景耕耘中,算法也将成为基元层的重要组成部分。

2. 主体层

主体层是情景建模的核心,是用来链接基元层和系统层的关键。在情景建模过程中的主要工作就是对主体层的建模。对于重大工程系统建模,其主要工作就是对工程中和环境主体的行为进行建模。对于重大工程系统来说,主要是对工程主体、自然主体和社会主体建模。例如,对自然主体中的河流、湖泊、光照、温度等建模;对社会主体中的承包商、开发商的组织结构、偏好、市场需求、决策行为、关系网络等建模;对重大工程项目类型、建设周期和功能等建模。在具体建模过程中,对主体建模主要从主体类型、禀赋、关系网络、偏好、行为等方面展开。

(1)主体的类型:用来描述主体所属的种类、主要特征等。

(2)主体的禀赋:用来描述主体拥有的资源、能力、各种要素,对于人的主体还包括个体的智力等。

（3）主体的关系网络：用来描述主体在系统中的层次，主体之间的网络结构、组织的层次结构，以及自然系统中的不同主体、社会主系统中的不同主体及工程主体之间的作用关系等。

（4）主体的偏好：主要用来描述主体的习惯、组织的惯例、对风险的态度、利他性、喜好等，此外还受到文化、风俗以及主体所处的环境等因素的影响。

（5）主体的行为：主要是描述主体的动作和决策行动，其主要受到个体或组织所处的类型、所拥有的资源、所处的关系网络以及决策偏好等的影响。

3. 系统层

情景构建的系统层是主体层的宏观表现，是主体层交互关系形成的结果，其主要是刻画不同子系统内的各个主体之间及主体与环境之间的政治、经济、生态等交互关系。系统层所表现出的宏观整体行为是主体层与所处的环境之间相互作用过程中涌现出来的聚集现象。构成系统层次的子系统根据研究问题的不同也会不同，一般包括自然子系统、社会子系统、经济子系统、工程子系统等。

（1）自然子系统。自然子系统的任务是将某个重大工程系统所处的自然环境及其自身演化的客观情况进行具象化。其一般随着重大工程系统所需要研究的问题不同而研究重点会有所不同，其重点是研究环境子系统的变化所带来的影响。自然子系统对于大多数重大工程有着重要的影响，有时候甚至是关键决策变量。

（2）社会子系统。社会子系统的任务是将重大工程的社会系统嵌入所涉及的自然子系统中，并且还会考虑到政治、文化、人口、风俗等因素。因为工程造物的最终目标是为社会主体服务的，故社会子系统对工程最终决策结果有着重要的影响，因此在建模和校核过程中，会反复验证，必要的时候还会采取大量的调研和抽样统计。

（3）经济子系统。经济子系统是大多数重大工程所关注的关键决策变量，如三峡工程的发电和航运所带来的经济效益、港珠澳大桥对粤港澳大湾区经济的影响等。因此，对经济子系统中各个独立决策主体间的分工、合作、交易等活动，以及每个决策主体在系统中拥有角色属性刻画将变得更加重要。

（4）工程子系统。重大工程子系统主要是需要考虑系统最终要实现的目标，如工程的功能指标、工程的管理目标、工程决策方案等，这些将直接影响系统模型构建与生成。

上述介绍的是重大工程自下而上的基础建模框架，研究者可以根据具体研究问题或问题的需要来对基础建模框架进行细化或扩展。例如，研究湖泊流域水安全问题，自然系统对整个工程系统运行有重大影响，那么就可以考虑增加对自然环境中的各系统进行情景建模，如对自然湖泊系统进行情景建模，可能就没有基元层；同时自然系统与工程系统之间的影响显然是相互的，研究者要对工程系统和自然系统的交互规则进行建模。

4.3　情景耕耘的研究范式

情景耕耘方法的标准研究范式一般包含以下五个部分：问题情景的界定、概念情景的形成、可耕耘模型的建立、情景耕耘模型的计算机情景以及情景耕耘结果评估，如图 4.6 所示。

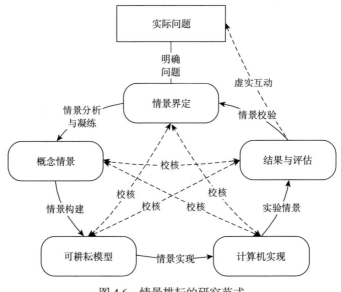

图 4.6　情景耕耘的研究范式

4.3.1　问题情景的界定

开展情景耕耘研究，首先要明确研究的问题，而明确研究问题的过程本身也是情景界定的过程。因此，情景的界定关系着研究工作的组织与开展，并直接影响到耕耘研究的有效性与说服力，因为我们不能寄希望于用几个模型、几次实验来穷尽对工程的复杂性研究。因此，我们需要用系统化的步骤进行情景的界定，主要包括以下几点：

（1）确定研究对象和问题。首先，研究对象一般来自重大工程管理领域中存在的现象或问题，如对于湖泊流域环境污染问题，我们可能就比较关心不同工程治理手段实施的效果。

（2）选取研究视角和切入点。重大工程管理存在大量的现象或问题，可以从不同的角度和层面进行分析，在研究过程中需要关注重大工程外部宏观环境与工程内部微观层次间的交互关系和多向校核等问题，值得注意的是，研究角度和切入点的选取取决于研究者的偏好和经验判断，具有一定的主观性。

（3）确定研究对象的时空尺度和特性。重大工程是和时间、空间密切相互作用的，并受周围环境的影响，同样的工程在不同地方，带来的影响可能完全不一样，同样，工程的建造时间在不同的历史时期也完全不同。因此，在情景耕耘中，对工程情景空间和时间的抽象，以及如何准确与现实物理（地理）空间对应，如何有效提取这种典型的特征，是需要解决的重要问题。只有界定好了重大工程情景时间和空间特征，才能根据需要采用相应类型的情景模型。

（4）确定研究问题的目标。一般来说，情景模拟主要包含以下几种目标：寻找某种重大工程现象产生背后的原因；对某种现有观点进行验证，如重大工程普遍存在的乐观偏差；分析重大工程系统的状态特征和演化趋势，如三峡工程长期演化；寻找满意的控制模式，如湖泊流域不同治理工程的控制效果。

当然因为选择的研究问题不同，所以情景的界定也会有不同的侧重，但总体上对研究情景界定基本应包含以上几个步骤。

4.3.2　概念情景的形成

概念情景的形成是情景耕耘研究方法的基础，建立在工程管理领域一些被证实了的假设基础、原理常识及统计规律之上。通过研究对象和管理目标的针对性研究，选择性地构造工程所在环境和模拟其行为条件，形成目标概念情景。在情景耕耘过程中，概念情景的形成需要研究者针对所要研究的工程管理问题，界定所需要研究的情景之后，根据研究问题的需要，有目的、有选择地构造研究问题的环境变量和假设条件等。通过这些假设条件，才能为情景耕耘的处理提供背景与依据，才能为耕耘过程提供初始条件和边界条件，才能界定研究成果的适用范围。概念情景的主要内容是实现对工程系统内部主体、主体间的交互，交互流程及两系统要素交互过程中遵循的基本规范、关键流程等的分析，在此基础上刻画所研究工程问题的基本特征。具体来说可以分为以下几点：

（1）工程主体基本属性的假设。工程系统中的个体，既有共性又有个性，差异化使得整个系统的演化结果呈现出多种不同的情况。因此，对工程系统中主体假设可依据研究目的进行相应的假设，如可以考虑假设主体是有限理性或完全理性的，主体的目标也可以是追求最优解或者满意解，面对具体问题时，需要根据现实情况选择合适的属性假设。

（2）工程主体行为偏好的假设。工程主体的行为偏好假设主要是依据研究问题确定的，在具体问题中这些偏好的选择是根据环境的界定设计的，反映了现实世界的状况，是社会群体特征的细化。在某种程度上，个体的行为偏好及其分布影响着系统演化的结果和由此形成的系统结构，反过来，一个系统的总体特征或结构也影响着每一个个体的行为偏好，演化进程中的个体就是在这种制约下，通过一代代的遗传和变异，形成不同的演化路径，并将演化进程传递下去。

（3）工程主体间交互作用的假设。工程主体之间的交互作用可以采用不同方法进行处理，如可以通过时间、空间、层级关系等。例如，湖泊流域社会系统的结构中存在这样几类网络：一是由同类主体构成的具有异质性特征的网络，如反映居民与居民之间由于不同的空间、不同亲属关系等构成的居民异质性网络，不同地方政府之间由于科层关系以及业务关系形成的政府网络，等等。对该类网络的研究主要体现异质性主体的群体动力学，如居民对湖泊流域局部水环境事件的反应最终如何在湖泊流域群体居民间进行传播和扩散。二是不同主体由于市场供给和消费、监管和被监管等关系形成的异质性网络，如湖泊流域企业之间的供应链网络、政府与企业之间的监管与被监管网络、政府对居民的行为引导与培育所形成的网络等。对该类网络结构的研究需要分析和理解它们之间的复杂交互行为及交互时遵循的规则机制等。三是由于空间位置所形成的从属网络，如地方政府对本地区企业和居民的管理和协调所形成的具有网络特征的结构。在太湖流域中，无锡市政府的政策对本地的居民和企业产生的影响即属于该网络研究的范畴。

（4）系统事件的假设。系统事件可能是按照一定的周期或规律发生，也可能是按照一定的概率随机发生。系统事件会对主体的决策行为产生影响。例如，湖泊的水动力主要受到湖泊风场、降水及水体的流场影响，而湖泊底泥中的营养盐会和湖泊水体中的物质进行交互，而这一过程主要受到湖泊风场和水体与底泥中营养盐浓度的影响。因此引入合理的变量和模型，可以有效刻画这种随机或周期性事件，从而为后面开展情景耕耘做好铺垫。

4.3.3　可耕耘模型的建立

情景耕耘模型是计算机模型的一种。情景耕耘模型更关注复杂系统的情景以及情景主体间的相互关联关系，因此，在情景耕耘模型构建过程中，主要考虑以下几点。

（1）环境建模。系统环境是系统情景演化和生成的重要因素，在模型的构建过程中除了需要考虑环境的情景还需要考虑环境与主体之间的交互关系。以湖泊流域为例，湖泊流域自然系统中的要素主要有风场、流场、温度、光照、营养盐、藻类、水生动物、淤泥等，对这些主体关系与规则进行建模，实现系统环境建模是建模的核心。这些关系主要包括自然气候环境随时间的变化关系、河流营养盐传输与扩散的自净方程、湖泊水动力方程、湖泊营养盐扩散方程、藻类生消方程、水生动物捕食方程、淤泥吸附解吸方程、水生动物死亡方程等。以上这些方程都是随时间变化的微分方程，因此还需要使用有限元差分等方式离散化，以便计算机能够实现求解。

（2）主体建模。情景主体是情景耕耘的核心内容，其模型的构建是情景建模的关键内容之一。由于情景耕耘是将情景系统抽象为计算机模型进行表达，情景耕耘模型并不是研究情景的完全复制。因此，我们在对情景主体建模过程中，必须有选择地提取问题情景的核心特征，进而构造对应的表达方式。例如，在湖泊流域自然系统中，湖泊中每个位置都有一个坐标与之相对应，湖泊坐标与湖泊是多对一的关系，湖泊有污水排污量、水生物生长率等基本静态属性，湖泊动态变化过程需要在每个时间周期对其每个点的变化进行统计，如其水生物生长情况、平均温度等属性，一个点的情况对应多个时间点的状态记录；河流与湖泊连接，有多条河流流向湖泊，河流包括流速、水量等基本属性，一条河流由多个河流坐标确定；河流上有多个排污口与之对应，排污口的位置由排污口坐标确定，排污口包括汇总的污水排污量、氮及磷元素的排污情况等属性。通过这种刻画，我们就可以把湖泊流域自然系统构建起来，完成对主体对象的建模。

（3）规则与流程设计。情景耕耘实现的核心在于情景主体以及主体间交互规则的设计。在主体规则构建过程中，必须充分考虑主体在系统环境中多周期性、演化性和适应性。例如，在湖泊流域社会系统下的三个主体分别有各自的环境行为，即政府环境行为、公众环境行为和企业环境行为，它们各自有着自己的行为规则，这些规则互相影响，进而形成不同演化情景，具体可以见下篇三个案例。

（4）数据结构与交互设计。情景耕耘中的主体交互主要是通过数据间交互完成的，主体在情景中的演化可以看作主体之间、主体与环境之间的数据交互过程，即可以看作对数据的操作。例如，工程主体之间可能是一个较为复杂的交互网络，这一网络结构反映了主体之间的交互关系，可以借助数据之间的交互设计来合理表达信息的传递、情景演化等过程。特别是对于复杂的情景，可以将模型交互和数据交互过程进行适当分离，这样可以有效提高模型的扩展性和降低对复杂问题的建模难度。

4.3.4　情景耕耘模型的计算机情景

情景耕耘模型的实现需要设定环境、变量、约束条件、核心算法、数据结构、计算公式和模拟结果的可视化的步骤，整体依托于计算机平台。一般将模型实现并与工程实际结合应用，从主体的基元开始抽象建模使其可耕耘，再通过智能主体的演化迭代对适应性行为进行调整，处理主体间相互作用得到最终演化耕耘结果。

情景耕耘方法的实现更多地涉及计算机技术，包括设定情景耕耘的环境、变量、边界条件、关键算法、计算公式和模拟结果的可视化等多个环节。情景耕耘的实现过程一般采用自下而上的研究方法。情景耕耘模型的具体实现包括以下几个过程。

（1）研究问题环境的选择。通常包括如下细节：①针对情景耕耘数据处理内容，整合必要的数据处理软件或公用程序模块，以提高情景耕耘建模效率和增加模型的有效性；②针对情景耕耘数据处理规模，选择合理的情景耕耘运行方式，如单机计算、分布式计算、同步协同计算或其他计算技术；③针对计算过程和实验结果的数据量等数据存储要求，确定合理的情景耕耘数据存储体系，如本地硬盘存储或网络存储等；④根据情景耕耘流程与处理能力，确定是否要求对实验的中间结果数据进行后期的离线分析，以及是否需要定义与其他数据分析软件接口；⑤根据情景耕耘结果呈现等方面的特殊需求，考虑是否需要专用设备，如专用图形处理设备等。

（2）研究问题条件设定。边界条件是指情景耕耘过程中的限制条件和控制参数，如演化迭代的次数、主体类型和数量是否变化，以及主体间的结构关系、环境是否会发生改变等。这些初始和边界条件决定了情景耕耘模型演化过程和结果，在情景耕耘模型中可以通过主体间交互流程图、数据结构等进行实现。

（3）模型变量与初始数据设计。情景耕耘模型变量主要考虑自变量、因变量和控制变量设计，这需要对变量分类，定义各个变量的属性，并对它们之间的关系进行可编程描述，这包括基于数理关系的量化描述、基于选择规则判断描述等。通过这些变量控制，可以观察和测量自变量对因变量的影响。

（4）关键算法与数理模型。情景耕耘模型的演化和主体决策可以通过一些算法实现，这些算法根据研究问题、情景类型的不同而不同，如可以采用演化类算法实现主体单或多目标的优化，学习类算法模拟人类决策过程等。此外，可以运用数理模型刻画主体和主体间以及主体和环境间的关系，这样可以进一步提高建模精确性。

4.3.5　情景耕耘结果评估

最后的步骤就是将通过上述过程得到的情景耕耘分析结果进行评估与比较，通常都是一系列数据及其可视化处理后得到的图表，往往最后的评估分析、比较的步骤最能直接影响研究结果，是要尤为重视的环节。将分析结果与现实耕耘情景分析比对，得到研究结论，并将其应用于指导实际重大工程的实施，也可以得到相应的方法反馈，帮助研究者纠正并提升情景耕耘研究方法。

一般情景耕耘的结果是一系列数据和图表，对这些结果的分析、评估与比较是一个很重要的环节，它与研究结论直接相关。在结果分析完成以后，通过归纳、总结以及对现实情景和耕耘情景的比对，得到耕耘研究的结论，这些结论一方面应用于实践并指导实践，另一方面可以形成新的学说和新的理论。

在情景耕耘的研究中，情景耕耘结果的分析与评估是一个关键节点，情景耕耘的结果直接影响研究的结果。一般来讲，用情景耕耘方法研究工程系统的演化，需要考虑以下几个问题，即评估参照系、评估标准、评估方法以及评估结果分析。

1. 评估参照系

情景耕耘的评估参照系是根据研究的问题确定的，在情景建模前后以及情景耕耘过程中，研究者必须根据研究问题的需要，构建相应的参照系。参照系的选择对研究者的研究结果具有重要影响，有时候甚至会影响研究的结论。参照系的设置主要需要考虑研究者的研究视角、研究问题，需要具有一定的研究经验。

2. 评估标准

由于不同研究者关心的研究问题和背景不同，情景耕耘评估需要选取的评估标准也不尽相同，而在一般情况下，对工程系统的评估会涉及多个方面，再加上情景耕耘的结果远远超出实际的情景，所覆盖的范围更广，因此需要研究者根据评估参照系建立统一的评估标准，这样才可以比较方便地对情景耕耘结果进行统一评估。

3. 评估方法

情景耕耘建立在很多假设之上，考虑到涉及的变量较多，即研究者建立的情景耕耘模型所涉及的主体及其参数较多，因此这样每个参数赋值以及变量就构成一组 N 维的空间，一方面研究者很难对每个参数进行检验，另一方面这些参数和变量之间排列组合又形成更多的结果，相应地必然导致对情景耕耘结果评估的困难。因此，我们可以考虑采取不同的方法对结果进行评估，如采用常用的统计工具和方法消除随机性、采用一些参数取极值对系统的稳健性进行测试、对参数采取随机赋值方法来检验情景耕耘的广泛性等。

4. 评估结果分析

情景耕耘的结果本身是一系列 N 维数据组，是由情景耕耘过程生成的系统演化过程中的各种相关数据构成的。因此，根据选取的参照系，合理选取评估方法，对情景耕耘系统的演化趋势及其影响因素进行分析和评估，进而得到相应的情景耕耘结果和发现。然后研究者可以将这些结果、发现与现实系统以及最初概念情景进行比对分析（可以运用系统校核方法，具体的技术细节详见 4.4 节），并根据研究的目的和偏好等，评估情景耕耘结果的有效性。

4.4　情景耕耘关键技术

4.4.1　可视化技术

视觉是我们认识事物的最重要的手段，直观、形象的图形或图像表达可以有效提高我们认识客观世界复杂规律的能力，因此，采用多种可视化工具是情景耕耘技术的重要内容。实现重大工程情景耕耘的可视化，主要需解决两部分问题，一是可视化的设计，需要从研究者的视角思考其需要，考虑应该获取哪些信息，用哪一种方式表达出情景主体交互行为以及系统演化和涌现行为；二是可视化的实现技术，需要考虑现在已经存在哪些表达方式，有哪些常用技术手段，这些技术的优缺点是什么。

1. 可视化设计

可视化设计是重大工程情景耕耘可视化技术中不可忽视的重要组成部分，由于重大工程情景耕耘可视化设计技术是一门规划技术，不如可视化的实现技术那么有显著的直观效果，常常会被很多人忽视。重大工程情景耕耘者进行相关研究问题的情景耕耘时，重点是需要对情景过程和情景结果的展示给出具体的设计方案，但由于大多数研究者并非专业人士且缺乏相关经验，所以只能依赖自己过去的认知和经验进行构想，很难设计出满足其情景需要的可视实验方案。因此，研究者除了可以通过模仿他人的情景设计来获得相关灵感外，还可以适当从以下几个方面设计情景可视化方案。

1）可视化设计的内容

重大工程情景耕耘可视化内容的设计目标就是能够通过简单、直观、形象的图形或图像方式来表达情景对象、情景过程和情景输出结果。因此，其可视化的内容需要考虑到可视化对象的具体特征，如对于重大工程系统中的主体、主体的重要属性、主体间关键交互、主体间的关系网络以及环境的变化等这些内容需要用不同的展示形式，这个时候可以参照下文可视化表达方式部分选择表达形式。重大工程情景耕耘的可视化还涉及计算机实验过程数据的实时分析与展示，因此，情景过程数据与结果数据的内容显示选择还涉及系统交互界面的展示，而这些展示除了利用传统的散点图、折线图、柱状图和饼状图等传统展示方式外，还可能需要一些新的手段对多维数据进行展示。在可视化内容界面，研究者还需要考虑情景开始、运行、暂停、参数调整输入以及情景输出数据等内容。

2）可视化表达方式

重大工程情景耕耘的可视化设计表达方式有多种形式，我们一般可以从时间维度，将其分为静态和动态两种形式。一般来说，静态形式主要包括工程系统中的主体空间位置、主体大小、主体颜色、主体形状及主体数量等属性特征；动态形式主要包括聚集、分散、超过某阈值显示、主体某一种运动规律等。我们在情景耕耘过程中主要是利用上述组合，用不同形式来表达工程系统情景展示和演化等问题。

3）可视化类型表达分类

根据研究需要，重大工程情景耕耘可以有多种图形或图像表达方式。

从系统的类型来分，可分为：

A. 水域系统。如图 4.7 所示，通过水中的阳光、藻类、浮游动植物和鱼类等，展现出水域系统的生态状况。

图 4.7　海底世界

B. 河流系统。图 4.8 解释了河流系统的形成过程，在一片空地上，雨水落在地形上，开始向下流动，侵蚀了下面的地形。地形随着侵蚀而重塑，水流的模式会发生变化，最终形成一个河流系统。

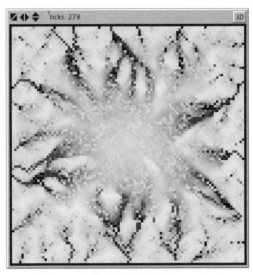

图 4.8　土壤侵蚀

从主体的数量和交互行为特征来分，可分为：

A. 只有几个主体组成，可通过简单规则和空间运动来展示主体的复杂行为。如图 4.9 所示，通过白色飞蛾、飞蛾飞行轨迹和光源范围的可视化来模拟飞蛾向光性实验。

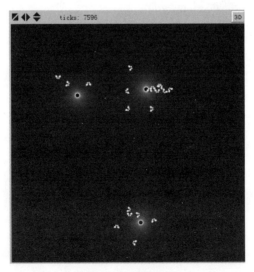

图 4.9　飞蛾趋光图

B. 由很多存在交互的主体组成，强调演化特性，可通过主体数量、空间位置变化和颜色变化来表达其状态变化，如图 4.10 所示。

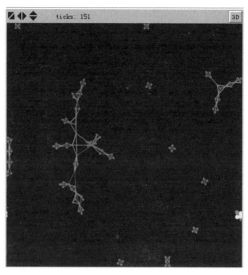

图 4.10　团队行程与分散图

从主体的内容和目标来分，可分为：

A. 以主体的空间位置变化模拟生物或物理系统的聚拢和分散显示方式，如图 4.11 所示。

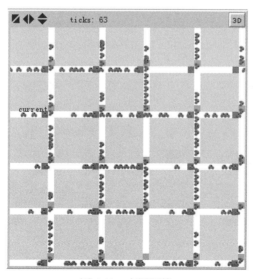

图 4.11　交通网格

B. 通过主体随时间的产生和消亡，模拟演化和涌现的显示方式。图4.12刻画了羊吃草、狼吃羊和绿草自动生长的环境下的生态平衡问题。该实验通过对羊、狼和草地的生长、消亡来表达生态系统动态演变问题。

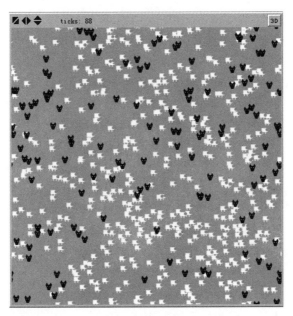

图4.12　狼吃羊图

C. 利用某种抽象，把一个主体看作自然世界中的物理性实体，如风、水和阳光等自然要素的可视化。图4.13刻画了大气层、云朵、二氧化碳和太阳光线的相互作用下的地球表面温度动态变化的实验结果图。

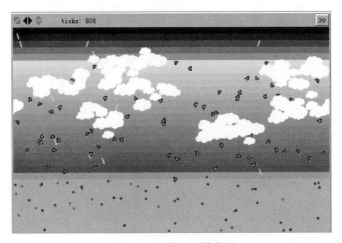

图4.13　地球温室效应图

2. 可视化的实现

重大工程情景耕耘的可视化实现一般主要是从技术和工具角度来支撑重大工程情景耕耘的可视化表达。例如，对于情景耕耘中的计算过程和结果可视化，可以通过一些成熟的软件如 Matlab、Mathematica 等工具去实现，对耕耘出来的数据以及结构之间的关系，可以利用 R 语言、Python 等工具使用柱状图、折线图、树图等方法实现。

除了上述可视化内容，近年来随着技术的进步，像多媒体技术、虚拟现实技术也被更多应用于可视化的实现。在多媒体技术使用中，除了利用传统图像展示，还集成声音，试图实现人机交互功能。随着互联网技术的快速发展，虚拟现实技术也越来越多被应用到可视化中，其通过眼、手、耳或其他装置与虚拟情景进行人机交互，并能将研究者引入虚拟的情景中，使情景更加逼近客观现实，可以给研究者带来身临其境的感觉，目前已经在很多方面使用，如工程中建筑信息化模型（building information modeling，BIM）技术、虚拟城市、模拟驾驶等。

4.4.2　校核技术

1. 基本概念

重大工程情景耕耘的校核技术是以情景耕耘模型是否满足开发者初衷、是否准确表达开发者概念描述，以及是否能忠诚表达真实情景为判断基准的分阶段、内循环的全过程技术。在重大工程情景耕耘过程中，研究者认知能力的限制、其所研究的实际情景的复杂性，以及自身知识水平的局限等因素导致对情景分析与建模过程产生偏差。因此，需要利用系统性的校核方法和过程来校正实验过程中因主观或客观因素导致的各种可能性偏差。

在重大工程情景耕耘中，通过情景分析将实际情景逐步简化和抽象为结构化情景，并分解出情景中的诸多要素，在此基础上建立系统模型并应用模型运行产生未来情景，从而揭示系统的内在联系和演化规律，并预测未来。重大工程情景耕耘方法和数学建模、物理实验一样，本身也是一种研究方法，是基于相似理论对实际情景的抽象、映射、描述和复现。在重大工程情景耕耘中，人们通过对实际情景的认知形成了概念情景，然后通过简化和结构化处理形成了结构化情景，并分离和抽取了情景中的诸多主体和关系。在此基础上，基于建模技术将结构化的情景模型化。显然，模型只是实际情景的一个"替身"，由于科学技术水平和人类认知水平的限制，在认知过程、结构化过程以及模型构建过程中都有可能产生一定的偏差，因此，在重大工程情景耕耘中，需要考虑可信性、有效性和可接受性。

重大工程情景耕耘的校核技术应遵循的基本原则有：①系统性原则；②分步骤推进原则；③多方法和多角度原则；④全过程原则。

2. 校核意义

一方面，实际情景是由若干要素组成的一个整体，系统内部诸要素之间及系统与外界环境之间都存在着密切的联系，同时实际情景还具有动态性、适应性、开放性和层次性等特征。另一方面，每一个学科领域的专家在认知实际情景的时候，往往都是使用自己专业的语言和视角去分析和描述的，以致认知结果带有片面性和局限性。除此以外，目前已有的科学技术也不能充分满足认知实际情景的需要。另外，由于重大工程的特殊性，有些数据因为保护隐私和法律限制是无法完全获得的，对重大工程的研究造成了很大的障碍。在重大工程情景耕耘中，经历了从实际情景到概念情景、从概念情景到结构化情景、从结构化情景到实验情景等一系列过程的抽象、简化处理，导致各个环节的偏差可能在后续的过程中不断累积，导致"失之毫厘，谬以千里"的灾难性后果。因此，在重大工程情景耕耘中，人们抽象出的模型往往很难如实地刻画实际情景，往往存在着一定的偏差以及缺乏有效性、可用性等问题。

在重大工程情景耕耘中，导致实验有效性、有用性、准确性无法保证的主要原因有：①情景分析环节。由于人们认知水平的限制，概念情景必然不等于实际情景。例如，在描述和抽象等环节都可能因为主观或客观原因而导致遗漏、干扰和过度简化造成的认识不全或偏差。②情景结构化过程。在这个过程中，人们需要完成主体的建模、主体之间交互关系建模以及主体与环境之间交互关系的建模等，由于研究者知识水平和经验的限制，实验有效性、有用性、准确性也难以保证。③情景模型的建立过程。在结构化情景模型的程序化的过程中，由于人的主观原因而产生编码错误，也是重大工程情景耕耘偏差产生的一个源头。

由以上分析可以看出，在重大工程情景耕耘过程中，偏差总是不可避免的。人们也许无法完全消除偏差，但可以在一定程度上减少偏差，从而不断逼近真实情况。同时，根据不同问题的需要，偏差被许可的范围也是不同的。在重大工程情景耕耘中，校核与偏差控制一般可分为三大部分：数据校核、逐层校核、全过程校核。

3. 校核方法

1）数据校核

在重大工程情景耕耘中，从开始的情景认知过程到最后的实验情景产生过程，整个实验过程伴随着数据的分析与处理。为了保证数据的有效性，必须对重大工程情景耕耘所有用到的数据进行校核，需要考虑异常值的检验与剔除。

随着互联网技术的不断进步，人类已逐步进入大数据时代。人们可以获取的数据维度、广度、深度越来越多，获取的数据量更是呈指数级增长。这一方面给人们认知实际情景提供更多的信息，但另一方面由于大数据的混杂性、稀疏性和复杂性等特点，获取关键信息有时变得更加复杂。因此，有效借助各种工具手段进行数据校核变得更加重要。

2）逐层校核

重大工程情景耕耘校核是一个分层分步骤、由细粒度到粗粒度的逐层校核过程，其具体分为概念情景校核、结构化情景校核、实验情景校核及结果校核。

（1）概念情景校核。在某种意义上认知过程是一个将实际情景映射到概念情景的过程，对于同样的实际情景，不同的人经过认知得到的概念情景常常存在相异的地方。也就是说，可将一个实际情景映射到多个概念情景。那究竟哪一个概念情景能与实际情景更加接近呢？在情景认知中，为了使概念情景充分接近实际情景，可以综合分析多人或多次认知的结果形成一个概念情景，再将此概念情景与实际情景比对。概念情景校核示意图如图 4.14 所示。

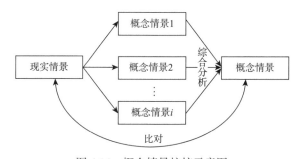

图 4.14　概念情景校核示意图

（2）结构化情景校核。在某种意义上结构化过程是将概念情景映射到结构化情景的过程，对于同样的概念情景，不同的结构化方式会产生不同的结构化情景。我们认为结构化校核可以通过以下几个步骤完成：①结构化情景是否如实反映了概念情景的层次结构和边界；②结构化情景是否抽取了概念情景的主要主体；③结构化情景是否表达了概念情景主要主体之间以及与环境之间的交互关系。

在概念情景结构化的过程中，人们可以采取逐步逼近的方法。首先分析出最重要的主体和交互关系，然后次之，再次之。

（3）实验情景校核。当概念情景经过结构化处理并分解出主要要素后，人们需要对其进行模型化。在这个过程中，需要对若干主体和关系进行建模，形成若干小模型，在此基础上逐步形成一个大的联邦模型。鉴于此，模型校核一般分为单元模型校核、集成模型校核和系统模型校核。实验情景校核示意图如图 4.15 所示。

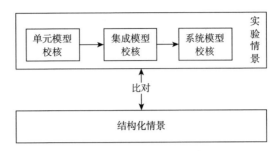

图 4.15 实验情景校核示意图

另外，特别需要说明的，上述的三个校核都是一个循环校核的过程。

（4）结果校核。结果校核是指将情景耕耘得到的实验情景和实际情景相比较，通过多次的循环校核，得到一个满意的情景耕耘方案的过程。

3）全过程校核

全过程校核是指系统性校核，是从系统情景分析到系统情景建模的各阶段、各环节在统一规划与合理协作中的校核方法。

4. 校核过程

重大工程情景耕耘的校核过程可分为三个层次，分别是局部校核、集成校核和系统校核。在局部校核中，要完成概念情景校核、结构化情景校核、实验情景校核以及最后的结果校核。集成校核是考虑两个或两个以上局部校核相互影响下和制约下的联合校核过程。系统校核是在局部校核、集成校核基础上的系统性整体校核方法。重大工程情景耕耘校核示意图如图 4.16 所示。

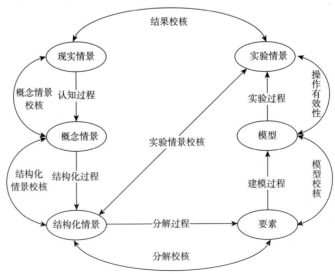

图 4.16 重大工程情景耕耘校核示意图

参 考 文 献

顾浩，刘光勇，朱士龙. 2000. 虚拟现实技术及其在分布交互式仿真系统中的应用[J]. 系统仿真学报，12（3）：197-200.

胡润涛，胡晓峰. 2009. 基于数据耕耘方法探索战争中的非线性[J]. 计算机仿真，26（2）：1-3.

梁茹，陈永泰，徐峰，等. 2017. 社会系统多元可计算模式研究[J]. 管理科学学报，20（1）：57-67.

刘锦德. 1997. 关于虚拟现实——核心概念与工作定义[J]. 计算机应用，（3）：3-6.

刘勘，周晓峥，周洞汝. 2002. 数据可视化的研究与发展[J]. 计算机工程，28（8）：1-2, 63.

钱学森，于景元，戴汝为. 1990. 一个科学新领域——开放复杂巨系统及其方法论[J]. 自然杂志，13（1）：3-10.

盛昭瀚，张维. 2011. 管理科学研究中的计算实验方法[J]. 管理科学学报，14（5）：1-10.

盛昭瀚，金帅. 2012. 湖泊流域系统复杂性分析的计算实验方法[J]. 系统管理学报，21（6）：771-780.

盛昭瀚，张军，杜建国，等. 2009. 社会科学计算实验理论与应用[M]. 上海：上海三联书店.

宋健. 1994. 现代科学技术基础知识[M]. 北京：科学出版社；中共中央党校出版社.

宋绍成，毕强，杨达. 2004. 信息可视化的基本过程与主要研究领域[J]. 情报科学，22（1）：13-18.

唐泽圣. 1996. 科学计算可视化[J]. 中国经济和信息化，Z（1）：5-7.

西利亚斯 P. 2005. 复杂性与后现代主义：理解复杂系统[M]. 上海：上海科技教育出版社.

周前祥，姜世忠，姜国华. 2003. 虚拟现实技术的研究现状与进展[J]. 计算机仿真，（7）：1-4.

Axelrod R. 1984. The Evolution of Cooperation[M]. New York：Basic Books.

Costanza R，Low B，Ostrom E. 2001. Institutions，Ecosystems，and Sustainability [M]. Boca Raton：Lewis Publishers.

Ducot G，Lubben G J. 1980. A typology for scenarios[J]. Futures，12（1）：51-57.

Godet M，Roubelat F. 1996. Creating the future：the use and misuse of scenarios[J]. Long Range Planning，29（2）：164-171.

Horne G E，Meyer T E. 2004. Data farming：discovering surprise[C]//Ingalls R G，Rossetti M D，Smith J S，et al. Proceedings of 2004 Winter Simulation Conference.

Keim D A. 1996. Pixeloriented visualization techniques for exploring very large databases[J]. Journal of Computational and Graphical Statistics，5（1）：58.

Mellit A，Kalogirou S A. 2008. Artificial intelligence techniques for photovoltaic applications：a review[J]. Progress in Energy and Combustion Science，34：574-632.

Mellit A，Kalogirou S A，Drif M. 2010. Application of neural networks and genetic algorithms for sizing of photovoltaic systems[J]. Renewable Energy，35（12）：2881-2893.

Siirtola H. 2000. Direct Manipulation of Parallel Coordinates[C]. Proceedings of the IEEE International Conference on Information Visualization，London.

下　篇

　　下篇内容包括第 5 章到第 7 章，本部分主要在上篇关于重大工程决策情景鲁棒性基本理论及情景耕耘技术基础上，介绍港珠澳大桥工程选址决策过程中，海床大时空尺度下海床演化对工程的影响及工程在全生命周期内对航道的影响等决策鲁棒性问题、太湖流域水环境治理工程决策问题，以及三峡工程航运决策等典型重大工程决策案例，通过实例形成与上篇所提出的情景鲁棒性决策理论、方法和相应的支撑技术的呼应。其中，案例一（港珠澳大桥工程情景鲁棒性决策研究），我们选用了南京水利科学研究院辛文杰、徐群、莫思平、何杰、应强、季荣耀、王俊等专家，在港珠澳大桥工程前期决策阶段开展的港珠澳大桥建设选址和建设前后对桥区的海床演变和航道情景演化的研究，充分展示了重大工程情景鲁棒性决策理论在港珠澳大桥选址方案中应用的全过程。值得指出的是，这一决策案例已被应用到港珠澳大桥工程实践决策中，也正在为工程实践所检验。这也是一个难得的具体情景鲁棒性决策工程实践样本。以辛文杰总工为首的团队的这一研究成果在重大工程情景鲁棒性领域应用，是理论与实践的重要结合，具有重要的理论价值与实用意义，充分体现了"顶天立地"的原则，我们对辛文杰总工团队工作取得的成果、知识产权表示崇高的敬意，对他们同意提供此成果分享给广大读者表示衷心的感谢！案例二（太湖流域治理工程情景鲁棒性决策研究），我们选取了太湖流域治理工程作为研究对象，通过选取不同的工程治理策略，研究在不同策略下太湖流域水环境长期情景演化趋势。案例三（三峡工程航运专题情景鲁棒性决策研究），我们选取了三峡工程航运专题决策进行研究，以当年三峡工程航运决策方案为基础，运用情景鲁棒性决策方法对三峡航运进行情景演化分析，并对不同决策方案情景脆弱性进行分析，并指出了相对具有情景鲁棒性的决策方案。

第5章 港珠澳大桥工程情景鲁棒性决策研究

5.1 港珠澳大桥工程决策背景分析

5.1.1 港珠澳大桥项目背景

自改革开放以来，我国沿海地区经济增速迅猛，尤其是珠江三角洲地区，不仅仅是由于其毗邻港澳的地理优势，更在于它积极引进外资和技术的方针，皆使得珠江三角洲区域经济实力快速增长。但是，香港与珠江西岸之间相对薄弱的交通联系，阻碍了香港与内地的进一步交流合作，并在一定程度上影响了珠江三角洲地区的快速发展。香港、澳门的回归，使得香港、澳门与内地合作加快推进涉及粤港澳三地的交通基础设施建设，所以促进大珠江三角洲区域协同发展的需求显得日益迫切。

21世纪初，香港、澳门与内地有关方面开始提出修建连接香港、珠海与澳门跨海大桥建议，中央人民政府与香港、澳门特别行政区政府及有关部门，从宏观层面对港珠澳大桥建设的必要性和可行性开展调研与论证工作。研究结果表明，在规划的横跨珠江口的伶仃洋大桥、南海大桥、港珠澳大桥中，港珠澳大桥在政治和经济上更具有其独特意义，该项目实施更具需要性和迫切性。

港珠澳大桥作为大型跨海通道，连接了香港、珠海及澳门三个特大城市，大桥全长约50千米，其中主体工程"桥-岛-隧"长约36千米，海底隧道长6 648米，包括6处通航孔，大桥设计使用寿命为120年。大桥的建设目的是解决港珠澳三地之间的陆路运输需求，建设内容包括自香港散石湾至珠海、澳门口岸间的海中桥隧，以及人工岛工程、珠海口岸、澳门口岸等。港珠澳大桥涉及"一国两制"背景和香港、澳门两个特别行政区，建成后将成为全球独一无二的横跨两种社会制度、三个区域地理界线的跨海通道，政治敏锐性高，而且该大桥建设在我国入海河口最多和水沙环境最复杂的河口海域。

港珠澳大桥作为世界级跨海交通通道，其不仅包含我国几大重要港口，如广州港、深圳港、虎门港等，多条重要航道，如广州港出海航道、青州水道、九州航道等，还拥有涉及路、桥、隧、岛等各类工程独特的工程复杂性、环境复杂性等诸多复杂因素。

由以上可知，港珠澳大桥工程的选址与建设，不仅对粤、港、澳社会经济发展和文化交流具有重要的作用，同时也有可能对工程的地理自然环境产生重要影响。事实上，港珠澳大桥工程建设，特别是部分选址方案还需要建设人工岛，因此必须考虑到其对所在区域自然环境的影响。港珠澳大桥是建设在伶仃洋上的，其复杂性主要表现在大桥工程架构形式多样、规模宏大，伶仃洋"三滩两槽"的地貌特征及其复杂的水沙环境，桥区跨越航道多、通航密度大、通航等级高等方面，这些复杂因素对大型河口超级工程的水流泥沙研究极具挑战性。这就需要通过充分的基础数据分析和模拟技术，对工程影响进行充分的数据计算和物理以及计算机实验，在此基础上结合相关领域专家经验分析，研究其对港口航道通航水深和泥沙回淤影响的深度，分析预测工程建设之后对伶仃洋滩槽稳定性的长期影响。

5.1.2 港珠澳大桥工程决策方案

港珠澳大桥建设条件复杂、工程规模宏大、技术难度大，工程方案的选择和确定综合考虑了技术的可行性、经济的合理性、规划的协调性以及对环境的影响等，经多个阶段的深化研究和多方案比较，逐步形成最终方案，主要包括石湾北线桥隧方案、石湾南线斜拉桥方案、三地三检人工岛方案、北线北移方案。

1. 石湾北线桥隧方案

设计单位提出的桥位方案三及桥位方案四在主通航区归并为石湾北线桥隧方案。该桥段需跨越伶仃航道和铜鼓航道这两个通航标准为 30 万吨油轮（或 15 万吨集装箱船）的航段，若采用桥梁方案，则单孔跨径至少在 700 米，但大屿山机场在此处的限高为 120 米，因此，采用桥梁方案已不可能，只能考虑采用海底隧道方案通过主通航区，这样过往船舶可以不受限高、限宽的约束，通航环境可以满足要求。

该方案的关键工程是要在海底隧道的东、西出口端修筑迎水宽 1 000 米、顺水宽 100 米的人工岛。这两个人工岛以及连接段的桥墩对通航区的潮流泥沙运动带来什么变化，人工岛位置不同其水沙环境有什么差别，桥隧结合工程对临近区域的航道回淤以及滩槽地形有多大影响，都需要通过水沙数学模型加以论证。

2. 石湾南线斜拉桥方案

石湾南线桥位是由设计院提出的桥位方案一和桥位方案二归并在一起得到的，该桥位离大屿山机场有一定距离，此处航空限高为 180 米，采用多孔大跨距桥梁方案，可以满足 30 万吨油轮（或 15 万吨集装箱船）的通航要求。

3. 三地三检人工岛方案

（1）方案一。本方案线位走向、海中桥梁及隧道人工岛方案同原北线北移方案。西岸口岸人工岛位于原一地三检口岸位置附近，珠澳口岸位于同一个填海岛上，香港侧口岸位于大屿山西北一带。

（2）方案二。本方案大濠水道部分线位较方案一北移约 500 米，海中桥梁同原方案。东岛位于粤港分界线以西广东水域，西岛边距铜鼓航道中心约 1 080 米，东人工岛距 DY23 锚地最近为 350 米，东人工岛东边距粤港分界线最近约 151 米，香港侧通航孔桥采用 3 米×150 米连续刚构，非通航孔桥采用 70 米等跨结构。西岸口岸人工岛位于原一地三检口岸位置附近，珠澳口岸分离设置，相距 50 米；香港口岸结合东人工岛布置。

（3）方案三。本方案大濠水道部分线位较方案一北移约 500 米，海中桥梁同原方案。东岛位于粤港分界线以东香港水域，岛西边距粤港分界线最近约 150 米，距铜鼓航道中心约 2 730 米，虽然岛身不直接影响 DY23 锚地，但由于两岛间隧道通风井距离达到 6 750 米，需在两岛间增设通风竖井。香港侧通航孔桥将取消设置非通航孔桥，非通航孔桥采用 70 米等跨结构。西岸口岸人工岛位于原一地三检口岸位置附近，珠澳口岸分离设置，相距 50 米；香港口岸结合东人工岛布置。

4. 北线北移方案

设计单位综合考虑桥区水下地形、航道规划、锚地使用及工程线位等各方面的要求，将北线桥隧方案的轴线向北平移 920 米。该线位东、西人工岛迎水宽为 1 000 米，顺水宽为 100 米，东、西人工岛之间为主通航口门。

此方案为大桥现有线位方案，由于伶仃航道和铜鼓航道在交汇段呈 Y 形分布，当桥位北移后，如果仍然采用以前的口门宽度，则会造成人工岛与航道距离靠近而使工程的影响变大。为了避免或减少人工岛工程对主通航区水沙环境的负面影响，设计单位结合各方面的意见，对不同的口门布置方案进行比选论证。

5.2 伶仃洋"三滩两槽"的情景要素分析

港珠澳大桥工程坐落在伶仃洋，分析其对环境的影响最重要的问题是研究其对伶仃洋的影响，具体来说需要对伶仃洋"三滩两槽"形成的影响因素及各个因素之间的交互作用进行分析，进而研究出伶仃洋"三滩两槽"的演变特点及未来的演变趋势。因此，本节从伶仃洋"三滩两槽"形成的影响因素、伶仃洋滩槽情景演变的特点与趋势两个方面进行分析。

5.2.1 伶仃洋"三滩两槽"形成的影响因素

珠江三角洲属于湾内复合型三角洲，主要是由西江、北江、东江、潭江等河流长期共同作用形成的，直到 17 世纪才形成了如今八大出海口门的三角洲基本形势。由此形成原因考虑，珠江三角洲既包括强径流、弱潮流的西北江三角洲，也包括强潮流、弱径流的珠江河口湾与潭江河口湾。此外，从地貌、沉积角度分析，其陆上三角洲是一个复杂的地貌综合体。基于珠江三角洲形成的独特特征，可以分析出伶仃洋滩槽演变受到多种因素的影响。伶仃洋"三滩两槽"的形成主要受自然和人为两大因素的影响。自然因素主要包括地质构造、地形地貌、径流与潮流作用、柯氏力效应及盐水入侵等；人为因素主要表现为边滩围垦、无序挖沙、大规模填海工程、航道疏浚与淤泥等涉水工程等，并且各个因素之间存在交互作用。

1. 自然因素

伶仃洋及珠江三角洲的古老基底地层构成伶仃洋基底发育的基础，之后经过一系列的构造运动、海进、海退等活动形成河网型三角洲，因此地形构造因素对伶仃洋滩槽发育演变有重要影响；伶仃洋是珠江口东部四个口门（虎门、蕉门、洪奇门和横门）注入的河口湾，东部沿岸多湾、西岸多滩，其滩槽基本呈"三滩两槽"的稳定格局，且伶仃洋内各种大小不一的岛屿数量多，对潮流进退、径流宣泄、泥沙沉积等都有一定的影响。因此，伶仃洋的地形、地貌分布是形成"三滩两槽"和铜鼓浅滩的直接原因；珠江径流丰富，但径流年内分配不均，且径流与潮流是伶仃洋滩槽发育演变的两大主要动力，两者互为消长，共同支配着伶仃洋的水流、泥沙运动，塑造着伶仃洋的水下地形；柯氏力效应只对运动的物体产生影响，其规律是南半球左偏，北半球右偏，因此涨潮流和落潮流受其影响，运动流向改变，使得西槽以下泄流为主，东槽以上溯流为主，由此便是伶仃洋东冲西淤的主要动力特征之一；盐水入侵易导致密度流的产生，从而对伶仃洋泥沙淤积产生重要影响。主要原因是东西部径流、潮流及底部地形的不同，东槽主要接纳虎门水道分流水量，径流作用小，西槽主要接纳虎门水量和西北部三口门的来水来沙，径流量大。因此，盐水入侵时，涨憩、落憩的盐水入侵距离东槽均比西槽大。以上便是影响伶仃洋"三滩两槽"形成的自然因素，下面则是对人类活动影响因素的分析。

2. 人为因素

由于人类活动的日益频繁，对伶仃洋滩槽发育演变的影响也逐渐加深，大范围围垦明显缩减潮棱体，对保持滩槽的稳定性不利，但目前在水利部门制定的河口规划治导线的指导下尚未产生不利影响；近年来珠江三角洲各水道内都遭到了大量挖沙，使得伶仃水道的涨潮动力比过去明显增强，诱发高盐陆架水团向虎门方向的入侵上溯，从而小幅度改变了伶仃洋的动力平衡环境；大规模填海工程使得铜鼓海区滩槽分布发生改变，岛屿之间出现大面积淤积；航道疏浚分为开挖性疏浚和维护性疏浚，维护性疏浚可减缓航槽回淤，但抛泥弃土有可能影响周边环境，因此，要合理规划疏浚工程。

伶仃洋独特的动力-沉积地貌体系主要由径流、潮流及海底上升流三种动力因素，再配合三层水体构造与河口泥沙长期相互作用形成，主要包括西北部径流动力-沉积地貌体系，中、北部潮汐通道动力-沉积地貌体系以及东南部靠近湾口地带的陆架水入侵动力-沉积地貌体系，它们相互作用与影响，伶仃洋的演变也可理解为上述三种沉积地貌体系的发展或衰退的过程。

5.2.2 伶仃洋滩槽情景演变的特点与趋势

通过对各要素系统分析可以总结出伶仃洋三大沉积地貌体系的发展演变趋势。

（1）西北部径流动力控制的西滩区域，是伶仃洋河口湾淤积发展最快的地区，加之人工大规模围垦的影响，该区域河口延伸及成陆速度很快，每年达 160 米以上，西滩的现代沉积速率较快，据历史海图资料对比，$^{210}P_6$ 法测定，北段横门、洪奇门分流河口的浅滩区沉积速率高达 3.0~5.0 厘米/年，南段仅 1.0~2.0 厘米/年。

（2）目前中、北部虎门潮汐通道沉积地貌体系的滩和槽普遍呈冲刷状态。这主要是以下两个原因造成的：一是半个多世纪以来，蕉门外凫洲水道的不断发展扩大使川鼻水道的落潮量加大且动力轴线东移，相应川鼻水道的深槽地形断面亦趋于向窄深方向发展且深泓位置东迁，矾石水道亦因此而冲刷扩大；二是20多年来的人工挖沙，也造成了该区滩槽泥沙的大量损失。据珠江水利科学研究院对1984年、1999年和2001年测图资料的对比计算，1984~2001年川鼻-矾石水道河槽容积共扩大$1.15×10^6$立方米，冲刷深度平均超过2米。

（3）南部陆架水入侵控制的深槽沉积地貌体系，有两种不同的表现状态：暗士顿水道近乎不冲不淤，相当稳定；一百多年来伶仃水道淤缩显著，主要是受西滩扩淤的影响。例如，1889年时其10米深槽顶端位置曾伸至内伶仃岛以北20千米处，1971年时10米深槽顶端位置却后退至内伶仃岛以南8.8千米处，1982年时10米深槽退缩了28.8千米，平均每年后退351米。伶仃水道的深槽不但变浅了，而且深泓位置略有向东位移的变化。

自20世纪70年代以来，伶仃水道作为广州港的出海航道，不断被挖深维护，使该深槽由萎缩转为渐趋稳定，1996~1997年伶仃洋航段水深由8.6米增加到10.5米（一期预备工程），1998~2000年出海航道全段水深达到11.5米（一期工程），2004年伶仃洋航段又增深至13.0米（二期预备工程），2005~2006年出海航道全段水深达到13.0米（二期工程）。2007年伶仃洋出海航段增深至15.5米，2013年增至17.0米。十余年时间，仅通过疏浚挖槽，出海航道增深6.9米，航道等级由原来的2万吨级提升到10万吨级。此外，深圳港已在铜鼓海区开挖底宽180米、底标高0.17米的深水航道，届时在桥上游东北一侧将出现一条沟通暗士顿水道与大濠水道的深槽。

在以上的基础上，进一步分析伶仃洋滩槽的演变特点及趋势。伶仃洋总体上可以划分为"三滩两槽"，平面上由西到东依次为西滩、西槽、中滩、东槽、东滩。伶仃洋滩槽的历史演变具有以下基本特征：①伶仃洋滩槽分布长期维持"三滩两槽"的格局，一百多年来无大的变化。②西滩、中滩和东滩均有所扩展，西槽逐渐缩窄，东槽基本稳定。③西滩淤长速度从历史上看并非连续，而是有阶段性，其中以1883~1907年和1936~1953年这两个阶段为最快。西滩淤长的速度既受上游水沙的控制，又受口门地形的影响，近期西滩泥沙东扩趋势逐渐减缓，其泥沙淤积区由原来的北部和中部转向南部，如淇澳岛以南的大片浅滩。④中滩在不断扩展。1883年时中滩横向宽度为1 000~2 000米，经过一百多年的发育演变，中滩明显加长加宽。但现在中部浅滩的北端表现为轻微蚀退，内伶仃岛南部浅滩淤积明显。这表明伶仃洋中、上段的沉积动力环境已处于某种均衡状态，所以转向南部淤积。⑤东部浅滩有冲有淤，相对较稳。⑥西槽趋于缩窄，东槽以冲刷为主。近年来根据西槽所在的伶仃航道回淤量和疏浚量的调查分析，西槽萎缩的趋势有所减弱；东槽总体上表现为冲刷，但其各槽段冲刷程度不一，中、下段冲刷明显，上段则较稳定。⑦四大口门的年输沙总量约有 60%留在伶仃洋内，使伶仃洋日益淤浅和缩小，海床逐渐抬高，其沉积速率估计平均为 2.4 厘米/年。

5.3　港珠澳大桥工程决策方案的模型构建

5.3.1　潮流泥沙数学模型

1. 模型建立

数学模型的计算域覆盖整个珠江口河口湾，一共包括九个边界控制，除了伶仃洋南部开阔海域采用潮位控制方式之外，其余水道皆采用潮位加流量的控制方式。模型建立主要思路为：首先建立二维潮流数学模型，且模型在无结构三角形网格、考虑紊动黏性以及可以模拟小尺寸建筑物附近流场的基础上建立；其次采用三角形网格对计算域进行剖分并对各主要航道所经工程水域和港珠澳大桥工程附近水域网格进行加密；最后提出能刻画建筑物壁面摩擦阻力与水的边壁摩阻系数随水深变动的关系式（何杰和辛文杰，2011）。

1）控制方程

考虑到工程水域水面开阔，平面尺度远大于水深尺度，这里采用平面二维数学模型。

将平面二维水沙运动方程写成如下的向量表示形式：

$$\frac{\partial U}{\partial t} + \nabla E = S + \nabla E^d \tag{5.1}$$

其中，$U = (d, du, dv, ds)^T$；t 表示时间；E 为对流项；s 为源项；d 为全水深 $d = h + \zeta$，h 为水平面以下水深，ζ 为潮位。

$$E = (F, G) \quad F = \begin{pmatrix} du \\ du^2 + gh^2/2 \\ duv \\ dus \end{pmatrix} \quad G = \begin{pmatrix} dv \\ duv \\ dv^2 + gh^2/2 \\ dvs \end{pmatrix} \tag{5.2}$$

其中，u、v 分别表示 x、y 方向的流速；s 表示水体含沙量。

水流和泥沙运动方程的紊动扩散项表示为

$$E^d = \left(F^d, G^d\right)$$

$$F^d = \begin{pmatrix} 0 \\ \varepsilon_x d \partial u / \partial x \\ \varepsilon_x d \partial v / \partial x \\ k_x d \partial s / \partial x \end{pmatrix}$$ （5.3）

$$G^d = \begin{pmatrix} 0 \\ \varepsilon_y d \partial u / \partial y \\ \varepsilon_y d \partial v / \partial y \\ k_y d \partial s / \partial y \end{pmatrix}$$

其中，ε_x、ε_y 分别为 x、y 方向的水流涡黏系数，这里取各向同性，即 $\varepsilon_x = \varepsilon_y = \varepsilon$，可表示为 $\varepsilon = kdU^*$，U^* 为摩阻流速，表示为 $U^* = \dfrac{n\sqrt{g(u^2 + v^2)}}{d^{1/6}}$；$k_x$、$k_y$ 则为 x、y 方向的泥沙紊动扩散项系数，根据 Eider 经验公式，有

$$k_x = 5.93\sqrt{gn}\,|du| / d^{1/6}$$ （5.4）

$$k_y = 5.93\sqrt{gn}\,|dv| / d^{1/6}$$ （5.5）

源项 S 表示如下：

$$S = S_0 + S_f = \begin{pmatrix} 0 \\ S_{0x} + S_{fx} + fv \\ S_{0y} + S_{fy} - fu \\ -F_s \end{pmatrix}$$ （5.6）

其中，S_{0x}、S_{0y} 分别为 x、y 方向的倾斜效应项即河床底部高程变化，$S_{0x} = -gd\,\partial z_b / x$，$S_{0y} = -gd\,\partial z_b / y$，$z_b$ 为河床底面高程；S_{fx}、S_{fy} 则为 x、y 方向的底摩擦效应项，$S_{fx} = -\dfrac{gn^2 u\sqrt{u^2 + v^2}}{d^{1/3}}$，$S_{fy} = -\dfrac{gn^2 v\sqrt{u^2 + v^2}}{d^{1/3}}$，其中，$n$ 为曼宁系数，f 为柯氏系数，$f = 2\omega\sin\varPhi$，ω 为地转速度，$\varPhi$ 为当地地理纬度；F_s 为床面冲淤函数。F_s 可用式（5.7）表示：

$$F_s = -\alpha\omega\left(\beta_1 \cdot s^* - \beta_2 \cdot s\right)$$

$$\beta_1 = \begin{cases} 1, & u \geqslant u_c \\ 0, & u < u_c \end{cases} \qquad \beta_2 = \begin{cases} 1, & u \geqslant u_f \\ 0, & u < u_f \end{cases}$$ （5.7）

其中，α 为泥沙的沉降概率；ω 为泥沙沉速；β_1 为挟沙力恢复饱和系数；β_2 为含沙量恢复饱和系数；s^* 为水流挟沙率；u_c 为泥沙起动流速；u_f 为泥沙悬浮流速。

$$s^* = 0.07 \times \frac{u^2}{g\omega(h+\zeta)} \tag{5.8}$$

$$\omega = \omega_0 k_f \frac{1+4.6s^{0.6}}{1+0.06u^{0.75}} \tag{5.9}$$

$$u_c = \left(\frac{H}{d}\right)^{0.14} \left[17.6 \times \frac{\gamma_s - \gamma}{\gamma} d + 6.05 \times 10^{-7} \times \frac{(10+H)}{d^{0.72}}\right]^{1/2} \tag{5.10}$$

$$u_f = 0.812 d^{0.4} \omega^{0.2} H^{0.2} \tag{5.11}$$

$$\gamma_0 = 1\,750 d_{50}^{0.183} \tag{5.12}$$

床面糙率采用式（5.13）：

$$n = n_0 + n' \tag{5.13}$$

其中，n_0 为沙粒糙率，与床沙质粒径有关；n' 为附加糙率，与海床的相对起伏度变化对应，一种简单的表达式为

$$n' = \frac{k_n}{(h+\zeta)}, \quad h+\zeta \geqslant 0.5\text{米} \tag{5.14}$$

其中，k_n 的取值范围一般为 0.01~0.02 毫米，根据不同的水下地形可选择相应的 k_n 值。

2）计算方法

采用有限体积法对水沙方程进行离散求解，实质就是以单元为对象进行水量、动量和沙量的平衡，物理意义清楚，可以准确地满足积分方程的守恒，计算结果精度较高，且能处理含间断或陡梯度的流动。

为了方便计算，统一采用三角形单元对计算区域进行离散，并将单一的网格单元作为控制元，物理变量配置在每个单元的中心。

将第 i 号控制元记为 Ω_i，在 Ω_i 上对向量式的基本方程组［式（5.6）］进行积分，并利用 Green 公式将面积分化为线积分，得

$$\frac{\partial}{\partial t}\int_{\Omega_i} U\mathrm{d}\Omega_i + \int_{\partial\Omega_i}\left(E \cdot n_i - E^d \cdot n_i\right)\mathrm{d}l = \int_{\Omega_i} S\mathrm{d}\Omega_i \tag{5.15}$$

其中，$\mathrm{d}\Omega_i$ 为面积分微元；$\mathrm{d}l$ 为线积分微元；$\vec{n}_i = (n_{ix}, n_{iy}) = (\cos\theta, \sin\theta)$，$n_{ix}$、$n_{iy}$ 分别为第 i 号控制元边界单位外法向向量 x、y 方向的分量。

沿单元边界线积分可以表示为三角形各边积分之和：

$$\int_{\partial\Omega_i}\left(E \cdot n_i - E^d \cdot n_i\right)\mathrm{d}l = \sum_{k=1}^{3}\left(E_k \cdot n_k - E_k^d \cdot n_k\right) \cdot l_k \tag{5.16}$$

其中，k 表示三角形单元边的序号；$E_k \cdot n_k$ 和 $E_k^d \cdot n_k$ 分别表示第 k 条边的对流项和紊动项的外法线数值通量；l_k 为三角形第 k 条边的边长。

式（5.15）的求解分为三个部分：一是对流项的数值通量求解；二是紊动项的

求解；三是源项中底坡项的处理。对流项基面数值通量的求解格式有多种，这里采用 Roe 格式的近似 Riemann 解。浅水方程的紊动黏性项采用单元交界面的平均值进行估算，底坡源项采用特征分解法处理（何杰和辛文杰，2011）。

3）初边值问题

实际流体流动都属于混合初边值问题。初始条件一般设定为静水，所带来的误差随时间增加很快衰减。边界条件主要分为两类：陆地边界和开边界（水边界）。边界条件的好坏直接影响计算的稳定性和结果的精度。

边界条件：主要是由已知状态 u_L 推求未知状态 u_R。开边界可分为急流开边界和缓流开边界，在边界处给定水位过程 $\zeta = \zeta_R$ 的情况下，未知状态的确定方法如表 5.1 所示。

表 5.1　未知状态的确定方法

流态类型	出入流开边界	
	缓流	急流
边界条件	$u_{n,R} = u_{n,L} + 2\left(\sqrt{gD_L} - \sqrt{gD_R}\right)$ $u_{\tau,R} = 0$	$u_{n,R} = u_{n,L}$ $u_{\tau,R} = 0$

陆地边界采用镜像法，设想边界外面存在一个对称的虚拟控制体，即 $D_R = D_L$，$u_{n,R} = -u_{n,L}$，$u_{\tau,R} = u_{\tau,L}$。其中，u_n、u_τ 分别代表单元法向和切向的流速。缺点就是将陆边界作为内部边界处理，利用静压假定但未作修正，适用于边界单元的流速近似与固壁平行的情况。

对于港珠澳大桥沿程数以百计的桥墩，需考虑桥墩壁面对水流的阻力，模型中位于壁面处单元的摩阻项变化为

$$S_{fx} = -gdu\sqrt{u^2+v^2}\left(\frac{n_b^{3/2}}{d} + \frac{n_w^{3/2}L_k}{S_i}\right)^{4/3} \tag{5.17}$$

$$S_{fy} = -gdv\sqrt{u^2+v^2}\left(\frac{n_b^{3/2}}{d} + \frac{n_w^{3/2}L_k}{S_i}\right)^{4/3} \tag{5.18}$$

其中，n_b、n_w 分别为河床底部和边壁（建筑物壁面，模型中取水泥面糙率 0.011）的糙率；S_i 为第 i 个单元的面积；L_k 为第 k 条边的长度，该边标识为固体边界（何杰，2009）。

采用非结构网络加密技术对不同尺度的桥墩和人工岛形状进行合理概化，桥墩边壁阻力计算中考虑了边壁摩阻系数随水深变动关系，提高了桥墩阻水效应数值模拟的效果，为数学模型真实有效模拟港珠澳大桥工程对伶仃洋水域水沙环境影响提供了技术支撑。

4）动边界处理

在进行潮汐河口潮流模拟时，涨落潮过程中计算水域区域范围在不断变化。动边界处理的方法包括变网格法和固定网格法，前者由于处理复杂且计算量大而很少使用，后者则有多种处理动边界的方式，如"窄缝"法、"冻结法"及"最小水深"假设等方法。本章采用限制水深法（Sleigh 等，1998）来处理动边界问题。该方法把网格分为干网格、半湿网格和湿网格。网格水深为分类标准，若 $h<h_1$，为干网格；若 $h_1<h<h_2$，为半干网格；若 $h>h_2$，则为湿网格。其中，限制水深 h_1 和 h_2 一般分别可取为 0.000 1 米和 0.000 5 米（何杰等，2009）。

浅水方程在处理动边界问题时其实就是解决干、湿单元间如何进行有效转换的问题，湿单元在向干单元转换时比较容易处理，而在干单元转换为湿单元的过程中，应对发生水量交换的干、湿单元进行水量的重新分配，保证计算单元间的水量平衡，从而有效地模拟出干、湿单元间的转换过程，反映出边滩水流的真实运动过程。

5）模型概况

在河口海湾的平面二维潮流计算中，针对计算域内岛屿较多、岸线曲折、边界复杂的特点，采用三角形网格对计算域进行剖分是非常合适的。采用三角形网格剖分计算域，既可以克服矩形网格锯齿形边界所造成的流动失真，也可以避免生成有结构贴体曲线网格的复杂计算和其他困难。因此，为了更好地拟合珠江口的形状以及桥墩和人工岛的形状，采用的网格均由三角形单元组成。

2. 模型验证

本模型分别根据汛期和枯季两组的水文泥沙实测资料进行分析，主要从水沙验证和冲淤验证两方面验证该模型是否具有鲁棒性。

水沙验证：从汛期大潮水情伶仃洋水域在涨急和落急时刻的潮流流态可知，主槽流速强于边滩、东部大于西部；涨落潮主流与主槽走向基本趋于一致；西滩各口门水道与主深槽的交汇处分汇流态比较明显。类似地，从枯季大潮水情伶仃洋水域在涨急和落急时刻的潮流流态可知，主槽流速强于边滩、东部大于西部；涨落潮主流与主槽走向基本趋于一致；西滩各口门水道与主深槽的交汇处分汇流态比较明显。

冲淤验证：选取悬沙数学模型对海床冲淤变化验证时港珠澳大桥的试挖槽作为验证对象，并与伶仃航道和铜鼓航道的泥沙回淤实测值进行对比。模型通过枯季和汛期两种水情模拟试挖槽的泥沙回淤过程，再将通过试挖槽验证过的潮流泥沙数学模型，以枯季大潮作为控制潮型，模拟计算伶仃航道开挖段（KP18~KP60段）在枯季水情下的航槽回淤分布进行比对。

以上结果表明，数学模型中对潮流泥沙进行的相关研究与实际情况较为相似，可知该模型设计正确，概化合理，具有鲁棒性。所以，该数学模型可以作为研究港珠澳大桥工程水域泥沙回淤数值模拟的工具。

5.3.2   潮流泥沙整体物理模型

1. 伶仃洋河口湾物理模型构建

港珠澳大桥物理模型的设计思路主要从研究内容和动力条件两个方面确定。首先，要解决港珠澳大桥工程的建设对伶仃洋水沙动力环境的影响；其次，由于港珠澳大桥的建设而改变的伶仃洋水沙动力环境对广州和深圳港港区及伶仃和铜鼓航道泥沙回淤的影响；最后，港珠澳大桥的建设对伶仃洋河床滩槽演变的发展趋势的分析。这里的物理模型设计应根据水流运动相似、推移质运动相似以及悬移质运动相似条件设计，物理模型试验主要考虑径流、潮流对泥沙运动的影响。根据建模思路，确定伶仃洋模型的平面比尺为 1∶1 000，垂直比尺为 1∶120，变率在 8.3 左右。

1）水流运动相似比尺

根据确定的伶仃洋河口整体物理模型水平比尺和垂直比尺，可以推求出水流运动的相似比尺，计算如下：水平比尺 λ_l=1 000，垂直比尺 λ_h=120，变率为 8.3。

经过推算可得：流速比尺为 10.95；糙率比尺为 0.769；水流时间比尺为 91.32。根据实践经验，伶仃洋河口河床糙率平均为 0.012~0.020，模型糙率采用 0.5 毫米厚度的三角形橡皮进行边长为 15 厘米的梅花加糙。

2）推移质运动相似比尺

（1）起动相似。伶仃洋海床底沙粒径 d_{50} 为 0.005~0.010 毫米，这里考虑 0.010 毫米，是具有黏性的淤泥，起动流速较大，所以很难找到既能与之相匹配又能达到起动相似要求的模型沙。为了解决这一难题，把与底沙起动流速相当的径粒较粗的模型沙作为模型选沙依据。模型沙初步选用 d_{50} 在 0.5 毫米左右，容重在 1.15 克/厘米³ 的木粉，采用窦国仁公式计算不同水深的起动流速（朱治，2011）。

根据计算可知，模型沙选用容重为 1.15 克/厘米³，d_{50m}=0.48~0.50 毫米的木粉，其起动流速比尺为 9.0~12.7，算术平均值为 10.9，与流速比尺 10.95 相近，基本满足起动要求。

（2）沉降相似。由于泥沙运动要求同时满足沉降相似和悬浮相似条件。因此，要求的沉速比尺为

沉降相似条件：$\lambda_\omega = \lambda_u \dfrac{\lambda_h}{\lambda_l}$=1.31

悬浮相似条件：$\lambda_{\omega} = \lambda_u^* = \lambda_u \sqrt{\dfrac{\lambda_h}{\lambda_l}} = 3.79$

原型、模型沙沉速采用张瑞瑾公式计算。

经过计算，可得原型沙的沉速为 0.05 厘米/秒；模型沙的沉速为 1.0 厘米/秒。

因此，该动床模型实际采用的沉速比尺为 $\lambda_{\omega} = \omega_P / \omega_M = 0.05$，而计算值 $\lambda_{\omega\text{计}}$ 为 1.31，沉降相似有偏差。

（3）输沙率比尺和冲淤时间比尺。按照窦国仁底沙单宽输沙率公式来计算底沙输沙量，然后确定输沙量比尺。经计算，单宽输沙率比尺为 276，进一步计算得冲淤时间比尺为 491。

3）悬移质运动相似比尺

（1）沉降相似。伶仃洋河口海床泥沙粒径组成与悬沙粒径接近，泥沙活动性相对较弱，长期以来河床十分稳定。这种泥沙扬动流速小于起动流速，泥沙颗粒一旦脱离床面就悬浮到水中，易呈悬移运动状态，所以悬移质运动是珠江口伶仃洋海区泥沙运移的主要形式。

（2）潮流作用下起动相似。天然沙、模型沙的起动流速均采用窦国仁公式计算。

（3）含沙量比尺及时间比尺。由挟沙力公式可得其比尺为 $\lambda_{s*} = \dfrac{\lambda_{\gamma s}}{\lambda_{\gamma s - \gamma}} = \lambda_s = 0.21$。则冲淤时间比尺为 $\lambda_{t3} = \dfrac{\lambda_{\gamma 0} \lambda_l}{\lambda_s \lambda_h^{1/2}} = 713$。

2. 模型验证

水流验证试验。物理模型试验验证的水文泥沙资料与数学模型依据的基础资料是一致的，可参见上文的描述。以 2007 年洪季大潮测次的潮位过程和潮流流速过程验证为例，且自伶仃洋湾口到湾顶沿程各验潮站的验证过程也表明，物理模型可以很好地模拟外海潮波从湾口向湾顶的传播变形过程，各垂线涨潮、落潮流速与流向过程的模型值也与实测值基本吻合。

悬沙淤积验证鉴于伶仃洋河口海床的历史演变规律，伶仃洋河口物理模型复演泥沙运动规律需从伶仃航道、铜鼓航道及人工岛处试挖槽回淤进行验证。基于伶仃航道、铜鼓航道及大桥试挖基槽回淤量验证及测点含沙量过程线验证结果，可以认为根据相似准则设计的伶仃洋河口物理模型能够真实地复演天然情况的潮流泥沙运动，试验精度符合规范要求，模型沙的选择可靠，含沙量比尺、冲淤时间比尺设计合理，加沙方式正确，试验控制步骤有效。

以上结果表明，物理模型中对水流和悬沙淤泥的验证与实际情形较为相似，即该模型设计具有鲁棒性，故可以用该模型预报港珠澳大桥建设后的水流和泥沙淤积情况。

5.4   港珠澳大桥桥区海床情景鲁棒性分析

我们曾指出，重大工程的自然环境、社会经济环境以及环境大尺度演化是造成重大工程管理活动深度不确定特征的重要原因，而这一特征在重大工程管理诸多活动中对于工程决策活动影响最大。以港珠澳大桥建设前后海床演变分析为例，拟建港珠澳大桥桥区位于伶仃洋南部海区，港珠澳大桥的长生命周期对桥区海床产生了两类不同的决策情景变动与演化。具体分为以下三个部分：一是主要考虑港珠澳大桥尚未建成、处于拟建状态时，根据跨越一百多年的历史数据对海床演变进行分析预测；二是对工程后的情景进行多次实验，根据实验结果分析大桥工程建设的情景鲁棒性；三是两类情景鲁棒性比较分析。

5.4.1   第一类情景鲁棒性分析

海床演变问题主要包括拟建桥位东西两侧海床的演变以及桥区海床冲淤演变。本小节通过历史数据和地形图，首先判断一百多年以来两个方面的演变情况，进而再判断影响演变的因素，总结海床演变规律，以此推测海床演变的未来发展趋势。

一百多年来，伶仃洋河床演变的显著特点是西滩外延，在 1883 年的地形图中，在淇澳岛下缘向下游 10 千米处，西部 5.0 米等深线在离岸线约 5 千米处，10.0 米等深线在离岸线约 17 千米处，10.0 米等深线顶端上抵横门所对应断面；而在 1936年的海图中，虽然 5.0 米等深线离岸线的距离没有多大变化，仍约 5 千米，但 10.0 米等深线离岸线较远，已约达 21 千米，等深线顶端在淇澳岛略上游处；在 1954年的海图中，5.0 米等深线已离岸线约 15 千米，10.0 米等深线与 1936 年没多大变化，约为 21 千米，但等深线顶端已下移至淇澳岛略下游处。这说明桥位附近的西部海区的海床在历史演变中呈现逐渐淤高趋势。

拟建桥位东侧海床，其演变主要受伶仃水道、铜鼓水道和矾石浅滩演变的影响，伶仃水道在 1883 年到 1954 年间 10.0 米等深线的表现为东移和下挫，对比 1883年、1936 年和 1954 年的矾石浅滩的演变可以发现，矾石浅滩主要以横向展宽为主，如内伶仃岛附近 5.0 米等深线以上的浅滩宽度由 1883 年的 5 千米左右发展到 1954 年的 10 千米左右。但浅滩的下移并不明显，说明桥位东侧海区变化不大。

桥区所在海域的演变受制于伶仃洋的总体演变。对桥位附近海区的演变趋势进行分析，虽然从近期来看，海床冲淤变化不大且处于一个相对稳定的状态，但从长远来看，桥位处海床仍处于缓慢淤积的发展趋势中（应强等，2010）。

根据海床相对稳定的变化趋势，可以确定在未来的一百多年里，海床演变以缓慢淤积为主，无重大变化，即第一类情景鲁棒性。这是一种很聪明的研究思路。它以最近研究情景（环境与问题）的真实世界（海床、海底、泥沙淤积）大时空尺度现实情景的回溯，再经过时间变量的平移形成对研究情景的预测，与数学建模或实验室模拟相比，可极大地提升可信度与准确性。

5.4.2　第二类情景鲁棒性分析

根据第一类情景鲁棒性海床演变特点，结合大桥建设后桥墩附近局部地形变化、西滩地形变化、伶仃航道和铜鼓航道的淤积试验及模型试验，研究工程后海床各个部分的变化规律。我们将其总结为重大工程第二类情景鲁棒性问题。

1. 地形累积性淤积影响研究

通过演变分析，伶仃洋河口海床多年的演变呈如下规律：伶仃洋河口地貌格局稳定性；伶仃洋河口海床微淤性；伶仃洋河口海床底沙弱活动性。

对于港珠澳大桥累积性淤积试验采用如下步骤：①试验的水文条件分别采用航道回淤洪、枯季验证潮型。②试验针对的是港珠澳大桥建设后，局部地形冲刷，连续进行 16 小时左右（相当于天然冲刷 327 天），直到局部地形冲刷平衡状态。③在动床冲刷平衡后，再进行 20 小时（相当于天然淤积 28 个月，每 5 个小时相当于 7 个月的淤积时间）悬沙淤积试验。在此期间，伶仃航道和铜鼓航道按照实际年维护状态进行疏浚维护。④在悬沙淤积试验模拟完成后，在伶仃洋河口地形变化后的基础上再进行潮流试验，分析潮流动力条件的变化。

港珠澳大桥"岛-桥-隧"工程布置方案是本次研究的特点。其中，人工岛的几何尺寸较大，对伶仃洋河口涨落潮动力环境的局部影响也是显著的，尤其在东、西人工岛背流区形成缓流的泥沙落淤环境。大桥建设后，其周边地形变化以及其对相邻的滩槽影响是大桥建设对伶仃洋河口"三滩两槽"影响的关键问题之一。

对长期维持"三滩两槽"伶仃洋河口地貌格局而言，西滩的变化对伶仃洋河口这一独特的地貌格局演变起主导作用，此试验研究表明，港珠澳大桥建设前后，对西滩原有的淤积态势无明显变化。可以说，港珠澳大桥的建设，没有改变西滩原有的演变规律。

2. 人工岛局部冲刷影响研究

根据冲刷实验结果及理论分析，对工程后冲淤强度和部位进行了分析和计算，所获结果可供整体物理模型参考。人工岛周边淘刷的泥沙主要集中在冲刷槽和人工岛两侧，并且约有 80%泥沙淤积在人工岛两侧的环流区内。

同时根据模型实验结果及分析，冲刷后泥沙将主要在人工岛上游和下游区域。工程后，冲刷起来的泥沙主要落淤在人工岛两侧，不会对伶仃航道淤积产生影响。而在人工岛相对应的航道内，流速是增强的，可增大航道的冲刷强度和范围，对维护大濠水道自然水深优势有利。

3. 风暴潮和特大洪水对工程区海床稳定性的影响

台风期间，无论是表层水流还是底层水流均受强风控制，流速与风速基本上呈正比关系，因此水流流速会比正常时的流速大几倍，水流的流向也随风向而改变。风暴潮对桥位附近海区的影响程度主要与风暴的强度及所在海区的水深有关，在相同风暴强度下，对桥位西侧海区的影响要大于对桥位东侧海区的影响。但由于缺乏风暴潮前后海区的地形对比资料，未能直接分析风暴潮产生的影响。考虑到桥区所在的伶仃洋湾外有一系列岛屿（如万山群岛）掩护，对外海传来的风暴会有一定的阻挡作用，作为桥区主航道的大濠水道槽宽水深，风暴对海床的影响也会比较小。珠江口虽是台风频发区，但伶仃洋仍能长期保持"三滩两槽"的基本格局，伶仃洋深水航道多年来并没有发生台风"骤淤"而碍航的实际情况，说明风暴潮对本海区的水下滩槽分布没有明显的破坏作用。

如前所述，伶仃洋是一个潮优型的河口湾，潮汐动力远远强于径流动力，潮流是塑造和控制河口湾滩槽格局的主要动力因素，特大洪水所增加的径流动力与伶仃洋巨大的纳潮量相比仍为小量，河口湾的水动力环境并不会有特别异常的改变。大洪水会把较多的泥沙带入伶仃洋，也会使河口盐淡水混合程度和影响范围发生较大变化，因此，在短时间内滩槽的冲淤分布可能会发生一些改变，但随着正常水文条件的恢复，变化的水下地形也会逐步调整过来。

伶仃洋水下地形的历史变化证明了不会出现异常水情下滩槽大冲大淤的"动乱"局面。

5.4.3 两类情景鲁棒性比较分析

综上所述，我们可以得出港珠澳大桥在建成以前，桥位附近西部海区的海床有逐渐淤高的态势，桥位东侧海区变化不大。从长远来看，桥位处海床总的发展趋势应是以缓慢淤积为主，在工程全生命周期内，不会发生明显恶化趋势；大桥工程会引起局部海床冲淤变化，其部位基本被局限在桥上、下游 5 千米范围内，靠近桥墩处地形变幅相对较大，并随时间增长逐渐趋弱，西滩浅海区的淤积速率略增，但对滩地地形变化影响很小。因此，大桥建设后海床淤积变化不会造成显著影响。

5.5　港珠澳大桥桥区航道情景鲁棒性分析

以港珠澳大桥建设前后航道淤积的变化为例，在建设港珠澳大桥之前，针对港珠澳大桥不同选址方案的备选地，利用历史数据和相应的模型模拟近百年来航道淤积的演变情况，总结历史的演变规律，并预测航道淤积未来的变化趋势。在此基础上，将港珠澳大桥不同的选址方案放到模型中进行情景耕耘，研究不同选址方案对航道未来淤积的影响。具体来说，本节主要分为以下三个部分：一是研究未建港珠澳大桥情况下不同选址方案的备选地未来航道的淤积演化影响（我们称为第一类情景鲁棒性）；二是研究港珠澳大桥不同选址方案对未来航道的淤积演化影响（我们称为第二类情景鲁棒性）；三是两类情景鲁棒性比较分析。

5.5.1　第一类情景鲁棒性分析

航道和港口淤积问题，主要受到悬移质含沙量和水动力条件等因素的影响，所以，通过历史数据和模型，我们首先分析近几十年来两个因素的变化情况，以及这些变化对航道淤积产生哪些影响。然后，总结航道淤积的发展变化规律，并对未来的发展趋势进行相关预测。

尽管珠江属于少沙河流，但由于珠江水系水量十分丰富，平均每年经东四口门进入伶仃洋的悬移质总输沙量达 3 389 万吨，并约有 60%落淤在伶仃洋内。受此影响，伶仃航道内多年来以淤积作用为主，悬移质含沙量是决定河口海岸冲淤变化及河口水质的一个重要参数。

根据历史数据和模型演化结果分析，航道淤积主要影响因素的特点有：①伶仃洋的潮汐动力远远强于它的径流动力，潮流是滩槽格局形成的非常重要的动力因素，与伶仃洋的纳潮量相比较，特大洪水量非常小。经统计，2007 年 8 月洪季大潮平均潮差 1.52 米，2009 年 3 月枯季大潮平均潮差 1.55 米，表明伶仃洋洪季、枯季潮流动力变化不大。考虑到洪季期间有大量洪水下泄，故动力条件稍强于枯季。②伶仃洋悬移质主要来源于珠江径流携沙，而悬移质含沙量的平面分布及时间分布呈不均衡性，洪季由于上游径流量的显著增加，大量的径流水沙通过东四口门汇入伶仃洋，使湾内水域悬沙含量普遍增多。③当受风浪扰动作用时，滩面上落淤的泥沙，尤其是在伶仃洋西部浅滩区的泥沙，会被掀动而发生再搬运，从而导致航道回淤。

受此影响，多年以来，伶仃航道内泥沙的淤积强度呈现出洪季远远大于枯季的现象。然而，近年来随着珠江入海水沙条件的改变，伶仃洋的含沙量与淤积强度也出现了较大变化，伶仃航道回淤出现枯季大于洪季的现象。表 5.2 给出珠江三角洲马口站、北江石角站、东江博罗站的多年水沙变化。

表 5.2 珠江三角洲主要控制站水沙特征值统计

变量	年输沙量及变化/万吨				年径流量及变化/亿立方米			
水文控制站	马口	石角	博罗	总计	马口	石角	博罗	总计
多年平均值	6 800	541	246	7 587	2 200	419	231	2 850
2001~2007 年	3 203	395	178	3 776	2 025	412	231	2 668
2007 年较 2001 年变化	52.9%	26.9%	27.5%	50.2%	8.0%	1.7%	−0.2%	6.4%

表 5.2 显示，从 2001 年到 2007 年，三个控制站的总输沙量为 3 776 万吨，与多年平均值 7 587 万吨相比，减少了一半以上。流域来沙量的减少主要与上游兴建的大量水利枢纽工程、流域水土保持发挥效用引起的水土流失减少有关。

航道淤积影响因素的变化如下：①伶仃洋入海泥沙量锐减使得伶仃洋航道洪季淤积强度也随之减小（徐群等，2012）。②入海径流量基本不变，洪季水动力稍强于枯季，海床冲刷作用相对较强，伶仃航道近年来已出现了洪季淤积强度小于枯季的变化趋势。③近年来在珠江三角洲各水道内大量取沙，改变了河网区河道的输水输沙特性，有些河道的水面比降发生了很大变化，从而影响到各入海口门的水沙平衡条件。潮流界、潮区界和咸水界由 20 世纪 80 年代以前的向海区延伸，变为 20 世纪 90 年代以来的向内陆回溯，具有明显上移的趋势，使河口区泥沙的淤积区间也发生了相应的变化，伶仃航道内的年淤积强度有所减弱。④航道浚深，改变了航道本身的动力条件，使虎门冲刷槽与外伶仃洋的深水区产生了通道，这个通道消除了原有由于拦门沙体的地形凸起而产生的局部阻力，增加了航道中的流速和流量，对泥沙的淤积起到了抑制作用。⑤近年来伶仃航道回淤总量

呈下降趋势，这一趋势的发生常常在洪季较为敏感，枯季相对迟钝。敏感与迟钝
导致的洪季、枯季回淤量的少和多，同样与其淤积机理相关，洪季发生淤积的泥
沙主要依靠径流输送，这部分泥沙数量多于东滩、中滩和西滩面上受风浪影响再
起动的泥沙数量，而枯季发生淤积有相当部分泥沙是东滩、中滩和西滩面上受风
浪影响再起动的泥沙。

受此影响，伶仃洋近年来入海泥沙量也在锐减，其中有 80%~90%在洪季入海，
这使得洪季径流来沙对伶仃洋含沙量的影响范围与幅度都有明显减小。在距口门
稍远的海区，洪季含沙量具有与枯季趋于一致的趋势，甚至出现了枯季含沙量大
于洪季的现象。

虽然经过以上分析，航道的淤积由洪季大于枯季转换为枯季大于洪季，但是
总体来说，伶仃洋长期维持"三滩两槽"格局，一百多年来并无大变化。近几十
年，特别是 20 世纪 70 年代以来，伶仃洋的滩槽演变大致可以初分为三个时段，
第一个是 1954~1970 年，以自然演变为主的自然演变期；第二个是 1970~1985 年，
人为活动干预的初期；第三个是 1985~2007 年，人为活动干预频繁的近期。根据
1974 年、1989 年、1998 年和 2006 年四次水深测图的比较，该海区的滩槽出现了
新的变化，其主要规律为：①西滩 0 米和-2 米等深线呈向外海推进趋势，其中 0
米等深线的推进幅度较-2 米等深线推进幅度大，-5 米等深线变化幅度则较小，基
本处于稳定状态（韩西军，2011）。②西滩向东扩展，但对深槽影响不大，-5 米等
深线以下的深槽在 30 年以来都维持在稳定状态。③中滩向东和向南有所扩展，呈
淤积趋势。④东滩呈相对稳定状态，东滩的淤积只是集中在岸边局部区域，整个
东滩及公沙水道的水深是稳定的。⑤受矾石水道水量减小及铜鼓海区涨潮动力增
强的影响，矾石深槽缩窄，海床出现冲刷，最大水深有所增大。⑥受深圳港抛泥
和香港赤鱲角机场大面积围海工程的影响，铜鼓西槽中部出现局部浅段，形成了
铜鼓西槽新格局；铜鼓岛以西水域出现大范围的冲刷，沿铜鼓西槽水深全线增深；
铜鼓东槽随着沙洲岛与大濠岛之间出现大面积淤积而逐渐萎缩至消失（赖永辉和
冷魁，2001）。

所以，通过滩槽相对稳定的变化规律，我们可以确定，在未来的一百多年里，
航道的总体淤积情况不会发生太大的变化，即第一类情景决策具有鲁棒性。

5.5.2　第二类情景鲁棒性分析

这部分内容主要是将不同的选址方案放到模型中进行情景耕耘，研究不同的
选择方案下，港珠澳大桥建成后对航道淤积未来变化的影响情况，具体如下。

港珠澳大桥横跨伶仃洋湾口中南部，为南海陆架水进出伶仃洋的必经之地。港珠澳大桥的建设，将改变原有的环境与长期河床演变而形成的河口水、沙动力环境。大桥的建设对伶仃航道和铜鼓航道的影响是非常重要的问题，经过淤积试验研究，港珠澳大桥建设后，广州港出海航道——伶仃航道和深圳港出海航道——铜鼓航道挖槽回淤量发生了新的变化，淤积试验结果见图5.1~图5.4。

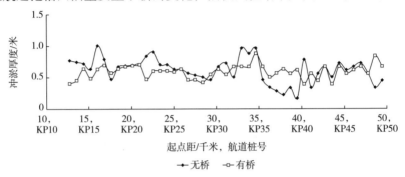

图 5.1 港珠澳大桥工程实施前后伶仃航道年淤积厚度

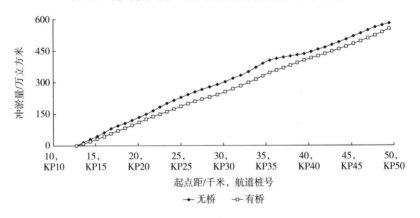

图 5.2 港珠澳大桥工程实施前后伶仃航道年淤积强度变化

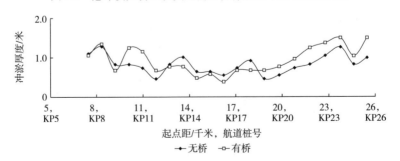

图 5.3 港珠澳大桥工程实施前后铜鼓航道年淤积厚度

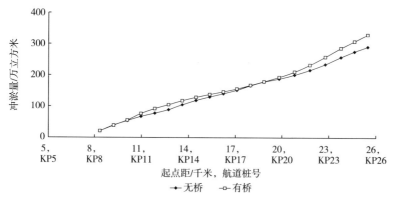

图 5.4　港珠澳大桥工程实施前后铜鼓航道年淤积强度变化

研究表明，港珠澳大桥工程建设前后，伶仃航道和铜鼓航道的淤积态势表现基本一致，略有差异。其中，大桥工程建设前伶仃航道 KP13~KP50 年淤积厚度平均为 0.62 米，淤积总量为 580 万立方米；大桥工程实施后航道年淤积厚度平均 0.59 米，淤积总量为 555 万立方米。由此可见，伶仃航道内工程后较工程前的淤积总强度略有减小，但伶仃航道从上至下沿程淤积量在大桥建设前后表现的态势是不一样的，具体有如下表现：其中，桥区段（桩号 KP13~KP25）工程前年淤厚 0.73 米，淤积量 229 万立方米，工程后分别为 0.59 米、187 万立方米，淤积量减小了约 18.3%；非桥区段（桩号 KP25~KP50）工程前平均年淤厚 0.56 米，淤积量 351 万立方米，工程后分别为 0.59 米、368 万立方米，淤积量略有增加。这主要是由于在桥区段，东、西人工岛的束水作用使得伶仃航道桥区段流速增加、冲刷作用增强，而在非桥区段，因离大桥较远，动力环境受工程影响有限。

对于铜鼓航道而言，港珠澳大桥工程建设前航道内平均年淤积厚度为 0.82 米，淤积总量为 291 万立方米；大桥工程实施后航道内平均淤厚 0.85 米，淤积总量为 296 万立方米。由此可见，工程前后铜鼓航道淤积态势基本不变，航道内淤积量略有增加。所以，第二类情景决策也具有鲁棒性。

5.5.3　两类情景鲁棒性比较分析

综上分析，在建成港珠澳大桥之前，航道淤积虽然由洪季淤积量大于枯季淤积量转化为枯季淤积量大于洪季淤积量，但是就近十年总体情况而言，航道淤积量并未发生显著变化，所以在未来的一百多年里只要进行适当的控制，发生严重淤积的可能性不大；另外，在建成港珠澳大桥之后，虽然航道内淤积量较建桥之前略有增加，但不会产生显著的影响，可以通过采取一些措施进行相应的控制。

因此，我们可以确定，港珠澳大桥工程的决策方案实施以后，对选址区域内的航道和海床不会产生破坏性情景，但是工程具有一定的鲁棒性。

参 考 文 献

顾浩，刘光勇，朱士龙. 2000. 虚拟现实技术及其在分布交互式仿真系统中的应用[J]. 系统仿真学报，12（3）：197-200.

韩西军. 2011. 港珠澳大桥对珠江口港口航道影响研究[C]//中国海洋工程学会. 第十五届中国海洋（岸）工程学术讨论会论文集（中）[C]. 北京：中国海洋学会海洋工程分会.

何杰. 2009. 半封闭港池水交换的数值模拟及其应用[D]. 南京水利科学研究院博士学位论文.

何杰，辛文杰. 2011. 崖门出海航道选线方案潮流泥沙数值模拟[C]//左其华，窦希萍. 第十五届中国海洋（岸）工程学术讨论会论文集（中）. 北京：海洋出版社.

何杰，徐志扬，辛文杰. 2009. 浅水方程 Roe 型格式的平衡性[J]. 河海大学学报（自然科学版），37（4）：450-456.

胡润涛，胡晓峰. 2009. 基于数据耕耘方法探索战争中的非线性[J]. 计算机仿真，26（2）：1-3.

赖永辉,冷魁. 2001. 深圳港铜鼓航道工程航线选择研究[J]. 泥沙研究，（6）：61-66.

梁茹，陈永泰，徐峰，等. 2017. 社会系统多元情景可计算模式研究[J]. 管理科学学报，20（1）：53-63.

刘锦德. 1997. 关于虚拟现实——核心概念与工作定义[J]. 计算机应用，（3）：3-6.

刘勘，周晓峥，周洞汝. 2002. 数据可视化的研究与发展[J]. 计算机工程，28（8）：1-2, 63.

钱学森，于景元，戴汝为. 1990. 一个科学新领域——开放的复杂巨系统及其方法论[J]. 自然杂志，13（1）：3-10.

盛昭瀚，张维. 2011. 管理科学研究中的计算实验方法[J]. 管理科学学报，14（5）：1-10.

盛昭瀚，金帅. 2012. 湖泊流域系统复杂性分析的计算实验方法[J]. 系统管理学报，21（6）：771-780.

盛昭瀚，张军，杜建国，等. 2009. 社会科学计算实验理论与应用[M]. 上海：上海三联书店.

宋健. 1994. 现代科学技术基础知识[M]. 北京：科学出版社.

宋绍成，毕强，杨达. 2004. 信息可视化的基本过程与主要研究领域[J]. 情报科学，22（1）：13-18.

唐泽圣. 1996. 科学计算可视化[J]. 中国计算机用户，Z（1）：5-7.

西利亚斯 P. 2005. 复杂性与后现代主义 [M]. 曾国屏译. 上海：上海科技教育出版社.

徐群，莫思平，季荣耀，等. 2012. 港珠澳大桥对伶仃航道和铜鼓航道回淤影响研究[J]. 水道港口，33（5）：393-396.

应强，辛文杰，毛佩郁. 2010. 港珠澳大桥附近海域海床演变分析[J]. 水道港口，31（5）：444-448.

周前祥，姜世忠，姜国华. 2003. 虚拟现实技术的研究现状与进展[J]. 计算机仿真，（7）：1-4.

朱治. 2011. 瓯江口河床演变与整治措施研究[D]. 浙江大学硕士学位论文.

Axelrod R. 1984. The Evolution of Cooperation [M]. New York：Basic Books.

Costanza R，Low B，Ostrom E. 2001. Institutions，Ecosystems，and Sustainability [M]. Boca Raton：

Lewis Publishers.

Ducot G，Lubben G J. 1980. A typology for scenarios[J]. Futures，12（1）：51-57.

Eppler M J，Burkhard R A. 2004. Knowledge visualization — towards a new discipline and its fields of application[R]. University of Lugano.

Godet M，Roubelat F. 1996. Creating the future：the use and misuse of scenarios[J]. Long Range Planning，29（2）：164-171.

Keim D A. 1996. Pixeloriented visualization techniques for exploring very large databases[J]. Journal of Computational and Graphical Statistics，5（1）：58.

Mellit A，Kalogirou S A. 2008. Artificial intelligence techniques for photovoltaic applications：a review[J]. Progress in Energy and Combustion Science，34：574-632.

Mellit A，Kalogirou S A，Drif M. 2010. Application of neural networks and genetic algorithms for sizing of photovoltaic systems[J]. Renewable Energy，35（12）：2881-2893.

Siirtola H. 2000. Direct manipulation of parallel coordinates[C]. Proceedings of the IEEE International Conference on Information Visualization，London.

Sleigh P A，Gaskell P H，Berzins M，et al. 1998. An unstructured finite-volume algorithm for predicting flow in rivers and estuaries[J]. Computers & Fluids，27（4）：479-508.

第6章　太湖流域治理工程情景鲁棒性决策研究

6.1　太湖流域治理工程的问题背景

6.1.1　太湖流域概述

太湖流域是我国的第三大淡水湖，其凭借优良条件及实力，在我国的现代化建设中发挥着越来越重要的作用，社会经济发展具有美好的前景。我们都知道，对于湖泊流域而言，氮和磷等营养盐是湖泊水生生物赖以生存的营养源，是维持生态系统稳定的保证，但是水体中其浓度过高会造成类似于蓝藻水华爆发的水环境污染和生态系统的紊乱。例如，《太湖流域及东南诸河水资源公报2016》中指出，若总氮参评，太湖所有水域全年期都不会达到Ⅲ类水质，若总氮不参评，Ⅲ类水也仅占全湖面积的11.5%。这些污染物的主要来源如图6.1所示，面源污染主要包括各种农业活动、农业肥料及工业生产产生的废水，点源污染主要包括城镇居民的生活污水和企业排放的污水。工业点源和城市生活污水可以较好地控制和监管，因此，最近几年有学者和政府官员提出，太湖的营养盐输入主要来自面广量大的面源污染。污染的加剧造成蓝藻事件的频频爆发，太湖生态系统遭到严重破坏，使得太湖水环境安全已是影响区域社会、经济和生态环境安全的严重问题，需要在研究相关问题的基础上采取全方位的措施进行治理。面对湖泊流域水环境质量现状，如何加强湖泊流域水环境管理和保护，维护湖泊流域生态健康和良性循环及湖泊可持续发展一直是我国政府、学术界乃至整个社会关注的问题。

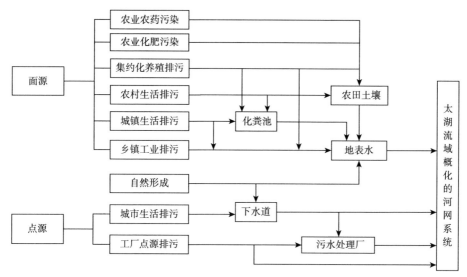

图 6.1　太湖入湖水体中污染物来源

根据丁训静等（2003）修改

另外，太湖流域由于其特殊的地理和社会位置，除了具有流域的基本特征，还具有与一般江河流域所不同的特征，主要包括以下几个方面：①太湖流域的整体性。太湖流域是以太湖流域为中心，以江、河、湖为纽带的连通区域，是一个具有自然属性和社会属性的复合系统。伴随着水的流动性，流域内各地理区域的关联与流域资源的联动使得彼此之间相互影响和制约。②太湖的公共性。太湖属于太湖流域内的公共物品范畴，所以用水主体容易受利益驱动，过分开发利用水资源，从而导致水资源缺乏和水环境污染的悲剧。③污染的复杂性。太湖流域的污染外部性具有典型的"点—轴—面"特征，即污染物质进入河流水体后产生就地的"点"污染，随着水流方向进行扩散形成"轴"污染，一旦污染物进入太湖，累积在太湖水体中形成"面"污染。所以，太湖流域的水污染研究问题具有复杂性。首先，太湖流域的整体性特征决定了我们必须在太湖流域整体框架内考虑和分析太湖流域的水环境问题。其次，太湖的公共性预示着太湖流域容易发生"公用地悲剧"，在人类"理性行为"的驱动和治理机构的短视行为下，各方的约束力量不能很好地发挥作用。最后，太湖流域污染物的"点—轴—面"外部性使太湖流域的治理更加复杂，特别是"面"特征更是加剧了这种非线性的污染外部性。

6.1.2　太湖流域水环境治理工程策略

不管是在经济学研究还是制度分析理论中，政府偏好都涉及政府意志问题，政府意志是指政府主体为了最大化自身利益或由政府代表的社会公众利益的反映或者期望（余亚梅和唐贤兴，2012；伍山林，1998）。因此，在某种程度上，研究太湖流域自然-社会复合系统的动态演化趋势和演化情景必须把政府偏好置于政府环境行为分析和研究的核心位置。

1. 政府在经济偏好和环境偏好下的治理策略

政府在太湖流域社会生活中有相对特殊的身份、地位、职能和行为（李文星和郑海明，2007），政府的经济偏好在导致环保重视不足（易志斌，2011）等社会问题的同时，会使太湖流域水环境问题持续恶化；政府的环境偏好会在一定程度上损害社会经济的发展，却能为社会的可持续发展提供制度保障。

政府在针对太湖水环境治理方面实施了许多重大措施，如在2011年出台的《太湖流域管理条例》中，要求"加强太湖流域水资源保护和水污染防治，保障防汛抗旱以及生活、生产和生态用水安全，改善太湖流域生态环境"。总之，无论政府出于哪种偏好，都是为了有效地治理太湖流域水环境问题。

2. 政府在面源污染和点源污染偏好下的治理策略

面源污染主要包括农业、畜牧业、居民生活污染等三个方面（黄绍平等，2011），点源污染主要指排污点位集中的工业点源。尽管越来越多的学者认为造成太湖流域污染的主要因素是农业面源，然而，各类污染源对太湖流域污染负荷的贡献值究竟是多少，仍不清楚（颜润润等，2012）。近年来政府出台了很多有关太湖污染的治理方案，如政府在2001年出台的《太湖水污染防治"十五"计划》，在2008年出台的《太湖流域水环境综合治理总体方案》等。

6.2 太湖流域的系统分析

太湖是一个典型的湖泊，是一个由人参与并主导的、要素众多、关系复杂、功能多样的社会-经济-自然复合系统，具有复杂的时空结构与层次结构，并呈现出整体性、动态性、非线性、适应性、多维度等特性（马世骏和王如松，1984；刘永和郭怀成，2008；聂华林和王水莲，2009；金帅等，2010）。本节主要从三方面分析太湖流域系统：①太湖流域的系统组成；②太湖流域的概念情景；③太湖流域的模型关系构建。

6.2.1　系统组成

太湖流域系统主要包括三个子系统，分别是自然子系统、经济子系统和社会子系统，下面依次进行介绍。

1. 太湖流域自然子系统

太湖流域自然子系统是一个完整的生态系统，具有自组织、自调节与自生长能力，是构成复合系统的基础（Mitsch and Jørgensen，2003）。系统内部存在着复杂的非线性反馈机制，以生物与环境的协同共生及环境对流域内活动的支持、容纳、缓冲及净化为特征，与社会经济系统存在物质、能量与信息的交换（刘建康，2007）。人类对自然系统的负面干扰主要体现在环境污染与资源破坏上，并通过一系列生态、物理、化学、生物等过程使自然生态系统结构发生变化，进而改变其功能。对太湖流域自然子系统进行模拟，可以使太湖流域环境治理工程在实施过程中及完工后，不破坏其所在的自然环境，甚至起到一定的保护作用。

2. 太湖流域经济子系统

太湖流域经济子系统重点关注社会经济生产，主要包括企业生产和农业生产。其中企业生产的主体是企业，农业生产的主体是农村居民或农业企业，包括粮食生产、畜牧业和畜禽业等。对太湖流域经济子系统的模拟，可以使太湖流域环境治理工程在实施过程中及完工后，不影响生产，甚至对企业及农业生产起到一定的促进作用。

3. 太湖流域社会子系统

太湖流域社会子系统不仅包括了社会建制以及社会精神层面的规范和准则，同时还包括社会系统内部各个要素的认知情感系统。情感认知过程实际上是一个信息的加工和对加工输出的决策过程，加工过程受到个体异质性的影响，如学习能力、遗忘时间、知识储备以及个体信仰和道德水平等，同时也受到如宗教、理想等的制约。对太湖流域社会系统的模拟，可以使太湖流域环境治理工程在实施过程中或者完工后，维护社会和谐及稳定。

为了更清晰地认识太湖流域环境治理工程，我们从三个层面、三个跨度对其进行分析，其分析框架如图 6.2 所示。三个层面是指社会与经济系统的宏观、中观和微观，三个跨度是指社会系统、经济系统和情感认知系统。其中，微观层面表现的是每个社会个体的异质性、动态性、自适应、自组织及非线性等无序特征，而宏观层面则表现为经济系统的有序发展、社会系统的和谐以及遵循每个个体发展的认知情感系统的理性，社会系统这种看似无序的状态向有序状态的演化和变迁是依靠中观层面的交互、约束及最大化效用的决策实现的。三个跨度主要描述情感认知系统中人的认知决策过程，经济系统中人的决策目标及决策效用和社会系统在文化、道德等层面对决策行为的规范与约束。

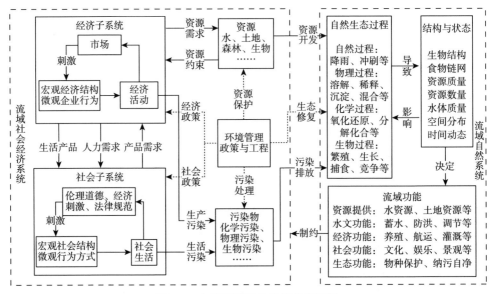

图 6.2 太湖流域复合系统分析框架

由此可见，在这些子系统内在机制的相互作用下，太湖流域系统表现出强烈的整体性、动态性、涌现性等特点。例如，在太湖流域，人类过分追求社会与经济的快速发展，过度利用水资源，肆意排放污染物，使得太湖流域生态恶化，甚至影响生态系统的自适应能力，导致生态系统的自修复能力及环境容量降低。同时，人口不断增长，水需求持续增加及污染排放进一步扩大，水资源状况进一步恶化，加剧了水资源危机，使自然条件退化，生态失衡，阻碍了经济的持续发展，影响社会稳定。

面对以上这些问题，我们需要采取一些措施进行相应的治理。一般从两个方面进行考虑：一方面是政府偏好，即在治理过程中，政府是偏好于环境还是经济；另一方面是从问题视角出发，即点源污染和面源污染。

6.2.2 概念情景

通过太湖流域环境治理工程情景分析来说明太湖流域的概念情景。情景分析的主要内容是实现对自然系统和社会系统内部主体与主体间的交互，主流程及两系统要素交互过程中遵循的基本规范、关键流程等的分析，进而描述太湖流域环境治理工程的基本特征。

1. 自然系统和社会系统中的主体

首先，太湖流域自然系统包括三个主体，分别是河流、湖泊和排污口。以太湖流域中水体的流动为纽带，对污染物的"输入—转化与迁移—输出"过程进行详尽的分析，并对三个主体进行说明：①河流。河流起到使地表径流的污染物流入湖泊的媒介作用，污染物通过雨水的冲刷形成地表径流，然后进入河流，最终由河流的扩散进入太湖。因此，河流是太湖流域社会系统产生的污染物进入/流出湖泊的主要通道，其流水是污染物流入/流出湖泊的载体；同时不管是入湖河流还是出湖河流，在水体流动的过程中，污染物受到环境因素的影响而逐步发生累积、降解和沉淀等物理化学作用，与此同时，由于水体受到水温、光照等影响而发生物理、化学作用，使河流水体中的污染物在一定程度上稀释和降解，这个共同作用的过程叫作污染物的自净过程。②湖泊。湖泊是太湖流域自然系统的核心，是太湖流域水问题的聚焦点，是流域污染外部性得以"面"扩散的原点。通过入湖河流等渠道进入湖泊的污染物是湖泊水体中污染物的来源，也是太湖流域中社会系统对自然系统影响的核心，其主要包括水体的扩散、蓝藻的生消、淤泥的沉降等方面。③排污口。排污口是社会系统与自然系统的污染物传递的媒介，社会系统产生的一部分污染物经排污口进入河流或直接进入湖泊。因此，排污口可能在湖泊上也可能在河流上，在湖泊上的排污口对于湖泊的影响比较直接，河流上的排污口则通过河流的扩散间接影响湖泊。自然系统要素和主体的概化如图 6.3所示。

其次，太湖社会系统包括五个主体，分别是政府、公众（居民）、企业、农业和畜牧业。对五个主体进行说明：①政府。从流域管理的角度看，政府是太湖流域系统综合管理的主要决策者和执行者，对太湖流域系统的协调和谐和可持续发展具有引导作用。②公众。公众主体主要包括太湖流域内的城市居民、农村居民，以及一些非政府组织（non-government organizations，NGO）。公众是太湖流域的主体，是太湖流域社会效益最大化的直接受益者，但也是面源污染的始作俑者。③企业。企业是太湖流域社会经济发展的主体和水环境问题的直接作用者，它们对太湖流域水体污染和社会财富贡献的大小与它们所处的城市、工业区位置、行业，以及其技术水平、产能、规模等密切相关。④农业。湖泊流域中，农业生产主要包括农田粮食种植和畜禽业养殖两个方面。⑤畜牧业。就湖泊流域的畜牧业而言，由养殖户的初始资金投入、养殖规模、养殖初始量等因素决定其对社会贡献和对自然系统的污染程度。社会系统要素和主体的概化如图 6.4 所示。

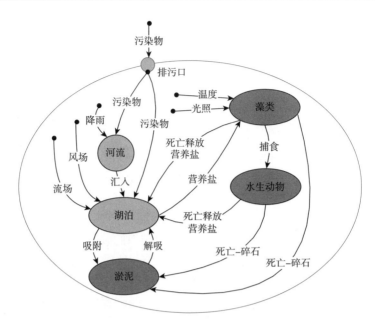

图 6.3 自然系统要素和主体的概化

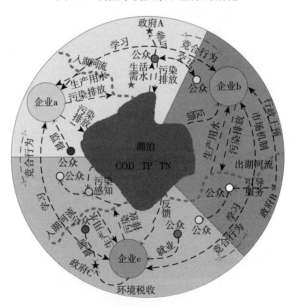

图 6.4 社会系统要素和主体的概化

2. 自然系统和社会系统的主流程分析

1) 太湖流域自然系统主流程

太湖流域自然系统需要从污染物进入湖泊流域土壤、径流水体、河流，再到湖泊水体开始，并以太湖生态系统利用和消耗为主线，对社会系统产生的污染物质的迁移转化进行系统梳理，即自然系统的主元素是污染物质，主流程是污染物随着水体流动和时间推进而进行的扩散与转化等空间位移，该流程主要有三个阶段，如图 6.5 所示。

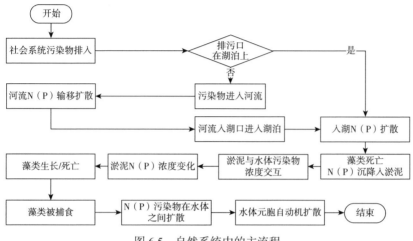

图 6.5　自然系统中的主流程

（1）地下水/径流/河流系统阶段。该系统主要是与太湖流域的社会系统交互的接口。地下水渗透受降水量、坡度、土质类型等的影响，在渗透过程中将土壤中的营养盐输送到湖泊水体；径流主要是将径流两岸土壤中的营养盐带入河流，这一过程由渗漏拟合方程来描述；然后由河流带入湖泊水体，这一过程由径流拟合方程来描述，而排污口直接将社会系统产生的废水排入河流或湖泊水体。

（2）太湖物理系统阶段。该系统主要有湖泊和湖泊中的底泥两个主体。湖泊内水的流动是太湖生态系统、营养盐扩散的动力基础。湖泊的水动力主要受湖泊湖面风场、降水以及水体由于重力作用形成的流场的影响。湖泊底泥中的营养盐会和湖泊水体中的营养盐进行物理吸附和解吸运动，这一过程主要受湖泊风场和水体与底泥中营养盐浓度的影响。

（3）太湖流域生态系统阶段。在生态系统中主要的主体有两类：一是藻类；二是水生动物。它们之间存在着捕食关系，这由水生动物的捕食方程给予刻画。藻类主体的自身生长与温度、光照和太湖流域湖泊中的营养盐有主要关系，这些关系决定了藻类生长的速度和生物量的大小，同时藻类的生长还与其他的一些环境、自身因素等有关。湖泊中水生生物在空间和时间变迁下可能会死亡，死亡后的一部分在湖泊中经腐败菌的分解而释放出自身所含的营养盐，另一部分则随泥沙沉淀到底泥中。

2）太湖流域社会系统主流程

太湖流域社会系统的主流程主要体现在不同的主体采用不同的环境行为，在这里我们只讨论三个主要主体基本环境行为。

（1）政府环境行为：从太湖流域的实际情况来看，政府作为一个重要的调控主体，具有政治、经济、文化、社会等四个主要职能。政治职能要求政府能维持稳定的社会秩序。经济职能则要求政府规范市场秩序，引导和扶持企业发展，以及发展辖区内的经济。文化职能要求政府教育居民，提高其科学文化水平。社会职能则要求政府做到保护生态环境、自然资源，建立较为完善的监督管理体系等。将政府的上述职能抽象和概化后可以得到其环境行为模块，如图6.6所示。具体地，政府主要实施流域战略管理和日常管理，如根据流域中水体的水环境容量对流域未来所辖区域企业排污量进行分配，市场监管、环境政策制定及日常执行，以及对企业、公众环境行为的引导，等等，因此，政府的环境行为主要有对自然系统水质的感知、规划、计划和日常管理等，这些行为决定了政府的决策制定涉及环境投资、环境预算、检查计划以及对水资源价格的制定等。这些决策同时又受到企业、公众、政府等环境行为因素的影响。

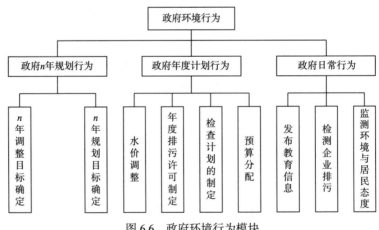

图6.6 政府环境行为模块

（2）公众环境行为：随着城镇化率的提高，生活污染所占比重越来越大，其主要包括两种污染，分别为城市生活污染和农村生活污染。城市生活污染主要是指随着城镇化程度的不断发展，城市人口数量迅速增加，与之相适应的餐饮业、洗浴业等服务型企业数量日益增加，生活污水排放量日益增多。农村生活污染是指在农村居民日常生活中产生的生活污水、生活垃圾、人（畜）粪便等污染物（顾霖等，2016）。农村生活污染是非点源污染的一种类型，我国农村地区的污染具有时空范围广、不确定性大、成分及过程复杂等特点，是污染控制的难点和环境保护的焦点（张照录等，2011）。与其他的污染源相比，生活污水中主要含有易造成水体富营养化及造成水体污染的氮和磷。

　　鉴于上述分析，在社会经济系统中设置公众模块，以分析公众生活污染物对湖泊等水域环境造成的污染。有关研究认为，居民的环境行为是环境态度的结果，并据此提出环境态度-环境行为模式，在这一模式中，个人的环境行为由他们对环境的态度决定（罗艳菊等，2012）。因此，公众的环境行为主要包括两个方面：一方面是对环境的感知行为，公众能够通过新闻媒体、介入程度等对自身所处环境的质量进行感知，同时对感知到的信息进行邻里间的传播；另一方面是政府对水资源价格的调整引起的社会响应也属于公众环境行为的范畴。公众的环境行为受到自身认知属性、介入程度以及邻里间关系的影响，同时公众对政府的政策制定、环境执法力度等具有制约和监督作用。因此，本系统在设计公众模块功能时，充分考虑居民生活污水对水环境污染的影响，并结合居民环境态度、认知水平和环境行为表现之间的关系，将公众日常行为划分为三部分，即公众认知行为、公众排污行为以及公众施压行为。公众模块功能结构如图6.7所示。

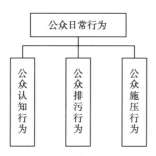

图6.7　公众模块功能结构

　　（3）企业环境行为：企业是自然资源向社会资源转化的行动者，也是社会资源的使用者。其环境行为是在政府、公众等其他主体的共同约束下表现出来的。企业的决策都是以自身利益最大化为目标。在确定自己的排污决策时，企业会权衡自己的治污成本和政府监管处罚力度，以及企业的品牌形象的树立等因素，实现生产成本的最小化和收益的最大化目标。因此，其环境行为主要有根据政府的环境政策实施年度生产和排污，其决策主要包括年度生产决策、日常排污决策以及绿色生产投资决策等。企业的年度生产决策主要依据政府的政策计划、自身属性来调整产能和制订投资计划；日常排污决策则主要根据政府对其历史的检查和政府对排污的处罚力度进行权衡后，对是否非达标排放废水进行决策；绿色生产投资决策则是根据企业自身环境偏好、同类型企业产品的绿色技术水平、市场消费者的偏好等对下一年的绿色技术革新进行的投资预算行为。根据上述分析，企业环境行为如图6.8所示。

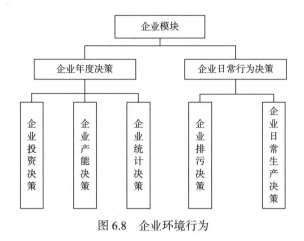

图 6.8　企业环境行为

6.2.3　模型关系构建

1. 主体之间的交互关系

（1）太湖流域自然系统中主体之间的关系。

我们以该系统中污染物的迁移与转化为主线来分析和识别自然系统中各个主体之间的交互关系，如图 6.9 所示，这种交互关系即太湖流域系统情景的核心。按照自然界物质统一律，太湖流域的污染物质不会消亡，而是以各种形态存在于各类介质中。情景分析的重点是对太湖流域水体以及水生生物产生影响的氮和磷两类污染物进行分析。这是因为，一方面，氮和磷与社会系统的日常生产生活关系非常密切，也是藻类等水生生物赖以生存的营养物；另一方面，氮和磷是太湖富营养化的主要因素，丰富的氮和磷对太湖流域水体的水质具有明显的作用，而且从最近几年水利部太湖流域管理局发布的太湖流域水质情况来看，氮和磷是影响太湖流域水体水质的主要因素[1]。

藻类的生长与消亡受水体中营养盐、温度和光照的影响，因此对藻类生长与消亡的拟合方程需要综合考虑这三个因素，同时由于藻类的生长与消亡不能单一地运用一个数量关系表达，因此还需要对藻类的生长与消亡方程进行离散化，以满足建模和情景建模编程的需要。藻类生长与消亡方程的核心是建立营养盐函数关系、温度函数关系和光照函数关系。其中，营养盐是其生长发育和集聚形成的食物来源，温度和光照是其获取能量、吸收营养盐、形成集聚的动力来源。根据学者们的研究（许秋瑾等，2001），伴随着天气变化及污染的加剧，藻类在适宜条件下开始生长与聚集，此时温度、光照和营养物都处在一个相对丰腴的状态，同

---

① 资料来源：http://www.tba.gov.cn/contents/44/14717.html。

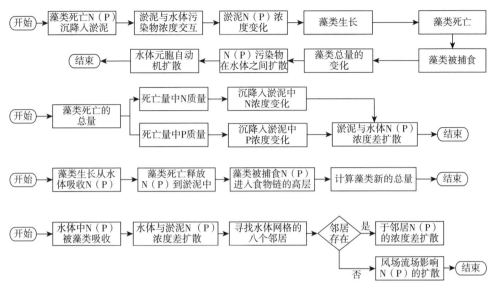

图 6.9　太湖中各主体元素的交互关系

时藻类的集聚使湖泊水体的溶解氧下降，水体自净功能急剧下降，由于溶解氧的下降，其他水生生物的光合作用等能力也开始减弱，进一步地，水体开始发臭，水生生物死亡，湖泊水体的自然生态功能和社会服务功能减弱甚至消退；随着时间进一步推移，藻类由于光照和温度的下降而开始死亡，死亡后的蓝藻通过两种方式释放了其生长时吸收的营养盐，一种是经腐败菌的分解直接将营养盐释放到水体中，另一种是经过沉淀形成碎石并与底部淤泥融合，伺机将营养盐排放到水中。没有死亡的藻类在水体中过冬并在来年环境适宜时又开始生长。

河流水体通过流场将营养物质带入湖泊或带出湖泊。在该过程中，由于环境对污染物的自净作用，社会系统产生的污染物有一部分转化为别的形式，而没有进入湖泊水体。对于河流自净作用和随流程迁移的污染物，在空间上采用水动力方程来表达。其中，河流中营养盐的迁移是在流场的作用下，由各个排污口进入河流或者由径流进入河流。河流的主要作用在于将污染物随着水流而带入湖泊，同时对湖泊的水量起到增加的作用。河流中污染物的自净作用受其进入河流后河流与湖泊之间的物理距离以及河面的宽度、河流的深度、流速等的影响，在不同的排污口或径流进行污染物叠加。

底泥是湖泊底部的水相–泥相界面，其中含有大量丰富的营养盐。对湖泊底泥的研究表明，在风动力和水动力等扰动下，底泥会将其中的营养盐释放到湖泊水体中（秦伯强等，2007），同时湖泊水体中的营养盐会以溶解态或颗粒态的状态溶解或沉淀到底泥中。因此，湖泊底泥与营养盐之间存在双向交互关系，即在一定的水文等自然条件下，湖泊水体中的营养盐会被底泥吸附或解吸，这种双向关系是我们进行相关研究的关键。

湖泊是上述各类主体进行交互的空间，其中水动力为各个主体的交互提供了基本动力。在湖泊中，营养盐随着河流进入湖口以及随排污口汇入水体中，在风场、温度、光照、降水及水动力等自然条件作用下，湖泊水体中各类物理化学以及生物过程共同发生作用。湖泊水体中营养盐的迁移与扩散过程是湖泊系统的核心，其不仅仅是水质的表征参量，也是湖泊中藻类等水生生物的营养源。因此，对湖泊的建模需要从其水动力、营养盐扩散、藻类生长等方面展开。

（2）太湖流域社会系统中主体之间的交互关系。

社会个体或组织间由生产活动形成复杂的智能网络，这些相互联系的智能网络构成了社会系统的结构。结构在一定程度上决定了社会组织或个体的行为，反过来社会组织或个体的行为又在影响着社会系统的结构。同时，社会系统的结构为社会组织或个体间能量、信息和资源的传输、迁移与转化提供了通道，共同为社会系统的效益与发展服务。在湖泊流域，社会系统中异质性主体、交互关系等构成了庞大而且复杂的网络，可以说，所有的主体都可以通过一条途径联系任何社会系统的参与者，而且这个庞大的复杂网络是随着时间、空间的变迁而动态演化的，就像一张天网一样映射到每个主体，如图 6.10 所示。

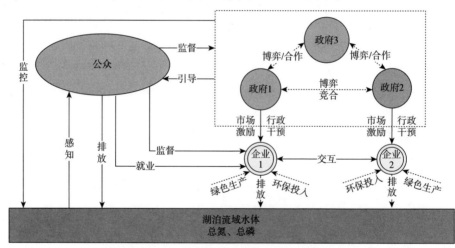

图 6.10 社会系统中各主体之间的交互关系

一般地，太湖流域社会系统的结构中存在以下几类网络：一是由同类主体构成的具有异质性特征的网络，如反映居民与居民之间由于不同的空间、不同亲属关系等构成的居民异质性网络等。对该类网络的研究主要体现在异质性主体的群体动力学上，如居民对太湖流域局部水环境事件的反应最终如何在太湖流域群体居民间进行传播和扩散。二是不同主体由于市场供给和消费、监管和被监管等关系形成的异质性网络，如太湖流域企业之间的供应链网络、政府与企业之间的监管与被监管网络、政府对居民的行为引导与培育所形成的网络等。对该类网络结构的研究需要分析和理解它们之间的复杂交互行为，以及交互时遵循的规则机制等。三是由于空间位置所形成的从属网络，地方政府对本地区企业和居民的管理和协调所形成的具有网络特征的结构，如在太湖流域中，无锡市政府的政策对本地的居民和企业产生的影响即属于该网络研究的范畴。

从不同主体间的交互关系来讲，公众对政府具有监督和反馈作用，表现在湖泊流域，主要是公众对政府决策制定的参与性以及对政府的监督及相关政策的反馈等，以体现政府决策的民主性；政府对企业在进行行政干预的同时，也发挥了对资源的配置的引导作用，如排污权交易等，企业向政府缴纳税收以保障政府日常管理资金的落实，同时企业吸纳就业人口并创造社会财富。

2. 系统间的交互关系

情景分析主要描述三个方面的核心问题：一是要能够对太湖流域系统中自然系统进行交互规律的描述和建模；二是能够对社会系统进行描述和建模；三是对系统中自然-社会系统的交互关系进行描述和建模。它们的功能主要是实现对太湖流域自然-社会系统的建模。下面我们对概念情景中几个关键的问题进行描述。

太湖流域情景中对自然系统的描述来自对太湖流域自然生态系统的抽象和概括，主要包括太湖，太湖流域的河流，太湖中的藻类、底泥、营养盐的输送、迁移与转化，太湖的径流、地下水渗透、排污口，以及一些环境变量，如温度、光照、降水、流场等，其中湖泊和河流的网格化是实现湖泊水体水动力的基础。

太湖流域情景中对社会系统的刻画来自对太湖流域社会系统的抽象和概括，主要是对各类参与主体的环境行为及其交互关系进行描述性建模。社会系统"人"的因素是太湖流域情景的核心和重点，这主要有政府环境行为、企业环境行为及公众环境行为。这些行为产生的背后是一个个异质性主体的行为决策，行为决策又与其主体自身的认知系统和环境客体有关。因此，对社会系统的建模需要从三个层面展开：首先，要能够对每一类主体的自身认知架构进行建模，即要能够充分定义这些主体，包括主体数量、主体空间位置、主体认知属性、主体时间状态迁移、主体决策机制等，并提供灵活和可扩展的属性库；其次，要能够实现对主体交互结构的充分定义功能，主要包括主体结构选择、结构自定义以及结构自适应、自组织等功能，该部分是主体自身认知行为与主体与环境交互后动态产生的；最后，是社会约束规范对以上两个方面的刺激与制约，包括政策、法律、环境等，以约束主体的行为。

太湖流域情景中对自然-社会系统交互关系的描述来自对太湖流域自然-社会双重属性的概括和抽象，即社会客体对自然环境的改善、影响，以及自然环境对社会系统的反馈作用。具体地，对于自然系统，太湖流域系统情景耦耘关注要素之间的相互影响关系，如总氮和总磷等污染物、温度和光照等环境、流场和风场等水文要素是如何影响太湖中污染物的迁移与转化及藻类生长和死亡的，目的是刻画自然系统生命要素的复杂适应特征，其本身的科学性在于对生命要素的生命周期建模。对于社会系统，太湖流域系统情景耕耘关注的是以"人"的活动为中心的污染物的产生系统，即"个体"的异质性特征在太湖流域系统层面所产生的非线性的、动态的不确定行为以及在时空大尺度上的整体动态演化特征与轨迹，如在大群体、广空间及连续时间流上，社会主体的系统整体情景的行为动态演化。

基于以上分析，太湖流域系统情景耕耘环境建模的重点是，将社会系统中个体的社会行为作为设计的主线，以其产生污染物以及污染物的迁移转换为基本流程，将社会系统与自然系统有机地融为一个整体图，见图6.11。

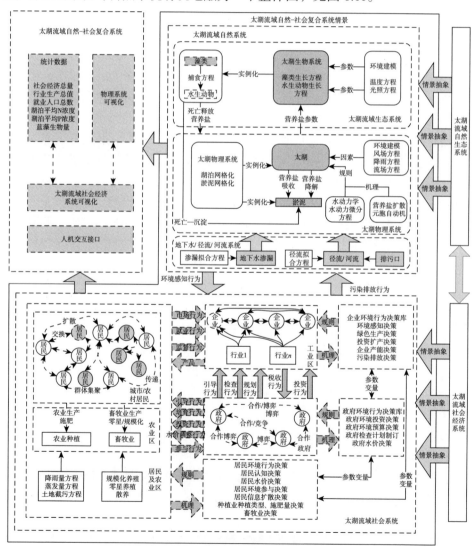

图6.11　太湖流域系统的整体图

6.3　太湖流域治理工程系统建模

在以上分析和设计的基础上，本节主要对湖泊流域自然系统和社会系统的基本属性、结构和交互关系进行机理建模，具体包括自然系统的湖泊、河流、藻类、底泥等自然系统模块，以及政府、企业、居民、农业、畜牧业等社会系统模块；同时构建自然系统和社会系统的数据逻辑关系。本节对社会系统主体详细的设计中，我们将数量关系建模与规则建模、智能学习等相结合，从各类主体的基本认知结构、行为决策机制、交互关系以及社会网络等方面对它们的属性和行为进行刻画。在对自然系统的详细设计中，我们参考了学者们已经发表而且具有一定代表性的文献或者国家权威机构发布的相关规定和文档资料，如藻类生长模型、湖泊扩散等模型。

事实上，湖泊流域系统日趋凸显的系统复杂性决定了对其研究与治理需要提升对系统复杂性的认知，并把握其长期演化趋势。本节从模块设计的角度，详细介绍并设计湖泊流域复合系统"核"情景耕耘平台涉及的各个模块的功能、输入输出数据与算法步骤，为后续情景耕耘平台的实现奠定基础。

6.3.1　自然系统模型

一般湖泊流域的自然系统为主要由一个湖泊、若干条河流（出湖河流和入湖河流）以及其中所含的生物所组成的生态系统。涉及的主体主要有植物、动物、水体和污染物，其主要属性有各个排污口污染物的流入浓度及体积、湖泊的总容积和总面积、实验的网格数目、单位网格容积、单位网格面积、单位网格动植物的初始数量或浓度、单位网格的初始污染物浓度、单位网格淤泥浓度、淤泥与水体的交换系数、污染物的扩散阈值、湖泊月平均风向风速（日、期均可，根据实验需要调整）、风场因子、流场因子、温度拟合函数、光照拟合函数。

自然系统中主体的基本行为主要有动植物的生长、污染物的扩散，而这些行为均包含在一个循环往复的生态系统之中：植物在一定的温度、光照、自身饱和度等因素的共同作用下，吸收水体中的营养元素（根据植物种类的不同吸收不同状态的营养元素，如氮、磷等），动物则通过捕食水体中的浮游植物或浮游动物固定一部分营养元素用以自身生长，水体中动植物的死亡、沉降会释放营养元素到水体和淤泥之中，而淤泥与水体根据一定规则进行营养元素的交换，最终水体中的营养又被植物吸收。水体有至少三条路径流入营养元素：①由排污口、地表径流以及入湖河流流入工业污水、城市生活污水；②农业生产和农村生活污水带来面源污染；③降水。同时至少有两条路径流出：①出湖河流蒸发；②水体中的营养元素根据浓度差、风场、流场等规则进行扩散。

1. 湖泊主流程模型

1）模型介绍

本模型主要介绍湖泊模型主流程，包括湖泊自身的水体扩散模型、湖泊中的藻类生长模型、淤泥的扩散模型、河流的流入流出模型等。模型根据湖泊网格中每个网格上每期的所有状态、由排污口进入湖泊的输入污染物浓度、降水量等影响因子来计算湖泊每个网格当前的状态。

2）符号定义

湖泊主流程相关属性表如表 6.1 所示。

表 6.1　湖泊主流程相关属性表

变量符号中文名称	变量名称	变量说明
网格总数	N	固定
湖泊总体积	V_{lake}	常量
湖泊总面积	S_{lake}	常量
单位网格容积	r_{lake}	常量
单位网格面积	s_{lake}	常量
水体氮浓度	C_N	该网格水体中氮浓度
水体磷浓度	C_P	该网格水体中磷浓度
淤泥氮浓度	MAD_N	该网格淤泥中氮浓度
淤泥磷浓度	MAD_P	该网格淤泥中磷浓度
藻类浓度	B_P	该网格中藻类浓度
河水流入体积	V_0	由河流上游流入的体积

湖泊模块各行为关系图如图 6.12 所示。

3）输入数据

（1）每个 tick 从每个排污口进入湖泊的氮浓度 N_0。

（2）每个 tick 从每个排污口进入湖泊的磷浓度 P_0。

（3）湖泊每个网格的初始水体氮浓度 C_N^1。

（4）湖泊每个网格的初始水体磷浓度 C_P^1。

（5）湖泊每个网格的初始淤泥氮浓度 MAD_N。

（6）湖泊每个网格的初始淤泥磷浓度 MAD_p。

（7）湖泊每个网格的初始藻类浓度 B_P。

（8）湖泊总体积 V_{lake}。

（9）湖泊总面积 S_{lake}。

（10）单位网格容积 r_{lake}。

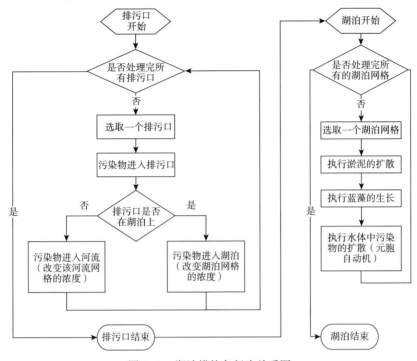

图 6.12　湖泊模块各行为关系图

（11）单位网格面积 s_{lake}。

4）模型算法及流程图

Step1：从数据库中读入每个网格的氮磷浓度、藻类死亡量、藻类现有生物量。

Step2：每个网格的淤泥接收藻类死亡释放的氮磷，并且向水体中释放氮磷；输出氮磷浓度。

Step3：各排污口网格计算氮磷浓度；输出该网格氮磷浓度。

Step4：每个网格按元胞自动机模型进行浓度扩散至均衡；输出氮磷浓度。

Step5：每个网格藻类吸收氮磷并生长、死亡，从而影响水体中的氮磷浓度；输出氮磷浓度、藻类死亡量、藻类现有生物量。

Step6：最后一个网格按其现有浓度 C_N、C_P，加入河水流入体积 V_0，流出相同体积 V_0，流出浓度为

$$C_N = \frac{C_N \times r_{lake}}{r_{lake} + V_0} \tag{6.1}$$

$$C_P = \frac{C_P \times r_{lake}}{r_{lake} + V_0} \tag{6.2}$$

Step7：停止计算。

湖泊主流程图如图 6.13 所示。

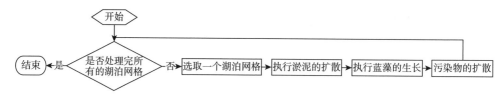

图 6.13 湖泊主流程图

5）输出数据

（1）湖泊网格水体氮浓度 C_N。

（2）湖泊网格水体磷浓度 C_P。

（3）湖泊网格淤泥氮浓度 MAD_N。

（4）湖泊网格淤泥磷浓度 MAD_p。

（5）湖泊网格藻类浓度 B_P。

2. 湖泊中淤泥扩散模型

1）模型功能

模拟水体与淤泥浓度扩散、藻类死亡沉降过程对淤泥中氮、磷浓度产生的影响，得到藻类生长流程图，如图 6.14 所示。

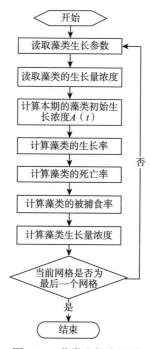

图 6.14 藻类生长流程图

2）符号定义

淤泥扩散模型相关属性表如表 6.2 所示。

表 6.2　淤泥扩散模型相关属性表

变量符号中文名称	变量符号	变量说明
死亡的藻类质量	deadA	
藻类中氮含量	AN_0	
藻类中磷含量	AP_0	
藻类死亡进入淤泥的氮	TNM	
藻类死亡进入淤泥的磷	TPM	
淤泥中氮浓度	MAD_N	
淤泥中磷浓度	MAD_P	
淤泥与水体的交换系数	mad	

3）输入数据

（1）湖泊网格水体中氮浓度。

（2）湖泊网格水体中磷浓度。

（3）湖泊网格淤泥中上一期氮浓度。

（4）湖泊网格淤泥中上一期磷浓度。

（5）藻类死亡沉降质量。

4）模型算法及流程图

Step1：淤泥接收藻类死亡所释放的氮磷为

$$TNM = MAD_N + deadA \times AN_0 \quad (6.3)$$

$$TPM = MAD_P + deadA \times AP_0 \quad (6.4)$$

Step2：淤泥释放到水体中的氮磷为

$$TN = TN + (TNM - TN) \times mad \quad (6.5)$$

$$TP = TP + (TPM - TP) \times mad \quad (6.6)$$

Step3：更新淤泥中的氮磷为

$$MAD_N = MAD_N + deadA \times AN_0 - (TNM - TN) \times mad \quad (6.7)$$

$$MAD_P = MAD_P + deadA \times AP_0 - (TPM - TP) \times mad \quad (6.8)$$

淤泥扩散流程图如图 6.15 所示。

5）输出数据

（1）湖泊网格淤泥中的氮浓度。

（2）湖泊网格淤泥中的磷浓度。

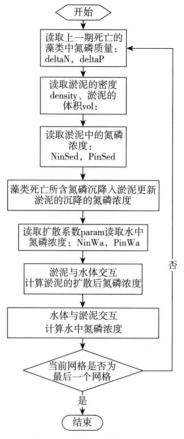

图 6.15　淤泥扩散流程图

3. 出入湖河流模型

1）模型功能

无论是工业排污、农业排污，还是畜牧业排污，都有一部分是通过河流排入湖泊里，因此，对于河流的研究也十分重要。河流污染物的排入方式主要有地表径流、渗透、排污口直接排污等。本模型主要依据物理因素、化学因素、微生物因素的迁移传递，根据河流网格中每个网格上一期的所有状态，以及由排污口进入河流的输入污染物浓度、降水量等影响因子来计算河流每个网格当前的状态，从而实现污染物的扩散和传输。

2）符号定义

河流模型相关属性表如表 6.3 所示。

表 6.3　河流模型相关属性表

变量符号中文名称	变量符号	变量说明
河流网格总数	N	说明分割网格的数目
河流网格水量体积	V	计算浓度的关键量
河流网格氮浓度	C_N	氮在网格中的浓度
河流网格磷浓度	C_P	磷在网格中的浓度
氮的衰减系数	Nattenuation	氮在河水流动过程中浓度衰减率
磷的衰减系数	Pattenuation	磷在河水流动过程中浓度衰减率
河流的输移距离	distance	每个网格代表的距离
河水流速	speed	河流的平均流速
排污口进入的氮质量	M_N	某时间段排污口的排氮量
排污口进入的磷质量	M_P	某时间段排污口的排磷量
排污口进入的污水量	V_{drain}	某时间段排污口的排水量
河流上游水量	V_{up}	由河流上游流下的水量
降水量与地表径流	V_{rain}	降水量以及地表径流流入河流的量
降水等地表径流流入的水质中氮浓度	C_{rainN}	地表径流中的氮浓度
降水等地表径流流入的水质中磷浓度	C_{rainP}	地表径流中的磷浓度
入湖口湖泊网格水体体积	v_{lake}	入湖口网格水体体积
入湖口湖泊网格水体氮浓度	C_{lakeN}	入湖口网格水体氮浓度
入湖口湖泊网格水体磷浓度	C_{lakeP}	入湖口网格水体磷浓度

3）输入数据

（1）每个 tick 从每个排污口进入河流的 N 质量 M_N。

（2）每个 tick 从每个排污口进入河流的 P 质量 M_P。

（3）河流每个网格的初始水体 N 浓度 C_{N0}。

（4）河流每个网格的初始水体 P 浓度 C_{P0}。

（5）入湖口湖泊网格 N 浓度 C_{lakeN0}。

（6）入湖口湖泊网格 P 浓度 C_{lakeP0}。

4）模型算法及流程图

Step1：如果该河流网格上有排污口，则污染物从排污口进入河流网格，改变该网格的污染物浓度，即

$$C_{N1} = \frac{C_{N0} \times V + M_N}{V + V_{drain}} \tag{6.9}$$

$$C_{P1} = \frac{C_{P0} \times V + M_P}{V + V_{drain}} \tag{6.10}$$

否则直接进入 Step2。

Step2：污染物从上一个网格流动到下一个网格，执行污染物在河流网格之间的输移扩散。按照如下的扩散公式：

$$C_{\text{N}} = \frac{C_{\text{N1}} \times V + C_{\text{rainN}} \times V_{\text{rain}}}{V + V_{\text{rain}} + V_{\text{up}}} \times e^{\frac{-\text{Nattenuation} \times \text{distance}}{86\,400 \times \text{speed}}} \quad (6.11)$$

$$C_{\text{P}} = \frac{C_{\text{P1}} \times V + C_{\text{rainP}} \times V_{\text{rain}}}{V + V_{\text{rain}} + V_{\text{up}}} \times e^{\frac{-\text{Pattenuation} \times \text{distance}}{86\,400 \times \text{speed}}} \quad (6.12)$$

Step3：如果当前河流网格为入湖口，则

$$C_{\text{lakeN}} = \frac{C_{\text{lakeN0}} \times v_{\text{lake}} + C_{\text{N}} \times V}{v_{\text{lake}} + V} \quad (6.13)$$

$$C_{\text{lakeP}} = \frac{C_{\text{lakeP0}} \times v_{\text{lake}} + C_{\text{P}} \times V}{v_{\text{lake}} + V} \quad (6.14)$$

河流模型流程图如图 6.16 所示。

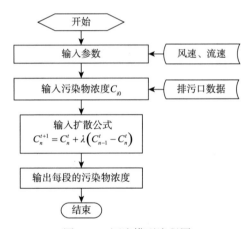

图 6.16　河流模型流程图

5）输出数据

（1）河流网格水体氮浓度。

（2）河流网格水体磷浓度。

（3）入湖口湖泊网格水体氮浓度。

（4）入湖口湖泊网格水体磷浓度。

4. 河流流速模型

1）模型功能

流速模型描述了河流的最基本属性——流速，流速作为最重要的物理因素之一，影响污染物在河流里的迁移。事实上通过流速本身就可以粗略地估计出离排

污口一定距离的网格的污染物浓度。

2）符号定义

流速模型相关属性表如表 6.4 所示。

表 6.4　流速模型相关属性表

变量符号中文名称	变量符号	变量说明
输移距离	x	表示离排污口的距离
衰减系数	$k_{N(P)}$	污染物在河流里的衰减系数
水质浓度	$C_{SN_1(SP_1)}$	上游水质浓度
排污口浓度	$C'_{N0_1(P0_1)}$	排污口处的污染物浓度
流速	U	河流的平流速度

3）输入数据

（1）上游来水量 Q_u，以及上游水质浓度 $C_{SN_1(SP_1)}$。

（2）排污口处水量 Q_a。

（3）衰减系数 $k_{N(P)}$。

4）模型算法及流程图

Step1：确定河流排污口个数，设定为 m 个。

Step2：给出排污口坐标 (x, y)，判定排污口在河流上还是在湖泊上。如果在河流上转 Step3，如果在湖泊上转 Step5，此处只考虑河流的扩散算法。

Step3：从第 1 个排污口开始算浓度，然后再继续寻找。

$$C^t_{Nn(Pn)} = \frac{Q_u C_{SN_1(SP_1)} + Q_a C'_{N0_1(P0_1)}}{Q_u + Q_a} \exp\left(\frac{-k_{N(P)}x}{86\,400U}\right) \qquad (6.15)$$

$$C^t_{N0_1(P0_1)} = C^{t-1}_{N0_1(P0_1)} + \frac{\sum\limits_{j=1}^{m} M^t_{j_{N(P)}}}{\sum\limits_{j=1}^{m} V^t_{j_{N(P)}}} + C^t_{lsN(P)} + C^t_{fN(P)} + C^t_{resN(P)} \qquad (6.16)$$

Step4：当扩散找到最后一个逻辑网格时，记录数据，作为入湖数据。

Step5：执行湖泊扩散算法（见湖泊中淤泥扩散模型）。

河流流速模型流程图如图 6.17 所示。

5）输出数据

（1）氮污染物到入湖口里的污染物的浓度 C_N。

（2）磷污染物到入湖口里的污染物的浓度 C_P。

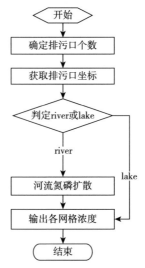

图 6.17　河流流速模型流程图

6.3.2　政府个体行为模型

政府在湖泊流域自然-复合系统中是联系社会系统其他各主体的重要节点。社会系统主要是由政府主体、公众主体、企业主体、农业主体组成的，其需要维持经济发展与环境保护之间的平衡关系。一旦企业等主体的生产行为对湖泊造成的污染触及民众的环保底线，引发民众不满，政府将迅速采取措施，如勒令偷排企业停产整顿。因此，在社会系统中，各大主体的基本行为也是围绕这一平衡展开的。社会系统的属性设置与研究者所构建的模型精密程度有关。政府的基本属性有政府所辖区域、税收总额、就业岗位总数、政府偏好（社会偏好、经济偏好、环境偏好）、城镇低保水平因子、农村低保水平因子等。

政府行为主要有：①检测湖泊污染程度，主要是污染程度的定量判断。②根据湖泊的污染程度制定若干期排污目标规划，根据企业经济、社会贡献，分配排污权。例如，首先根据每个行业的排污量占政府所辖地区总量的比重和经济贡献比重进行加权排名，权重因子的大小主要取决于政府的偏好，如果是经济偏好，则其所含权重因子较大，反之，亦然；其次把行业分配到的排污目标分配给企业，同样要考虑企业所占行业的经济比重和排污比重，如单位排污量带来的就业岗位、税收收入等因素。③对企业偷排行为进行检查，这里的检查除了日常的检查计划外，还包括对部分或全部企业进行的临时检查行为。④制定水价标准，调节企业、公众排污行为。⑤建立污水处理厂，调整农业、农村公众排污行为等。

1. 模型介绍

政府的个体行为包括政府的环境监测行为、预算分配行为及水价调整行为。其中，环境监测行为指的是政府会检测自己所管辖区域的湖泊水质平均氮磷浓度；预算分配行为指的是政府根据自身的偏好分配税收，用来建立污水处理设施和检查企业排污状况；水价调整行为则是指政府根据近几年内水质的变化趋势制定水价的行为。

2. 符号定义

政府自身行为相关属性表如表 6.5 所示。

表 6.5　政府自身行为相关属性表

变量符号中文名称	变量符号	变量说明
氮的水质标准	N_{level}	根据氮的浓度分级的水质标准
磷的水质标准	P_{level}	根据磷的浓度分级的水质标准
第 t 年管辖区域平均氮浓度	ρ_N^t	第 t 年政府管辖区域湖泊网格的平均水质氮浓度
第 t 年管辖区域平均磷浓度	ρ_P^t	第 t 年政府管辖区域湖泊网格的平均水质磷浓度
水价调整系数	P_W	水价相对于去年的调整比例
水价	$waterprice^t$	第 t 年的水价
所管辖区域第 i 个行业第 j 个企业缴纳的税	V_{ij}	政府管辖区域内行业 i 的企业 j 缴纳的税收
政府的总税收	V^t	政府第 t 年的税收
政府的资金分配参数	η_1	政府资金分配参数比例
政府环保资金	B^t	政府第 t 年的环保资金
政府企业排污检测资金	B_1^t	政府第 t 年用于企业排污检查的资金
政府建农村污水处理设施资金	B_2^t	政府第 t 年用于建农村污水处理设施的资金
处理一个人的污水需要的资金	I_n	设施投入/每人
污水处理设施能处理的人数	n^t	第 t 年能处理 n 人产生的污水
氮排污许可的影响系数	α	常量
磷排污许可的影响系数	β	常量
排污许可综合影响参数	w_1	常量
政府所辖区域农村总人数	n_{total}	农村人口总数
第 t 年的氮排污许可	e_{Nlice}^t	第 t 年的氮排污许可
第 t 年的磷排污许可	e_{Plice}^t	第 t 年的磷排污许可
单个农村居民一年磷排放量	e_{Pc}	常量
单个农村居民一年氮排放量	e_{Nc}	常量

3. 输入数据

（1）管辖区域的平均水质氮浓度 ρ_N^t。

（2）管辖区域的平均水质磷浓度 ρ_P^t。

（3）上一年的氮排污许可 e_{Nlice}^{t-1}。

（4）上一年的磷排污许可 e_{Plice}^{t-1}。

4. 模型算法及流程图

Step1：从数据库中读取当前和上一期政府所管辖区域的平均水质氮磷浓度 ρ_N^t、ρ_P^t 和 ρ_N^{t-1}、ρ_P^{t-1}。

Step2：将所读出的数据存入政府状态表的政府监控氮磷值记录中。

Step3：计算氮磷水质浓度比值 $param_N$、$param_P$，然后计算水价调整系数 P_W。

$$\Delta\rho_N = \rho_N^t - \rho_N^{t-1} \tag{6.17}$$

$$\Delta\rho_P = \rho_P^t - \rho_P^{t-1} \tag{6.18}$$

$$param_N = \frac{\Delta\rho_N}{\rho_N^t} \tag{6.19}$$

$$param_P = \frac{\Delta\rho_P}{\rho_P^t} \tag{6.20}$$

$$P_W = \max\left(param_N, param_P\right) \tag{6.21}$$

其中，$\Delta\rho_N$、$\Delta\rho_P$ 指的是今年与去年的平均水质浓度差。

Step4：在数据库中读取去年的水价 $waterprice^{t-1}$。

Step5：计算当前的水价 $waterprice^t$。

$$waterprice^t = waterprice^{t-1} \times P_W \tag{6.22}$$

Step6：计算政府税收，统计政府管辖区域下每个行业中的每个企业在今年所缴纳的税收，累加所得值为政府今年的税收值：

$$V^t = \sum_{i=1}^{n}\sum_{j=1}^{m}V_{ij}^t \tag{6.23}$$

Step7：读取政府的资金分配参数比例 η_1，计算政府的环保资金 B^t。

$$B^t = V^t \times \eta_1 \tag{6.24}$$

Step8：分配政府的环保资金，分为建设排污设施的资金 B_2^t 和企业排污检查的资金 B_1^t。假定检查企业的费用占总费用的比例为 x，则其中检查企业的费用为

$$B_1^t = xB^t \tag{6.25}$$

建农村污水处理设施的费用为

$$B_2^t = \left(1-x\right)B^t = nI_n \tag{6.26}$$

其中，I_n 表示设施投入/每人；预算 B_2' 可处理 n 个农村居民所排污水。x 的计算公式为

$$\frac{x}{1-x} = \frac{\theta_1\left(\alpha e_{\text{Nlice}}^{(\text{year}-1)} + \beta e_{\text{Plice}}^{(\text{year}-1)}\right)}{\alpha\left(n_{\text{total}} - n_1\right)e_{\text{Nc}} + \beta\left(n_{\text{total}} - n_1\right)e_{\text{Pc}} + \omega_1\left(\alpha n_1 e_{\text{Nc}} + \beta n_1 e_{\text{Pc}}\right)} \qquad (6.27)$$

$$x = \frac{\theta_1\left(\alpha e_{\text{Nlice}}^{(\text{year}-1)} + \beta e_{\text{Plice}}^{(\text{year}-1)}\right)}{\alpha\left(n_{\text{total}} - n_1\right)e_{\text{Nc}} + \beta\left(n_{\text{total}} - n_1\right)e_{\text{Pc}} + \omega_1\left(\alpha n_1 e_{\text{Nc}} + \beta n_1 e_{\text{Pc}}\right) + \theta_1\left(\alpha e_{\text{Nlice}}^{(\text{year}-1)} + \beta e_{\text{Plice}}^{(\text{year}-1)}\right)} \qquad (6.28)$$

其中，α、β、θ_1、ω_1 为资金分配参数，是常量，$0 < \omega_1 < 1$；n_{total} 表示政府所辖区域内农村人口总数；n_1 表示之前的投入建的设施已能处理多少人所排污水，且 $n_1 := n_1 + n$。$n_{\text{total}} - n_1 = 0$ 时，不再分配。

政府主体行为流程图如图 6.18 所示。

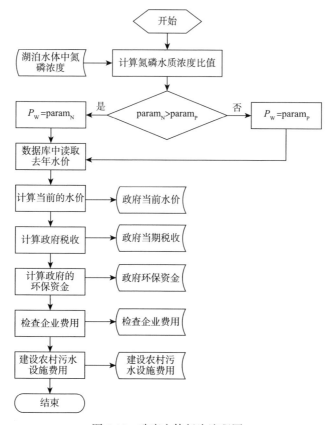

图 6.18　政府主体行为流程图

5. 输出数据

（1）政府当期的水价 waterprice^t。

（2）政府当期的税收 V^t。

（3）政府当期用于建设污水处理设施的资金额度 B_2^t。

（4）政府当期用于企业排污检查的额度 B_1^t。

6.3.3 企业模型

企业一般分属不同的行业类型，而对环境影响最大的主要是制造类企业，因此这里的企业即指制造类企业。社会经济系统日常生产、生活及其他活动所需要的资源大多来自企业的生产，企业通过生产、销售、运输等行为，为经济社会提供其所需要的各种商品和服务。企业在满足社会对商品需求、实现自身收益最大化的同时，也存在着一定的负外部性，即对周围环境产生不利影响。企业需要通过计划、生产、控制等活动，保证企业的生产经营活动顺利进行。本书中，在保证有效刻画企业行为对环境影响的基础上，对企业活动进行适当抽象和简化，以便于模型的实现。此处主要分析企业的年初计划、年中生产与控制以及年末决算。具体如下：①年初计划。在生产周期开始时，企业通过对市场环境的分析，确定企业本年度的销售量，结合企业留存利润和其他可能资金来源，以及政府相关规定，确定出企业新周期内的计划产量，作为周期内生产环节的控制依据。②年中生产与控制。企业日常生产中，产生污水等的排放方式有两种，即超标排放和达标排放，两种方式对环境的影响存在较大差异性。企业通过权衡两种方式的收益和成本最终决定其排放方式，也就决定了对环境影响的大小。③年末决算。生产周期末，企业会对实际产量、利润和纳税额等进行汇总，公布财务报表等信息披露文件，为企业和利益相关者的投资决策提供依据。

一个湖泊流域可以涵盖的企业数目繁多，对它们进行个别演化展示其各自经济起伏变化，会给全局角度的可视化带来不便，所以我们在给定政府的行政区域设立若干工业区，其后在工业区中设置行业，继而在特定行业中设置相应企业属性。工业区基本属性至少应当包括所属政府 ID、排污口 ID、公众人数、所含行业类别、提供就业岗位数、纳税总额、日排污量、日用水量等。行业的基本属性则至少有行业名称、行业平均产品价格、行业平均产品成本、行业平均产能增长率、行业单位污染物初始浓度、行业单位产品治污费、行业单位产品用水量、行业平均技术投入参数、行业初始期产能、行业初始排污系数、行业排污量、行业纳税额、行业就业岗位数等。具体到企业则除上述行业提及的属性外，还有诸如企业扩产投资系数、企业每日罚款额、企业每日治污费、企业每期收益和企业每期被抽查次数、时间的记录等。本模块主要探讨湖泊流域企业主体与湖泊污染有关的行为，主要有：①企业规模决策，是指企业根据政府新的排污许可，结合企业上一周期的盈利水平，做出是否扩大生产的决策，如果选择扩大，还需继续计算投入多少资本进行规模扩大；②企业绿色决策，是指企业投入资本提高企业绿色技术水平以降低产品排污量的决策，此类决策既适用于环境偏好的企业，也适用于当经济偏好型企业扩产投资使排污量大于排污许可的情况；③纳税行为，是指企业每期缴纳税款的行为；④日常排污决策，是指企业通过计算偷排行为的惩罚期望来决定单位时间内是否进行偷排的决策，一旦有合谋行为则被发现概率为 0；⑤日常生产决策，是指企业在每个单位时间内所进行的生产行为的规划，包括偷排行为被政府发现后缴纳罚款或停产的行为。企业各行为关系流程图如图 6.19 所示。

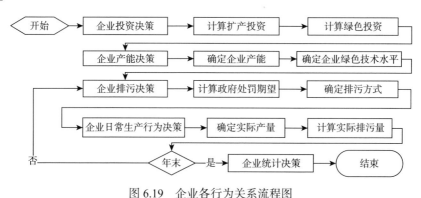

图 6.19　企业各行为关系流程图

1. 企业投资决策行为

1）模型介绍

影响企业投资决策的因素主要有政府颁布的排污许可、企业自身的盈利以及是否停产等。企业每期根据政府给出的下一期排污许可，计算企业决定用于扩大生产规模的投资额和用于绿色生产技术研发的投资额。上述两类投资将决定下期的产能与绿色技术水平，由此可计算出每期的真实产量。以下以 year 代表本期，year−1 代表上一期，year+1 代表下一期。

2）符号定义

企业投资决策行为相关属性表如表 6.6 所示。

表 6.6　企业投资决策行为相关属性表

变量符号中文名称	变量符号	变量说明
产品价格	p_{ij}	行业 i 内企业 j 的产品价格水平
产品成本	c_{ij}	行业 i 内企业 j 的产品生产成本（显性成本）
扩产投资系数	$\mu_{ij}^{(year)}$	企业用于扩大生产规模的投资额
产能	$q_{ij}^{(year)}$	企业允许的最大产出水平
扩产投资成本	$I_{ij}^{(year)}$	企业 j 第 year 期的扩产投入资本
扩产投资总和	$\sum_j I_{ij}^{(year)}$	第 year 期行业 i 中所有企业的扩产投资总和
行业增长率	$\alpha_i^{(year)}$	行业 i 第 year 期的预测增长率水平
氮排污许可	$e_{(Nlice)ij}^{(year)}$	政府确定的企业 j 第 year 期污染物氮的允许排放量
磷排污许可	$e_{(Plice)ij}^{(year)}$	政府确定的企业 j 第 year 期污染物磷的允许排放量
投资总额	$\pi_{(inv)ij}^{(year)}$	企业 j 第 year 期用于投资的资金总额
技术投入	$a_{(N)ij}$	企业 j 对于氮的技术投入系数
排污系数	$\hat{K}_{(N)ij}^{(year)}$	根据氮的排污许可计算得到的企业第 year 期预测排污水平
扩产投资（氮）	$I_{(N)ij}^{(year)}$	根据氮的排污许可计算得到的第 year 期企业绿色生产投资
预测产量（氮）	$\hat{q}_{(N)ij}^{(year)}$	根据氮的排污许可计算得到的第 year 期的产量预测值
绿色生产投资（氮）	$I_{(Nenv)ij}^{(year)}$	根据氮的排污许可计算得到的第 year 期企业绿色生产投资
绿色生产投资	$I_{(env)ij}^{(year)}$	企业 j 第 year 期的绿色生产投资
行业平均增长率	$\bar{\alpha}_i^{(year)}$	企业预测的第 year 期行业平均增长率
行业氮初始浓度	$w_{(N)i}$	行业 i 的氮的初始浓度
单位产品用水量	ω_i	行业 i 生产单位产品的用水量
行业氮平均技术投入	$\bar{a}_{(N)i}$	行业 i 的氮的平均技术投入

3）输入数据

（1）行业平均期增长率 $\bar{\alpha}_i^{(year)}$。

（2）行业氮初始浓度 $w_{(N)i}$。

（3）行业磷初始浓度 $w_{(P)i}$。

（4）行业氮平均技术投入 $\bar{a}_{(N)i}$。

（5）行业磷平均技术投入 $\bar{a}_{(P)i}$。

（6）单位产品用水量 ω_i。

4）模型算法及流程图

Step1：每期企业进行投资决策之前，首先判断上一期是否盈利，即 $\Pi_{ij}^{(\text{year}-1)}$ 是否大于 0。

如果第 year-1 期的盈利 $\Pi_{ij}^{(\text{year}-1)} \leqslant 0$ ，则第 year 期时企业根据政府 year+1 期的排污许可 $e_{(\text{Nlice})ij}^{(\text{year}+1)}$ 、 $e_{(\text{Plice})ij}^{(\text{year}+1)}$ ，计算得到扩产投资额 $I_{ij}^{(\text{year})}=0$ ，绿色投资额 $I_{(\text{env})ij}^{(\text{year})}=0$ ，排污系数 $K_{ij}^{(\text{year}+1)}=(1,1)$ ，停止计算，即不再投入资本用于扩产；如果第 year-1 期的盈利 $\Pi_{ij}^{(\text{year}-1)}>0$ ，则转 Step2。

Step2：如果上期盈利，则根据新的排污许可判断企业是否需要进行产能调整。

第 year 期，企业根据政府 year+1 期的排污许可 $e_{(\text{Nlice})ij}^{(\text{year}+1)}$ 、 $e_{(\text{Plice})ij}^{(\text{year}+1)}$ 与本期的许可排放量 $e_{(\text{Plice})ij}^{(\text{year})}$ 、 $e_{(\text{Nlice})ij}^{(\text{year})}$ （第 year-1 期已知）比较，如果 $e_{(\text{Nlice})ij}^{(\text{year}+1)}=e_{(\text{Nlice})ij}^{(\text{year})}$ ， $e_{(\text{Plice})ij}^{(\text{year}+1)}=e_{(\text{Plice})ij}^{(\text{year})}$ ，且 $\pi_{(\text{inv})ij}^{(\text{year})} \geqslant \pi_{(\text{inv})ij}^{(\text{year}-1)}$ ，则停止计算，且：

$$
\begin{cases}
q_{ij}^{(\text{year}+1)} = q_{ij}^{(\text{year})} \\
I_{ij}^{(\text{year})} = I_{ij}^{(\text{year}-1)} \\
I_{(\text{env})ij}^{(\text{year})} = I_{(\text{env})ij}^{(\text{year}-1)} \\
K_{ij}^{(\text{year}+1)} = K_{ij}^{(\text{year})} \\
\pi_{(\text{inv})ij}^{(\text{year})} = \pi_{(\text{inv})ij}^{(\text{year}-1)}
\end{cases}
\tag{6.29}
$$

否则，转 Step3。

Step3：每期期初确定投资额，调整生产线与排污水平，以满足新的排污许可标准。

根据如下方程组计算出按照 N 的排污许可得到生产计划，其中未知量是 $I_{(\text{N})ij}^{(\text{year})}$ 、 $I_{(\text{Nenv})ij}^{(\text{year})}$ 、 $\hat{q}_{(\text{N})ij}^{(\text{year}+1)}$ 、 $K_{(\text{N})ij}^{(\text{year}+1)}$ ：

$$
\begin{cases}
I_{(\text{N})ij}^{(\text{year})} + I_{(\text{Nenv})ij}^{(\text{year})} = \pi_{(\text{inv})ij}^{(\text{year})} \\
\hat{q}_{(\text{N})ij}^{(\text{year}+1)} = q_{ij}^{(\text{year})} + I_{(\text{N})ij}^{(\text{year})} C \\
1 - \hat{K}_{(\text{N})ij}^{(\text{year}+1)} = \dfrac{\dfrac{I_{(\text{env})ij}^{(\text{year})}}{\sum I_{(\text{env})ij}^{(\text{year}-1)}}}{a_{(\text{N})ij} + \dfrac{I_{(\text{env})ij}^{(\text{year})}}{\sum I_{(\text{env})ij}^{(\text{year}-1)}}} \\
\hat{K}_{(\text{N})ij}^{(\text{year}+1)} \hat{q}_{(\text{N})ij}^{(\text{year}+1)} \omega_i w_{(\text{N})i} = e_{(\text{Nlice})ij}^{(\text{year}+1)}
\end{cases}
\tag{6.30}
$$

其中，第一个等式表示扩产投资额与绿色生产投资额的投资总额的守恒；第二个等式表示假设其他行业扩产投资额维持上年水平不变，该企业产量增加按照本年的扩产投资额分配市场份额得到虚产量计划 $\hat{q}_{(N)ij}^{(year+1)}$；第三个等式表示绿色生产投资额与排污系数之间的关系，$I_{(Nenv)ij}^{(year)}$ 越大，$K_{(N)ij}^{(year+1)}$ 越小；第四个等式则表示生产计划要满足排污许可。方程组的解为

$$
\begin{cases}
\hat{K}_{(N)ij}^{(year+1)} = 1 - \dfrac{q_{ij}^{(year)} + C\pi_{(inv)ij}^{(year)} - E}{a_{(N)ij}GC + \pi_{(inv)ij}^{(year)}C + q_{ij}^{(year)}} \\[3mm]
\hat{q}_{(N)ij}^{(year+1)} = \dfrac{E\left(q_{ij}^{(year)} + a_{(N)i}GC + \pi_{(inv)ij}^{(year)}C\right)}{a_{(N)ij}GC + E} \\[3mm]
I_{(N)ij}^{(year)} = \dfrac{\pi_{(inv)ij}^{(year)}E + a_{(N)i}G\left(E - q_{ij}^{(year)}\right)}{a_{(N)ij}GC + E} \\[3mm]
I_{(Nenv)ij}^{(year)} = \dfrac{a_{(N)i}G\left(q_{ij}^{(year)} + C\pi_{(inv)ij}^{(year)} - E\right)}{a_{(N)ij}GC + E}
\end{cases}
\tag{6.31}
$$

其中，$C = \dfrac{\bar{\alpha}_i^{(year+1)}\sum\limits_{j} q_{ij}^{(year)}}{\sum\limits_{j} I_{ij}^{(year-1)}}$，该式中 $\bar{\alpha}_i^{(year+1)}\sum\limits_{j} q_{ij}^{(year)}$ 表示该企业预测的第 (year+1) 期市场产品的总增加量，$\sum\limits_{i} I_{ij}^{(year-1)}$ 表示该企业认为其所在行业会维持第 (year−1) 期扩产投资总额不变；$G = \sum I_{(env)ij}^{(year-1)}$ 表示该企业认为其所在行业会维持第 (year−1) 期绿色投资总额不变；$E = \dfrac{e_{(Nlice)ij}^{(year+1)}}{\omega_i w_{(N)i}}$ 为计算常量。

Step4：重复上述计算过程，根据磷的排污许可得到 $\hat{K}_{(P)ij}^{(year+1)}$、$\hat{q}_{(P)ij}^{(year+1)}$、$I_{(P)ij}^{(year)}$、$I_{(Penv)ij}^{(year)}$。

Step5：选择绿色生产投资额中较大的一个，使氮、磷排污许可皆可满足要求，即令

$$
I_{(env)ij}^{(year)} = \max\left(I_{(Nenv)ij}^{(year)}, I_{(Penv)ij}^{(year)}\right)
\tag{6.32}
$$

得到绿色生产投资额。

Step6：根据式（6.29）即可解得

$$
I_{ij}^{(year)} = \pi_{(inv)ij}^{(year)} - I_{(env)ij}^{(year)}
\tag{6.33}
$$

得到扩产投资额。

Step7：将 $I_{ij}^{(year)}$、$I_{(env)ij}^{(year)}$ 保存到数据表中，更新数据表。

企业投资决策流程图如图 6.20 所示。

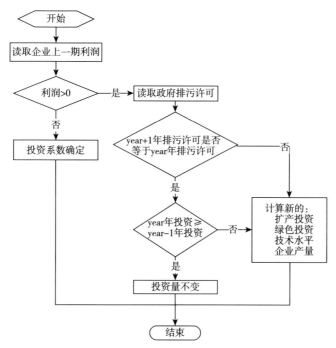

图 6.20　企业投资决策流程图

5）输出数据

（1）企业扩产投资额 $I_{ij}^{(year)}$。

（2）企业绿色投资额 $I_{(env)ij}^{(year)}$。

2. 企业产能决策

1）模型介绍

本模型承继企业每期期初确定扩产投资额与绿色生产投资额，在每期期末进行企业产能决策的做法。之所以在期末进行企业产能决策，是因为期末时才知道该企业所在行业其他企业的真实投资额，该企业通过博弈，求解下一期的真实计划生产量，即下一期的产能。

2）符号定义

企业产能决策模型相关属性表如表 6.7 所示。

表 6.7　企业产能决策模型相关属性表

变量符号中文名称	变量名称	变量说明
产品价格	p_{ij}	行业 i 内企业 j 的产品价格水平
产品成本	c_{ij}	行业 i 内企业 j 的产品生产成本（显性成本）
扩产投资系数	$\mu_{ij}^{(year)}$	企业扩产投资系统
产能	$q_{ij}^{(year)}$	企业允许的最大产出水平
扩产投资成本	$I_{ij}^{(year)}$	企业 j 第 year 期的扩产投入资本
扩产投资总和	$\sum_j I_{ij}^{(year)}$	第 year 期行业 i 中所有企业的扩产投资总和
行业平均期增长率	$\bar{\alpha}_i^{(year)}$	企业预测第 year 期行业平均期增长率
氮排污许可	$e_{(Nlice)ij}^{(year)}$	政府确定的企业 j 第 year 期污染物氮的允许排放量
磷排污许可	$e_{(Plice)ij}^{(year+1)}$	政府确定的企业 j 第 year 期污染物磷的允许排放量
行业产量总和	$\sum_j q_{ij}^{(year)}$	行业 i 第 year 期的产量总和
技术投入系数	$a_{(N)ij}$	企业 j 对于氮的技术投入系数
排污系数	$\hat{K}_{(N)ij}^{(year)}$	根据氮的排污许可计算得到的企业第 year 期预测排污水平
扩产投资（氮）	$I_{(N)ij}^{(year)}$	根据氮的排污许可计算得到的第 year 期企业绿色生产投资
预测产量（氮）	$q_{(N)ij}^{(year+1)}$	根据氮的排污许可计算得到的第 year 期的产量预测值
绿色生产投资（氮）	$I_{(Nenv)ij}^{(year)}$	根据氮的排污许可计算得到的第 year 期企业绿色生产投资
绿色生产投资	$I_{(env)ij}^{(year)}$	企业 j 第 year 期的绿色生产投资
行业氮初始浓度	$w_{(N)i}$	行业 i 的氮的初始浓度
单位产品用水量	ω_i	行业 i 生产单位产品的用水量

3）输入数据

（1）行业平均期增长率 $\bar{\alpha}_i^{(year)}$。

（2）行业 N 初始浓度 $w_{(N)i}$。

（3）行业 P 初始浓度 $w_{(P)i}$。

（4）行业 N 平均技术投入 $a_{(N)ij}$。

（5）行业 P 平均技术投入 $a_{(P)i}$。

（6）单位产品用水量 ω_i。

4）模型算法及流程图

Step1：在数据表中读取第 i 个行业每个企业的投资额 $I_{ij}^{(year)}$、$I_{(env)ij}^{(year)}$。

Step2：计算第 i 个行业的第 j 个企业下期真实产量计划 $q_{ij}^{(year+1)}$，计算公式如下：

$$q_{ij}^{(year+1)} = q_{ij}^{(year)} + \frac{I_{ij}^{(year)}}{\sum_j I_{ij}^{(year)}} \bar{\alpha}_i^{(year+1)} \sum_j q_{ij}^{(year)} \qquad (6.34)$$

Step3：计算第 i 个行业的第 j 个企业下期绿色技术水平，即

$$K_{ij}^{(year+1)}=\left(K_{(N)ij}^{(year+1)},K_{(P)ij}^{(year+1)}\right)=(1,1)-\left(\frac{\dfrac{I_{(env)ij}^{(year)}}{\sum I_{(env)ij}^{(year)}}}{a_{(N)ij}+\dfrac{I_{(env)ij}^{(year)}}{\sum I_{(env)ij}^{(year)}}},\frac{\dfrac{I_{(env)ij}^{(year)}}{\sum I_{(env)ij}^{(year)}}}{a_{(P)ij}+\dfrac{I_{(env)ij}^{(year)}}{\sum I_{(env)ij}^{(year)}}}\right)\qquad(6.35)$$

Step4：根据氮的排污许可计算得到第 $(year+1)$ 期的产量值，也就是求解出满足约束条件的 $q_{(N)ij}^{\prime(year+1)}$：

$$K_{(N)ij}^{(year+1)}q_{(N)ij}^{\prime(year+1)}\omega_{i}w_{(N)i}=e_{(Nlice)ij}^{(year+1)}\qquad(6.36)$$

类似可得 $q_{(P)ij}^{\prime(year+1)}$。

Step5：计算第 $(year+1)$ 期产能，取三者之中最小的一个，以满足排污许可与投资总额，即

$$q_{ij}^{(year+1)}=\min\left\{q_{ij}^{(year+1)},q_{(N)ij}^{\prime(year+1)},q_{(P)ij}^{\prime(year+1)}\right\}\qquad(6.37)$$

Step6：将 $q_{ij}^{(year+1)}$、$K_{ij}^{(year+1)}$ 保存到数据表中，得下一期日产量：

$$q_{ij}^{(tick)}=\frac{q_{ij}^{(year+1)}}{360}\qquad(6.38)$$

企业产能决策流程图如图 6.21 所示。

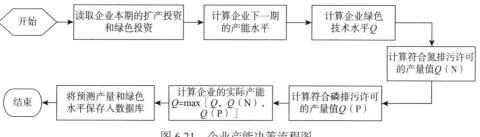

图 6.21　企业产能决策流程图

5）输出数据

（1）企业产能 $q_{ij}^{(year+1)}$。

（2）企业绿色水平 $K_{ij}^{(year+1)}$。

3. 企业排污决策

1）模型介绍

企业的排污决策即确定企业污水的排放方式，企业可依据被政府发现偷排的概率和政府制定的惩罚措施，计算被政府发现偷排时可能的惩罚成本，并且对政

府的惩罚成本和企业进行标准化生产时的治污费用进行权衡,选择使自己的生产排污成本最小的排污方式,即确定企业是否超标排放,进而实现企业收益最大化的目标。

2)符号定义

企业排污决策相关属性表如表 6.8 所示。

表 6.8　企业排污决策相关属性表

变量符号中文名称	变量符号	变量说明
被发现偷排次数	$n_{(cap)ij}$	表示企业被发现偷排的次数
被发现偷排时间	$n_{(cap)ij}^{time}$	表示第 cap 次被发现偷排的时间 time
最近一次检查 tick	$\max(n_{(cap)ij}^{time}[2])$	企业最近一次被政府检查的 tick
评估周期	n_{year}	企业选择的计算被发现概率的周期
被政府检查到的概率	$f_{ij\text{-}cap}(tick)$	行业 i 中企业 j 在 tick 时被政府检查到的概率
产品价格	p_{ij}	行业 i 内企业 j 的产品价格水平
产品成本	c_{ij}	行业 i 内企业 j 的产品生产成本(显性成本)
行业单位治污费用	$c_{(env)i}$	行业 i 的单位治污费用
惩罚期望	$\hat{p}_{(env)ij}$	企业 j 被政府惩罚的期望值
惩罚成本	D_{ij}	企业 j 被政府惩罚的成本
治污费用	$C_{(env)ij}^{(tick)}$	企业 j 在 tick 时的治污费用
排污系数	$\hat{K}_{(N)ij}^{(year)}$	根据 N 的排污许可计算得到的企业第 year 年预测排污水平
日产量	$q_{ij}^{(tick)}$	企业 j 每天的产品产量
预测年产量	$q_{ij}^{(year)}$	企业 j 在第 year 期的预测年产量
行业 N 初始浓度	$w_{(N)i}$	行业 i 的 N 的初始浓度
单位产品用水量	ω_i	行业 i 生产单位产品的用水量

3)输入数据

(1)评估周期 n_{year}。

(2)行业氮初始浓度 $w_{(N)i}$。

(3)行业磷初始浓度 $w_{(P)i}$。

(4)单位产品用水量 ω_i。

4)模型算法及流程图

Step1:在数据表中读取企业被政府检查次数 $n_{(cap)ij}$。如果 $n_{(cap)ij}=1$,则转 Step2。如果 $n_{(cap)ij}>1$,则判断:如果企业被发现偷排两次,则停止偷排行为 180tick;如果企业被发现偷排三次,则停止偷排行为 360tick;以此类推,即企业每次判断不等式(6.39)是否成立。

$$\text{tick} - \max\left(\max\left(n_{(\text{cap})ij}^{\text{time}}[2]\right)\right) \leqslant \left(n_{(\text{cap})ij} - 1\right) \times 180 \qquad (6.39)$$

如果成立，则不偷排，停止计算，输出 $C_{(\text{env})ij}^{(\text{tick})} = c_{(\text{env})i} q_{ij}^{(\text{tick})} \omega_i$、$p_{(\text{env})ij}^{(\text{tick})} = 0$。

如果企业被发现偷排两次，停止偷排行为 180tick 后，第一个 tick 时，把企业被发现次数置为 0，即表示企业遗忘惩罚，开始继续追求额外利润，即判断式（6.40）是否成立。

$$\text{tick} - \max\left(\max\left(n_{(\text{cap})ij}^{\text{time}}[2]\right)\right) = \left(n_{(\text{cap})ij} - 1\right) \times 180 + 1 \qquad (6.40)$$

如果式（6.40）成立，则置 $n_{(\text{cap})ij} = 0$，计算偷排概率 $f_{ij\text{-cap}}(\text{tick})$；如果企业不处在上述两种情况之内，即

$$\text{tick} - \max\left(\max\left(n_{(\text{cap})ij}^{\text{time}}[2]\right)\right) > \left(n_{(\text{cap})ij} - 1\right) \times 180 + 1 \qquad (6.41)$$

则正常计算 $f_{ij\text{-cap}}(\text{tick})$。

Step2：计算企业 j 在 tick 天的惩罚期望函数和治污费用。

（1）惩罚期望函数：

$$\hat{p}_{(\text{env})ij} = f_{ij\text{-cap}}(\text{tick}) D_{ij} \qquad (6.42)$$

（2）治污费用：

$$C_{(\text{env})ij}^{(\text{tick})} = c_{(\text{env})i} q_{ij}^{(\text{tick})} \omega_i \qquad (6.43)$$

Step3：如果 $\hat{p}_{(\text{env})ij} \geqslant C_{(\text{env})ij}^{(\text{tick})}$，则不偷排，输出 $C_{(\text{env})ij}^{(\text{tick})} = c_{(\text{env})i} q_{ij}^{(\text{tick})} \omega_i$；否则，偷排，输出 $C_{(\text{env})ij}^{(\text{tick})} = 0$。

Step4：停止计算。

企业排污决策流程图如图 6.22 所示。

5）输出数据

（1）企业被政府检查概率 $f_{ij\text{-cap}}(\text{tick})$。

（2）企业被惩罚成本 D_{ij}。

（3）企业被惩罚期望 $\hat{p}_{(\text{env})ij}$。

4. 企业日常生产行为决策

1）模型介绍

企业在进行日常生产时需要判断是否处于政府规定的停产周期中，以及从企业偷排时受到政府惩罚的成本和自身治污费用两个方面的比较来决定其日常生产排污策略和行为。

2）符号定义

企业日常生产行为决策模型相关属性表如表 6.9 所示。

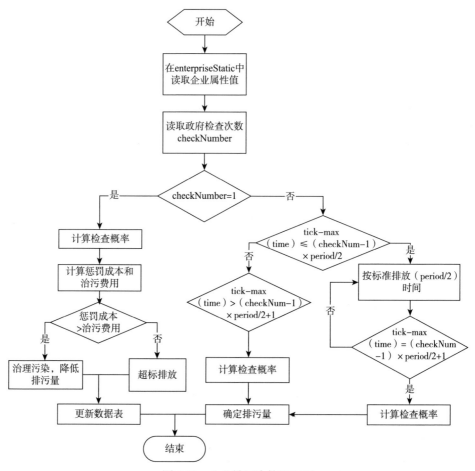

图 6.22 企业排污决策流程图

表 6.9 企业日常生产行为决策模型相关属性表

变量符号中文名称	变量符号	变量说明
日氮排放量	$O_{(N)ij}^{(tick)}$	企业每个 tick 时氮的排放量
日磷排放量	$O_{(P)ij}^{(tick)}$	企业每个 tick 时磷的排放量
行业单位治污费用	$c_{(env)i}$	行业 i 的单位治污费用
罚款额	$p_{(env)ij}^{(tick)}$	企业 j 被政府惩罚时的罚款额
治污费用	$C_{(env)ij}^{(tick)}$	企业 j 在 tick 时的治污费用
排污系数	$\hat{K}_{(N)ij}^{(year)}$	根据氮的排污许可计算得到的企业第 year 期预测排污水平
日产量	$q_{ij}^{(tick)}$	企业 j 每天的产品产量
预测期产量	$q_{ij}^{(year)}$	企业 j 在第 year 期的预测期产量
行业氮初始浓度	$w_{(N)i}$	行业 i 的氮的初始浓度
单位产品用水量	ω_i	行业 i 生产单位产品的用水量

3）输入数据

（1）行业单位治污费用 $c_{(\text{env})i}$。

（2）行业氮初始浓度 $w_{(N)i}$。

（3）行业磷初始浓度 $w_{(P)i}$。

（4）单位产品用水量 ω_i。

4）模型算法及流程图

Step1：判断当前 tick 企业是否处在停产期内，如果不处在停产期，则转 Step2。否则判断：如果当前 tick 的产量 $q_{ij}^{(\text{tick})}=0$，则当前 tick 的治污费 $C_{(\text{env})ij}^{(\text{tick})}=0$；如果当前 tick 的氮排放量 $O_{(N)ij}^{(\text{tick})}=0$，则当前 tick 的磷排放量 $O_{(P)ij}^{(\text{tick})}=0$、罚款额 $p_{(\text{env})ij}^{(\text{tick})}=0$，停止计算，输出 $q_{ij}^{(\text{tick})}$、$C_{(\text{env})ij}^{(\text{tick})}$、$p_{(\text{env})ij}^{(\text{tick})}$、$O_{(N)ij}^{(\text{tick})}$、$O_{(P)ij}^{(\text{tick})}$。

Step2：根据企业偷排决策算法计算是否偷排并实施污染排放行为。

（1）如果企业选择偷排，则判断：如果当前 tick 的产量 $q_{ij}^{(\text{tick})}=\dfrac{q_{ij}^{(\text{year})}}{360}$，则当前 tick 的治污费 $C_{(\text{env})ij}^{(\text{tick})}=0$；如果当前 tick 的氮排放量 $O_{(N)ij}^{(\text{tick})}=q_{ij}^{(\text{tick})}w_i w_{(N)i}$，则当前 tick 的磷排放量 $O_{(P)ij}^{(\text{tick})}=q_{ij}^{(\text{tick})}w_i w_{(P)i}$。

（2）如果企业选择治理污染，不进行偷排行为，则判断：如果当前 tick 的产量 $q_{ij}^{(\text{tick})}=\dfrac{q_{ij}^{(\text{year})}}{360}$，则当前 tick 的治污费 $C_{(\text{env})ij}^{(\text{tick})}=c_{(\text{env})i}q_{ij}^{(\text{tick})}\omega_i$；如果当前 tick 的氮排放量 $O_{(N)ij}^{(\text{tick})}=q_{ij}^{(\text{tick})}w_i w_{(N)i}K_{(N)ij}^{(\text{year})}$，则 $O_{(P)ij}^{(\text{tick})}=q_{ij}^{(\text{tick})}w_i w_{(P)i}K_{(P)ij}^{(\text{year})}$。

Step3：判断 tick 时政府是否对该企业实施了检查。

（1）读取政府此 tick 的检查表，若没有检查，则输出 $p_{(\text{env})ij}^{(\text{tick})}=0$、$q_{ij}^{(\text{tick})}$、$C_{(\text{env})ij}^{(\text{tick})}$、$p_{(\text{env})ij}^{(\text{tick})}$、$O_{(N)ij}^{(\text{tick})}$、$O_{(P)ij}^{(\text{tick})}$。

（2）如果已经检查，则读取企业此 tick 的治污费 $C_{(\text{env})ij}^{(\text{tick})}$，若治污费 $C_{(\text{env})ij}^{(\text{tick})}=0$，则记录前一个 tick 的处罚额 $p_{(\text{env})ij}^{(\text{tick})}=D_{ij}$、被发现的偷排次数、被发现的偷排时间，即

$$n_{(\text{cap})ij}=n_{(\text{cap})ij}+1 \tag{6.44}$$

$$n_{(\text{cap})ij}^{\text{time}}=\left(\text{cap}+1,\text{tick}\right) \tag{6.45}$$

否则，输出 $p_{(\text{env})ij}^{(\text{tick})}=0$、$q_{ij}^{(\text{tick})}$、$C_{(\text{env})ij}^{(\text{tick})}$、$p_{(\text{env})ij}^{(\text{tick})}$、$O_{(N)ij}^{(\text{tick})}$、$O_{(P)ij}^{(\text{tick})}$。

Step3：停止计算。

企业日常生产行为决策流程图如图 6.23 所示。

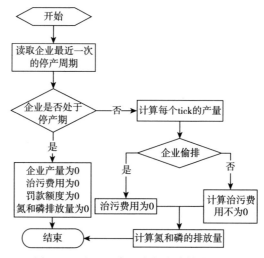

图 6.23　企业日常生产行为决策流程图

5）输出数据

（1）企业治污费用 $C_{(\text{env})ij}^{(\text{tick})}$。

（2）企业当前 tick 的产量 $q_{ij}^{(\text{tick})}$。

（3）企业当前 tick 的罚款额 $P_{(\text{env})ij}^{(\text{tick})}$。

（4）企业当前 tick 的氮排放量 $O_{(\text{N})ij}^{(\text{tick})}$。

（5）企业当前 tick 的磷排放量 $O_{(\text{P})ij}^{(\text{tick})}$。

5. 企业统计决策

1）模型介绍

企业在每期期末时需要对本期的实际生产量、每期产值、每期利润等企业和其他主体关心的指标进行汇总，一方面有利于企业未来每期生产经营和投资决策制定，另一方面有利于政府等其他主体了解企业的生产经营状况以及企业的社会责任的践行情况。

2）符号定义

企业统计决策模型相关属性表如表 6.10 所示。

表 6.10　企业统计决策模型相关属性表

变量符号中文名称	变量符号	变量说明
罚款额	$P_{(\text{env})ij}^{(\text{tick})}$	企业 j 被政府惩罚时的罚款额
行业单位治污费用	$C_{(\text{env})ij}^{(\text{tick})}$	企业 j 在 tick 时的治污费用

续表

变量符号中文名称	变量符号	变量说明
产品价格	P_{ij}	行业 i 内企业 j 的产品价格
产品成本	c_{ij}	行业 i 内企业 j 的产品生产成本（显性成本）
日产量	$q_{ij}^{(tick)}$	企业 j 每天的产品产量
期产值	$\Omega_{ij}^{(year)}$	企业 j 在第 year 期的产值
行业单位产值劳动力投入	$\bar{L}_i$	行业 i 单位产值的劳动力投入数量
单位劳动力调整系数	β_{ij}	行业 i 内企业 j 的单位劳动力调整系数
期收益	$\Pi_{ij}^{(year)}$	企业 j 在第 year 期的期收益
纳税额	$v_{ij}^{(year)}$	企业 j 在第 year 期缴纳的税款额
单位产品用水量	w_i	行业 i 生产单位产品的用水量

3）输入数据

（1）行业单位治污费用 $C_{(env)ij}^{(tick)}$。

（2）行业单位产值劳动力投入 $\bar{L}_i$。

（3）单位劳动力调整系数 β_{ij}。

（4）单位产品用水量 w_i。

（5）企业的适应税率 γ。

4）模型算法及流程图

Step1：在数据表中读取企业每个 tick 的实际产量 $q_{ij}^{(tick)}$，汇总企业实际每期产量 $\sum\limits_{tick} q_{ij}^{(tick)}$。

Step2：计算企业 j 的每期产值，如下：

$$\Omega_{ij}^{(year)} = P_{ij} \sum\limits_{tick} q_{ij}^{(tick)} \tag{6.46}$$

Step3：计算企业的就业贡献，即企业吸纳的就业人数：

$$L_{ij}^{(year)} = \beta_{ij} \bar{L}_i \Omega_{ij}^{(year)} \tag{6.47}$$

Step4：计算企业的每期实际收益 $\Pi_{ij}^{(year)}$，如下：

$$\Pi_{ij}^{(year)} = (1-\gamma)(p_{ij} - c_{ij}) \sum\limits_{tick} q_{ij}^{(tick)} - \sum\limits_{tick} P_{(env)ij}^{(tick)} + \sum\limits_{tick} C_{(env)ij}^{tick} \tag{6.48}$$

Step5：计算企业的每期实际纳税额 $v_{ij}^{(year)}$，如下：

$$v_{ij}^{(year)} = \gamma(p_{ij} - c_{ij}) \sum\limits_{tick} q_{ij}^{(tick)} \tag{6.49}$$

Step6：在数据表中读取企业每个 tick 的实际氮和磷的排放量，汇总期实际氮和磷的排放量。

企业统计决策流程图如图 6.24 所示。

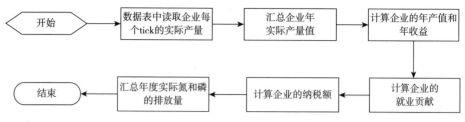

图 6.24　企业统计决策流程图

5）输出数据

（1）企业实际期产量 $\sum_{\text{tick}} q_{ij}^{(\text{tick})}$ 。

（2）企业期产值 $\Omega_{ij}^{(\text{year})}$ 。

（3）企业期收益 $\Pi_{ij}^{(\text{year})}$ 。

（4）企业就业人数 $L_{ij}^{(\text{year})}$ 。

（5）企业期纳税额 $\nu_{ij}^{(\text{year})}$ 。

6.3.4　公众模型

公众在湖泊流域自然–社会复合系统中扮演的角色不仅是每天进行日常产污的污染者，更兼有湖泊水环境、湖泊生态系统保护者的角色。这种特点使公众对于湖泊流域复合系统有着更深层次的作用与影响。这种影响源自于以下几个方面：首先，公众的认知水平。认知过程是公众在复合系统中随着时间演化一种不断学习和调整的过程，认知水平的改变不仅影响到公众自身的产排污量的大小，还能够作用于公众的环保行为（王承璐，1987）。公众的认知水平受到收入水平因子、个体特性（指统计学的属性）、个体认知水平因子、城乡差异、个体异质性因子、介入程度（如距离湖泊的远近程度）、环境敏感度、经济敏感度等因素的影响。公众的认知水平会影响其行为方式，通过行为反馈到整个复合系统。其次，公众的环保行为。随着人们对环境认知水平的不断提高，以及环境问题态势的日益严峻，自 19 世纪 70 年代，环境学家，特别是国外的研究者，开始关注公众在环境行为方面的研究。斯特恩把公众环保行为分为四类：激进的环境行为，包括参与环保组织和示威游行等；公共领域的非激进行为，如为环境问题请愿、支持环保法规等；私人领域环保行为；其他环保行为，如技术人员愿意设计出环境友好型生产技术等。最后，社会舆论影响。在信息全球化和传播技术发展的背景下，舆论环境发生了重要的变化。互联网的出现不仅为信息的传播提供了路径，同时也为公众的舆论表达提供了一个广阔的空间，如新浪微博、人人网。这种舆论环境，使公众意见在不断碰撞后走向统一，公众舆论的意见领袖也由此产生。

本模型在实现时，主要探讨湖泊流域公众与湖泊污染有关的行为，主要有：①对湖泊进行观测。这种观测可以是一种感性的判断，如湖水是否污染严重等，也可以是一种定量的认识，如湖水所处的污染等级、污染物浓度等。②自身的产污行为。产污行为会受外界因素影响而进行自我调节，如湖泊污染程度、政府环境宣传信息、水价调整等。调节的力度取决于公众的收入水平因子、个体异质性因子、经济敏感度、环境敏感度等。③对政府的施压行为，包括抗议、游行等形式。抗议可以看作个体公众的诉求，如电话抗议，这种行为主要与主体的个体异质性因子、环境敏感度等属性有关。个体抗议行为累积到一定数目即会引发群体游行。游行是公众集体意志的反映，除了前面提到的个体公众的因素外，还需考虑周围公众态度对个体的影响，如可以利用预测矫正的方法。公众的基本属性有收入水平因子、所属政府 ID、个体特性（指统计学属性）、收入水平因子、个体认知水平因子、城乡差异、个体异质性因子、介入程度（如距离湖泊的远近程度）、环境敏感度、经济敏感度和公众对自身行为的环境态度等。

1. 公众排污模型

1）模型介绍

影响公众产污量的主要因素有个体异质性、环境敏感度、经济敏感度及环境态度等。本模型利用上述因子作为主要变量构建了公众排污行为的基本模型，以此确定了单位时间（tick）单位公众的排污量。本模型的初始数据来自《第一次全国污染源普查城镇生活源产排污系数手册》，手册中给出了江浙地区公众每天总磷、总氮的产污量。公众最终的排污量是在产污量确定的基础上参照相应的排污系数给出的。

2）符号定义

公众排污行为相关属性表如表 6.11 所示。

表 6.11　公众排污行为相关属性表

变量符号中文名称	变量符号	变量说明
公众总氮产污量	e_c^N	单位公众单位时间内总氮产污量
公众总磷产污量	e_c^P	单位公众单位时间内总磷产污量
个体属性	d_g	依据人口统计学确定公众的个体属性
认知水平	r_l	公众的个体认知水平
介入程度	k_i	距离湖泊的远近程度

变量符号中文名称	变量符号	变量说明
环境污染度	p_e	河流湖泊中污染物的浓度
收入水平因子	k_r	公众在其政府区域内收入的层级
水价	p_w	政府公布的单位水量价格
公众自身行为的环境态度	η	公众根据邻居态度确定的自身环境态度
污水处理系数	ξ	污水设施对公众污染物处理净化能力

3）输入数据

（1）单位公众单位时间内总氮产污量 e_c^N。

（2）单位公众单位时间内总磷产污量 e_c^P。

（3）依据人口统计学确定公众的个体属性 d_g。

（4）介入程度 k_i。

（5）收入水平因子 k_r。

（6）认知水平 r_l。

（7）公众自身行为的环境态度 η。

（8）污水处理系数 ξ。

4）模型算法及流程图

Step1：计算单位公众单位时间的产污量：

$$e_c^{(t+1)} = e_c^{(t)} \left[(s_{env} + s_{eco}) - k_\eta \right] = \max \left\{ e_c^{(t)} \left\{ \left[k \left(k_i \sqrt{p_e} + k_r \sqrt{p_w} \right) \right] - k_\eta \right\}, \Omega \right\} \quad (6.50)$$

其中，$e_c^{(1)} = \overline{e}_c$，$\overline{e}_c$ 为政府的初始统计值，由资料手册给出；$\Omega = \dfrac{\overline{e}_c}{2}$ 表示公众产污量统计值的一半；环境态度系数 k_η，表达的是态度对产污量影响程度的系数，我们有 $k_\eta = \phi \eta_i$，η_i 为公众自身态度，默认 $\phi = 0.1$。

Step2：计算单位公众单位时间的排污量：

$$e_P^{(t)} = \xi e_c^{(t)} \quad (6.51)$$

其中，P 为排出的污染总量；ξ 为污水处理系数，$\xi \in [0,1]$，其取值与公众类别有关，如果是公众处在城镇，生活污水大多经过处理之后排放，故默认 $\xi = 0.8$，如果公众处在农村，则其排污量与政府创办污水处理站的力度广度有关，故令其服从政府的预算分配，即 $\xi = w_1$。停止计算。

公众排污行为流程图如图 6.25 所示。

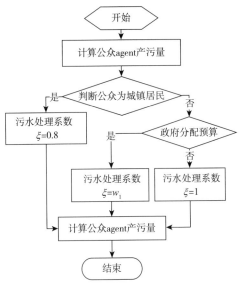

图 6.25　公众排污行为流程图

5）输出数据

单位时间单位公众的排污量 $e_p^{(t)}$。

2. 公众认知模型

1）模型介绍

公众认知和决策模型表达的是公众对政府宣传信息的认知过程，以及经过认知后公众自身认知水平和态度变化的值。公众的认知水平受收入水平因子、个体特性（指统计学的属性）、个体认知水平因子、城乡差异、个体异质性因子、介入程度（如与湖泊的远近程度）、环境敏感度、经济敏感度等因素的影响。

2）符号定义

公众认知行为相关属性表如表 6.12 所示。

表 6.12　公众认知行为相关属性表

变量符号中文名称	变量符号	变量说明
介入程度	k_i	距离湖泊的远近程度
个体属性	d_g	依据人口统计学确定公众个体属性
个体认知水平	r_1	公众的个体认知水平
影响人数系数	ε_t	政府信息宣传能够影响的公众比例
公众处理可能性系数	ω	监听到政府宣传信息的公众对信息处理的概率
公众判断邻居水平误差	ε_i	公众根据自身能力解读邻居态度水平的误差

续表

变量符号中文名称	变量符号	变量说明
认知水平变化量	ψ	由于各影响因素的变化导致的公众认知水平变化量
公众自身行为的环境态度	η	公众根据邻居态度确定的自身环境态度

3）输入数据

（1）影响人数系数 ε_t。

（2）公众处理可能性系数 ω。

（3）公众判断邻居水平误差 ε_i。

（4）依据人口统计学确定公众的个体属性 d_g。

（5）介入程度 k_i。

（6）收入水平因子 k_r。

（7）认知水平 r_l。

（8）公众自身行为的环境态度 η。

（9）认知水平变化量 ψ。

4）模型算法及流程图

Step1：公众监听政府信息，当存在一个信息时，系统产生一个随机的概率 ε_t，由影响人数系数 ε_t 确定信息影响的公众人数，对其处理，其中 ε_t 服从正态分布，$\varepsilon_t \sim (u, \sigma^2)$。当 $\varepsilon_t > 1$ 时，$\varepsilon_t = \min\{1, \varepsilon_t\}$；当 $\varepsilon_t < 0$ 时，$\varepsilon_t = \max\{\varepsilon_t, 0\}$。

Step2：计算临时态度 $m^{(t+1)}$：

$$m^{(t+1)} = \eta^{(t)} + \omega k_i \sqrt{k} \tag{6.52}$$

Step3：公众根据邻居的态度情况调整自身态度，计算公众及其邻居的平均态度：

$$\eta_i^{(t+1)} = m_i^{(t+1)} + \zeta \left(\frac{\varepsilon_i}{n} \sum_{i=1}^{n} m_i^{(t+1)} - m_i^{(t+1)} \right) \tag{6.53}$$

Step4：公众每个 tick 的认知水平与上期有关，它们之间的关系是

$$r_l^{(t+1)} = r_l^{(t)} + \psi \tag{6.54}$$

Step5：停止计算。

公共认知行为流程图如图 6.26 所示。

图 6.26 公众认知行为流程图

5）输出数据

（1）公众对自身行为的环境态度 $\eta_i^{(t+1)}$。

（2）个体认知水平 $r_i^{(t+1)}$。

6.3.5 数据设计

1. 河流排污口

河流排污口数据关系如图 6.27 所示，其中包括河流与排污口的静态属性与动态记录的数据。河流的静态表（riverstatic）中记录的是河流的静态基本属性，其中包括河流编号、河流坐标、流速、初始氮磷含量等；河流动态表（riverdynamic）与静态表中河流编号对应，记录每个 tick 值的氮磷浓度。排污口位于河流上，故关联河流的静态属性，确定排污口属于哪条河流，由排污口的静态表（drainoutletstatic）记录，而由排污口的动态表记录每个 tick 值对应的氮磷污染物的变化。

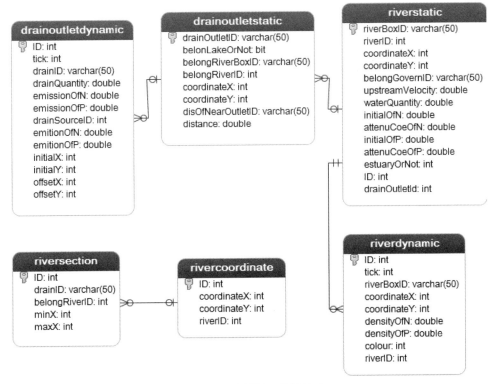

图 6.27　河流排污口数据关系

2. 湖泊属性模块

湖泊属性数据关系如图 6.28 所示，其中包括湖泊静态属性和动态属性。湖泊的静态属性表（lakestatic）存储的是湖泊的基本属性，一旦设置好这些属性，在任何实验运行过程中都不会发生变化。湖泊动态属性数据（lakesituation）是指在存储实验运行过程中的动态数据，其他的几个关系表主要存储一些统计数据等。

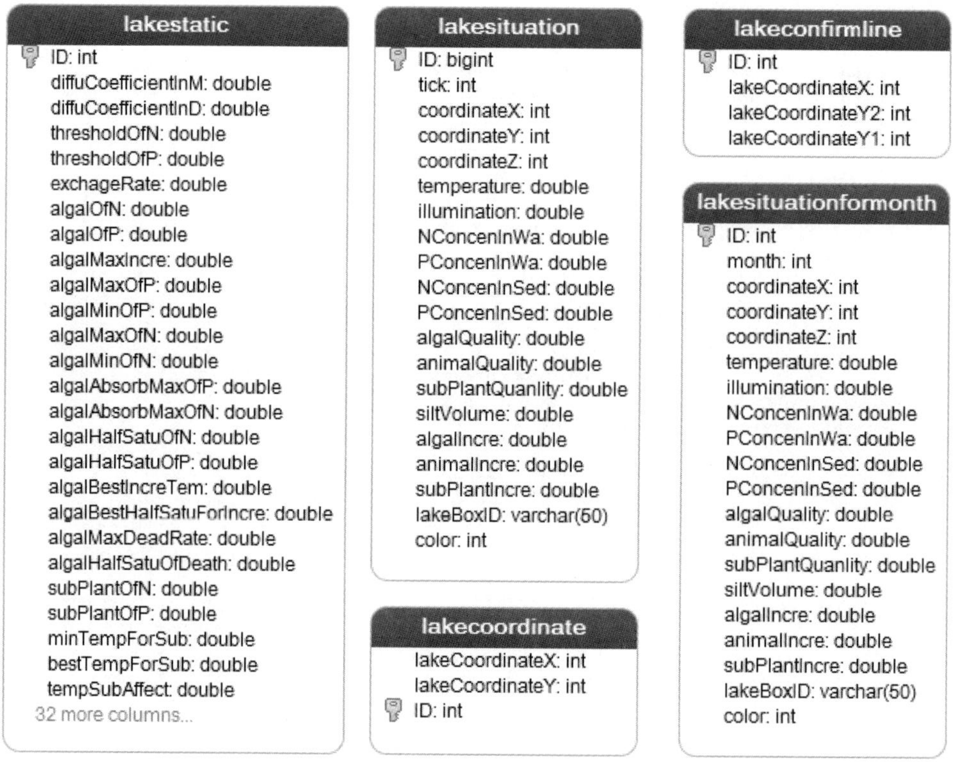

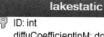

図 6.28　湖泊属性数据关系

3. 政府属性模块

政府主体数据关系如图 6.29 所示，包括政府的静态基本属性以及需要每期记录的动态属性。由政府的静态表（governmentstatic）记录政府的基本属性，包括政府编号、政府规划年限、单次检查数据的成本等。与之关联的是政府的动态行为的各张数据表：政府动态表（governmentdynamic）记录政府每个 tick 的当地区域的情况、排污量的调整量等；政府检查表（governmentcheckschedule）记录检查年限；政府许可排放表（governpollutepermission）记录每年企业的调整量；等等。

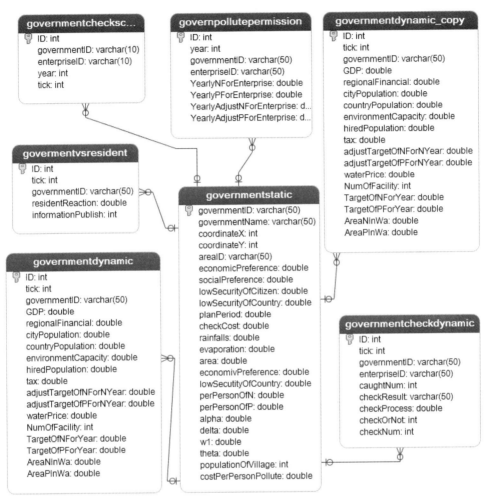

图 6.29　政府主体数据关系

4. 企业属性模块

企业数据关系如图 6.30 所示，包括企业的基本静态属性，以及需要每期记录的动态数据。由工业区属性表（industryareaproperties）记录该区域的编号、企业数与人口数等基本信息；行业属性表（industryproperties）记录行业编号与行业名称以及对应的行业特征信息，包括行业增长率、行业氮磷排放情况等；对应行业与工业区的统计数据统计，其中包括工业区每 tick 的统计表（industryareastatistic）、工业区每年统计表（industryareastatisticforyear）、行业每 tick 统计表（industrystatistic-forday）；企业需要在静态表（enterprisestatic）中表明所属工业区与行业类型，以及特征属性，如产品价格、生产量等；与之对应的是企业动态表（enterprisedynamic），记录每个 tick 企业的动态数据，包括利润、企业产值、就业人数等信息。另外还包括企业每期排污选择表（enterprisepollutionselect）与企业排污费表（enterprise-pollutionfee）。

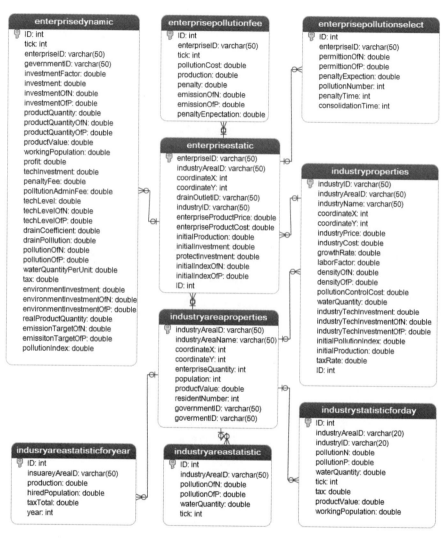

图 6.30　企业数据关系

5. 居民属性模块

居民的基本属性记录在居民静态表（residentstatic）中，包括居民收入、是否低保等；对应的是记录居民每期动态属性的居民动态表（residentdynamic），包括环境态度、污染情况、环境敏感度等动态变化的属性，如图 6.31 所示。

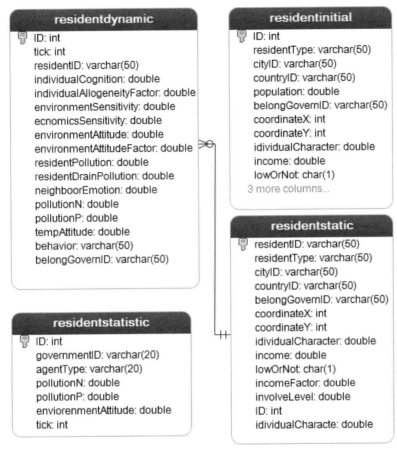

图 6.31　居民属性数据关系

6.3.6　太湖流域复合系统研究情景耕耘平台的设计与实现

为了更好地对太湖流域自然-社会复合系统进行研究，本小节在湖泊流域复合系统"核"情景耕耘平台提供的架构的基础上，将太湖流域个性化的特征进行分析、定义和设计，实现 Taihu-CEP。其中太湖流域社会系统设计按照前面几节的设计要求，根据太湖流域的社会建制添加社会系统的数据。

社会系统的添加需要实现两个方面的主要内容：一方面是将社会系统中的元素添加到实验区，系统社会属性的管理、查询、删除和修改等，即社会系统元素空间位置的添加、删除等；另一方面是社会系统空间位置确定，通过实验者点击需要添加社会系统元素的空间位置（通过坐标确定）实现在 Taihu-CEP 中添加社会系统元素，如图 6.32 所示。实验者可以选择添加农业区、城市、政府、工业区等。同时实验者还可以对添加的社会系统要素进行删除等操作。

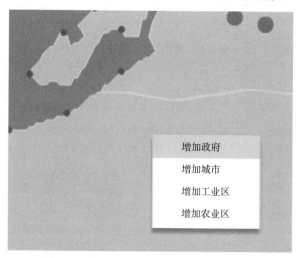

图 6.32　社会系统的空间位置选择和添加

社会系统主体属性的添加和修改通过点击其所在的城市、工业区来确定。工业区社会属性添加如图 6.33 所示，在工业区中可以添加该工业区的行业、企业及居民。工业区、行业、企业、居民等主体元素的社会属性按照图 6.34~图 6.37 进行添加，其他的社会系统元素的设计和实现思路同工业区。

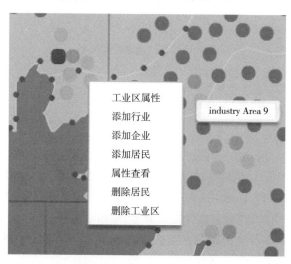

图 6.33　工业区社会属性添加

图 6.34　工业区的社会属性添加

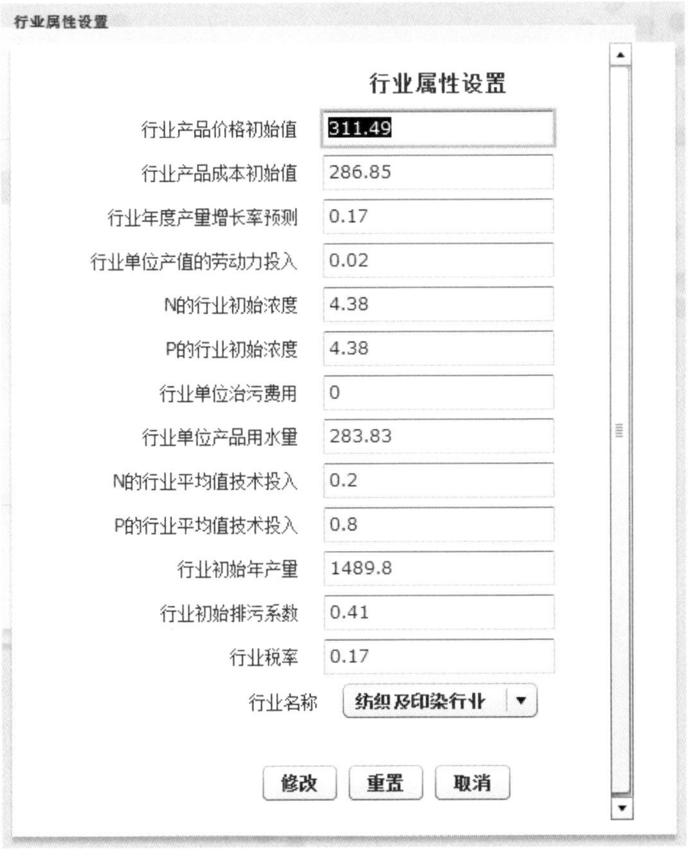

图 6.35　行业的社会属性添加

图 6.36　企业的社会属性添加

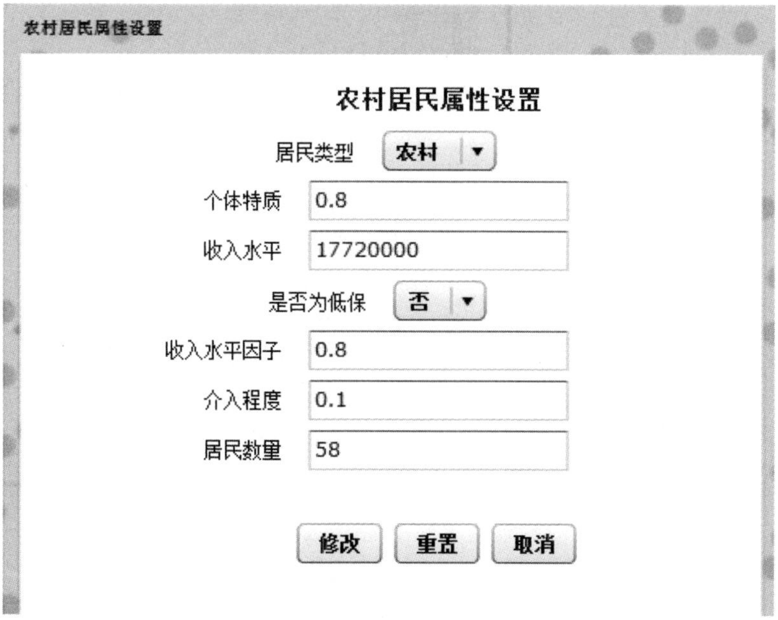

图 6.37　居民的社会属性添加

添加完社会系统的太湖流域自然–社会复合系统人工系统如图 6.38 所示。

图 6.38　Taihu-CEP 运行界面

6.4　太湖流域治理工程鲁棒决策研究

6.4.1　模型校验

将本章构建的太湖流域人工复合系统和真实太湖流域历史情景进行比对研究，能够对模型的有效性和准确性进行校验和确认。从前面的分析中可以得到，太湖流域自然-社会复合系统是一个典型的"开放复杂巨系统"，对这样的复杂系统进行建模并实现对太湖流域复合系统的研究，必须确保其准确性和可信性。具体来说，对复杂系统正确性校验和确认包括两个方面的内容（王子才等，1999）：一方面是模型情景构建是否有效，即检验其是否建立了准确的模型，以及模型能够在多大程度上真实地反映太湖流域的情况；另一方面是人工系统是否按照复杂系统的需求和功能目标来实现。

运用情景耕耘方法对太湖流域自然-社会复合系统进行研究，其复杂性主要体现在以人为中心的社会系统和以污染物为核心的太湖水环境方面。因此，这类复杂系统的复杂程度不是自然系统和社会系统简单的叠加和组合。另外，具有自组织、自适应等特征的"人"以及社会组织的行为使得这一复合系统表现出随机性、动态性及非线性等特征。因此，需要借助系统的方法论指导、合理的复合系统模型构建、复合系统模型在计算机软件的有效实现以及模型数据的合理性进行。

系统的方法论。系统的方法论指导主要指的是对校验时的方法、技术进行选择，如是否能够实现实验的自主控制和人机对话相结合。

构建合理的复合系统模型。合理的复合系统模型是指构建的关于太湖流域自然系统、社会系统的模型能够反映真实太湖流域自然-社会复合系统的运行机制，即对太湖流域真实复合系统的运行机理能全面地进行模型构建，如对非结构化的现实情景的结构化处理不能损失其本质的信息。

复合系统模型计算机软件实现的有效性。实现的有效性是指在计算机软件平台实现过程中，是否遵循了软件工程的一般原理，是否进行系统的测试和纠错，是否对构建的复合系统模型全面、正确地进行实现。

模型数据的合理性。模型数据的合理性是指在计算机软件平台运行的数据是否能够合理、准确地反映现实太湖流域自然系统、社会系统中的各种信息以及信息流，如太湖流域各级管理机构所监测或统计到的数据信息是否能够反映真实情景等。

以上述思想为指导，本实验以水利部太湖流域管理局发布的实测数据为参考点，对实验结果进行比对，以考察该平台是否能够有效地模拟真实系统。我们多次调整参数、运行程序并审慎地选取了系统运行 1 年中部分月份的结果与水利部太湖流域管理局发布的太湖实测值相比对，比对的结果如图 6.39 所示。

具体地，我们选取了 2 月、5 月、7 月和 9 月的系统运行图与水利部太湖流域管理局发布的相同月份的水质图相比对。比对的结果发现，这几个月的太湖水质情况至少在两个方面具有一定程度上的一致性。第一，太湖水质分布在宏观结构上具有一致性。从图 6.39 可以看出，选取的 4 个月中，不管是第几类水质，它们在太湖中区域分布大体上基本一致。第二，各类水质所占太湖区域的面积也基本一致，其中 2 月和 9 月略有出入。

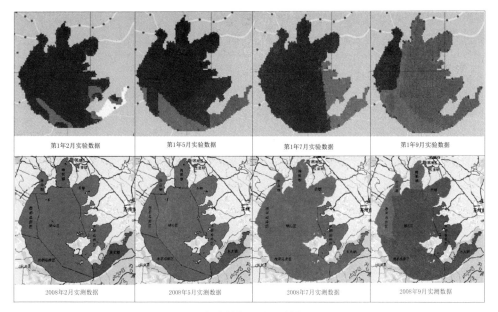

图 6.39　实验数据和实测数据对比图

　　在实验过程中，我们遵循情景耕耘研究的一般范式，在系统采集数据及情景挖掘的基础上，将情景分析、情景构建和情景实现完整地结合起来，多次实验并耕耘出了多束太湖流域复合系统情景。对该过程的深层次理解使我们获得了很多启示，具体有以下几个方面。

　　（1）尊重进行情景耕耘研究的每一束实验结果。

　　情景耕耘方法能够在情景分析与挖掘、情景建模与实现以及情景耕耘的研究核心框架下，实现对太湖流域复合系统整体情景的动态演化研究。然而，由于实验的情景构建可能不同，实验的结果应是多束情景，即使相同的实验情景，也会演化出不同的实验结果，即进行实验研究的每一次结果可能是不同的也可能是相同的，但是每一束实验的结果都是复合系统可能的演化结果，这是因为，即使是真实的复合系统，人们的自组织、自适应等特征所导致的在不同层面上的涌现现象都可能存在着多种路径、多种结果，这一方面体现了复合系统中参与主体的异质性特征对复合系统整体的影响，另一方面也体现了复合系统内部要素的多样性和动态性。这里需要指出的是，计算机仿真重点关注的是用计算机仿真系统对某一现实系统的尽可能逼近，即能在较高程度上逼真地对现实系统进行模拟是计算机仿真追求的目标。但是，情景耕耘重点关注的是用计算机系统再现现实系统的不同演化路径、不同演化趋势及不同演化情景。从这个意义上看，情景耕耘需要对初始数据的敏感、对系统体系的自组织和适应性等异质性特征以及对主体与环境的交互行为敏感等，因此，不同的初始参数或相同的初始参数都可能会演化出不同的结果。我们需要尊重情景耕耘的每一束演化情景、每一束演化轨迹和每一束演化结果。每一个演化的情景、轨迹及结果都是复合系统的一个"可能"，也可能是由于某些人为干预的"下一个"结果。我们不能轻易地否定它们，否定它们就是否定了世界的多样性、动态性及非线性等特征。

（2）基于情景耕耘的研究结果在多大程度上能够被信任。

我们在尊重每一个情景耕耘研究结果的同时，自然要问这些结果能够在多大程度上为我们提供"回放"和"再现"复合系统"昨天"的真实情景。从实验过程中我们也发现，至少在现在的认知水平和计算机、湖沼学、环境科学及经济管理等科学现有的知识体系下，要完全"回放"和"再现"复合系统"昨天"的真实情景是非常困难的事情。情景耕耘主要是用来寻求对个体社会行为的理解以及这些个体的交互行为如何在宏观层面产生涌现现象，因此，情景耕耘的核心是一个具有层次性的系统模型，只是真实复杂世界的一个简化。虽然我们在设计时已经充分地考虑了情景耕耘研究的构建目的，并在情景构建的时候对真实的数据进行采集、分析和挖掘，但是任何一个模型都是对现实世界的一个抽象，抽象必然会损失一些非关键因素，抽象的程度越高，损失的信息越多。要使损失的信息少，则需要新的更多的规则和新的公式来解释和理解这些信息，这增加了情景耕耘模型中的结果或因变量，使模型变得更加复杂。但是不管如何处理，实践经验告诉我们，模拟真实世界的模型不一定要很复杂，只要能够解决我们关注的问题并保证一定程度的逼真度即可。从本实验的结果来看，我们所进行的多次实验中，确有实验结果比较好地再现了现实系统的"昨天"，如图 6.39 所示。

（3）基于情景耕耘研究，理解现实世界社会个体行为的多样性。

在进行实验的过程中，我们对不同主体微观的认知结构和中观的交互行为进行良好且严格的定义，确定了这些认知过程和交互行为产生的诱发条件和触发规则，如政府主体具有较高程度的智能性，能够根据企业的历史排放、企业及其所处行业的社会贡献、太湖流域自然系统环境的历史和当前状况做出适应性的排污许可规划。在本实验中我们发现，尽管政府主体的行为被严格定义，在长期的系统演化过程中，由于系统中迭代次数的不断增加和"内循环"的不断加深，这类主体会适应性地构建自己的背景数据和知识储备库，并根据这些数据和知识储备来塑造自己的行为，因此他们的行为充满了不确定性和多样性。这样的不确定性对系统的贡献很难验证，至少缺少数据、模型和系统等各个层面的验证技术，即使在人机交互环境下，也无法有效地对其规制。本实验的启示在于，从社会个体的认知情感、个体组织行为及社会系统涌现的角度对太湖流域复合系统进行的情景耕耘研究，为我们理解现实世界社会个体行为及行为多样性形成的内部驱动机制、不同行为规则的积累效应，以及行为规则的细微变化在何种程度上会影响复合系统整体情景有很大的启发意义，同时更重要的是，对我们理解真实社会系统中具有简单行为的个体如何在宏观层面上产生那些让我们"耳目一新"的结果有很大的意义，如对企业的排污进行管理，最重要的不是企业的平均排污水平，而是那些可能经常偷排的企业。

6.4.2　太湖流域治理工程策略分析

1. 政府不同偏好对太湖复合系统动态演化影响的实验分析

该实验的结果如图 6.40 所示。从图 6.40 中可以看出，从劣 V 类水所在太湖区域的结构、面积比较来看，当政府的经济偏好占主导时（情景 3），太湖水体的水质在 2 月、5 月及 7 月 90%以上是劣 V 类水，而社会偏好占主导时（情景 1），从 7 月的水质可以看出，太湖水质有了很大转变。当政府的社会偏好和经济偏好基本相同时（情景 2），太湖水体水质基本上处在情景 1 和情景 3 之间。

从纵向看，不管是哪种情景，太湖水体的水质在 7 月时最差，而 11 月时最好，且基本上介于 II 类和 III 类水质之间。这是因为，在秋冬季节，太湖流域的农业生产和降水等因素对太湖水体的影响效力逐渐减弱，同时由于夏季（7 月、8 月、9 月等月）太湖水体中各类水生生物等对营养物质的大量代谢、降水带来的入湖水量的急剧增加，一方面各类水生生物消耗了大量的氮磷等营养物质，另一方面随着入湖水量的增加对太湖水体中氮磷等营养物质浓度进行了大量的稀释等。

2. 政府面源和点源管理对系统整体情景演化的实验分析

1）面源污染对太湖水质的影响

图 6.41 是实验运行到第 1 年 7 月的时候湖泊的状态和水体中的总氮浓度变化。从图 6.41 的变化可以看出，前 6 个月内显示为黑色的 VI 类水范围逐渐扩大，即湖水中氮的浓度不断提高直至 7 月初，主要原因是太湖一般在 6 月进入汛期，而根据历年降水量数据分析，环太湖区域汛期降水量和水位存在着"隔月相关"的关系（陆莉等，2000）。6 月氮的浓度达到最高值，在进入 7 月以后开始下降。随着降水量的增加，虽然排入湖泊的 TN、TP 总量增加，但排入的淡水量同样也会随之增加，并且水体的交换速度也增加，而且这个时期的气温比较适宜藻类生长，其生长过程中会吸收很多的氮、磷，所以湖泊中氮浓度就会减少，水质得到改善，在实验中体现的就是图 6.41 中的 VI 类水（黑色）的范围不断缩小。

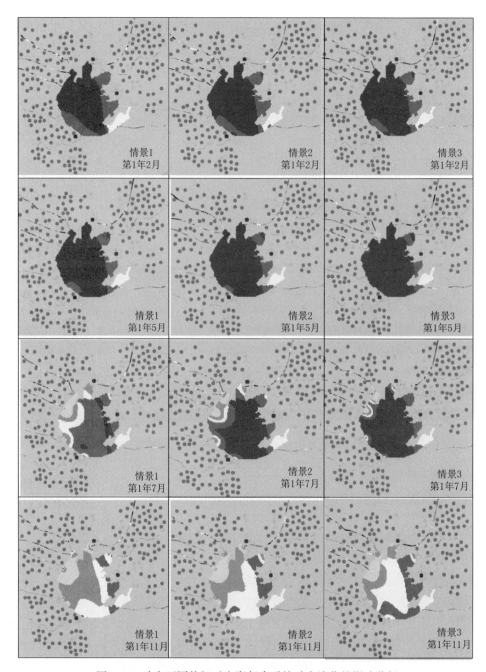

图 6.40　政府不同偏好对太湖复合系统动态演化的影响分析

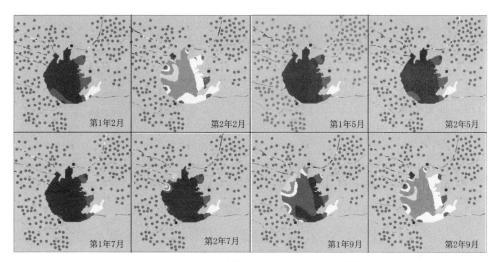

图 6.41　政府宽松政策下面源污染对太湖的影响

由此可见，短期内，雨水冲刷及径流作用，对农区中 TP、TN 排量有正效应，即一定程度上增加了注入湖泊中的总量；长期来看，降水量的增加会增加湖泊淡水的注入，增加湖水的流速，加快湖泊中 TN、TP 的排放，起到稀释 TN、TP 浓度的作用。

第 2 年 2 月，只有很少一部分Ⅵ类水在排污口附近，其他区域的水质已经变得较好。同时在氮浓度达到最低值以后，到第 2 年 5 月，氮的浓度逐渐变大，主要原因是，一方面，降水量增加，而农业继续进行化肥的施用，化肥随着地表径流及雨水冲刷作用不断排入湖泊；另一方面，藻类减少，吸收的氮、磷变少，同时藻类的死亡、分解过程也会释放出大量的氮、磷，最终导致湖泊中的氮浓度呈向上增加的趋势。

由实验可以看出，只要排污水平在湖泊可容范围之内，一定周期以后，通过太湖系统本身具备的自我净化功能，太湖系统的水质是可以得到改善的。由于初始数据是以 2007 年底综合数据为基准，所以氮浓度相对较高；从第 2 年开始其排污量均是以上一年的农业排污量为基准，所以会有相对较大的降幅，并且呈现一定的周期规律；由于目前仅考虑农业排污的情况，且湖泊本身具备一定的净化功能，氮含量的最低值及最高值会形成一个逐期降低的趋势。为简化系统模型，便于分析湖泊变化，目前只考虑了氮含量的影响，其他因素的影响暂未考虑，至于其他因素是否会影响整个湖泊污染情况的变化趋势，有待进一步研究。

2）点源污染对太湖水质的影响

由于企业对政府管制的敏感性很强，其在学习 1 个月后即会根据自己的知识储备和感知到的政府管制信息进行日常排污决策。因此，本实验选择 1 年期（360

个运行 tick）为时间跨度进行分析。政府宽松政策下点源污染对太湖的影响如图 6.42 所示。

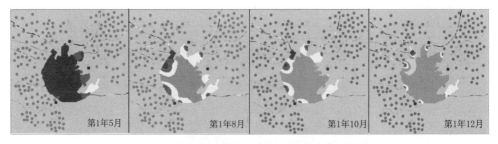

图 6.42　政府宽松政策下点源污染对太湖的影响

从图 6.42 中我们可以发现，由于太湖氮的初始浓度选择，在第 1 年 5 月，太湖水质处于劣 V 类水水平，但随着夏季的到来，太湖流域气候发生了变化，温度升高、光照增强的同时水体中的水生生物代谢增加，因此太湖中的营养元素在 8 月以后逐渐减少，太湖水质总体上呈现出 Ⅱ 类、Ⅲ 类水水平。

3）政府环境管理对太湖流域复合系统整体情景演化分析

以政府、企业、居民等社会主体，以及太湖和太湖中的藻类等水生生物为基本主体进行实验，实验结果中，部分月份（根据平台运行的 tick 数确定）具有代表性的太湖流域复合系统演化如图 6.43 所示。

从图 6.43 中可以看出，复合系统在第 1 年中水质逐渐变成大部分区域的劣 V 类水，即从 2 月开始到 7 月基本上 85% 以上的太湖区域为劣 V 类水，但到 8 月开始，水质逐渐变好，到 12 月时，除部分入湖河流域排污口附近以外，全太湖水质基本上处在 Ⅱ 类水水平。第 2 年 6 月的图片显示，太湖 50% 以上的湖区水质为劣 V 类水，到 12 月时又逐渐变好，到第 3 年 2 月水质又开始向劣 V 类水发展。基本上，通过实验观察，我们发现每年 6 月左右是太湖水质最差的时候，而从 7 月或 8 月开始，太湖水质又逐渐变好；而且，全年水质最差的是西部区域和北部区域。

究其原因，一方面，太湖流域中工业最集中的地区是无锡市政府区域，特别是在宜兴西部区域、江阴以及无锡市辖区的各个工业区，这些工业区产生的污染就近排入湖河流，并随着河流水的流动带入太湖，所以太湖西部和北部区域的水质状况最差。另一方面，每年的 2~4 月为农耕繁忙季节，大量的农田施肥在这一时期进行，土壤中含有大量高浓度的各种农业肥料，而且 5~7 月太湖流域由于受到气候因素的影响进入梅雨季节，气温也逐渐升高，加速了雨水冲刷土壤中肥料的进程，这些雨水随着地表径流进入河流并最终流入太湖。所以 5~6 月开始，太湖水质逐渐变差。

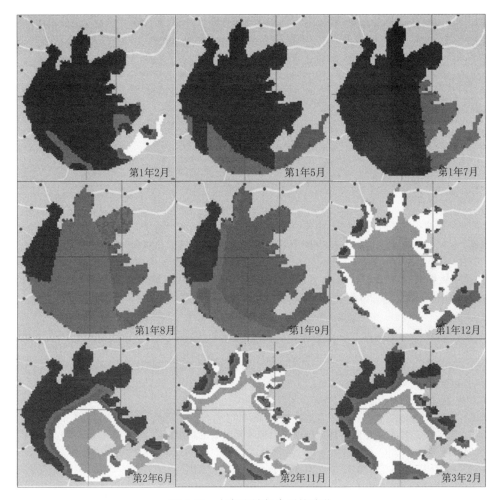

图 6.43　太湖流域复合系统演化

太湖流域的高温季节一般都在 7~10 月，这段时间，太湖区域的光照和水面温度非常适宜水生生物的生长和繁殖，特别是藻类。因此，大量的藻类在这一时期逐渐成为太湖中的优势种群，能量代谢的加速也使得太湖水体中的营养物质逐渐被消耗；此外，由于光照充足、温度较高，太湖水体中的营养物质发生了各种物理化学反应，一部分营养物质迁移、转化为其他形态的化合物，因此这段时期太湖水质逐渐变好，但由于西部区域的工业排放，该部分区域始终处在劣 V 类水水平。

同时随着温度的逐步下降，以及农业、降水等各方面的共同作用，太湖水质在 11 月左右开始逐渐转好，当年的 11 月到来年的 1 月，为太湖水质量最好的时期。

实验结果表明，太湖流域复合系统情景耕耘平台具有对太湖流域环境治理问题的研究能力，可进行太湖流域大尺度整体情景的动态演化趋势与规律性的研究，也能够在一定程度上实现对太湖流域不同政府管理政策的效应进行实验研究。随着平台功能的进一步扩充和实验方案的进一步细化，这类研究可以得到更全面、更深刻的结果。

参 考 文 献

丁训静，姚琪，阮晓红. 2003. 太湖流域污染负荷模型研究[J]. 水科学进展，14（2）：189-192.

顾霖，吴德礼，樊金红. 2016. 农村生活污染综合治理模式与技术路线探讨[J]. 环境工程，（10）：113-117.

黄绍平，姚月华，吴常青，等. 2011. 我国农业面源污染研究进展[J]. 现代农业科技，（11）：264-265.

金帅，盛昭瀚，刘小峰. 2010. 流域系统复杂性与适应性管理[J]. 中国人口·资源与环境，20（7）：60-67.

李文星，郑海明. 2007. 论地方治理视野下的政府与公众互动式沟通机制的构建[J]. 中国行政管理，（5）：69-72.

梁茹，陈永泰，徐峰，等. 2017. 社会系统多元情景下可计算模式研究[J]. 管理科学学报，20（1）：53-63.

刘建康. 2007. 刘建康生态学文集[M]. 北京：化学工业出版社.

刘永，郭怀成. 2008. 湖泊—流域生态系统管理研究[M]. 北京：科学出版社.

陆莉，范柏松，朱莲芳. 2000. 环太湖地区汛期降水量与太湖水位的关系[J].气象科学，20（1）：51-56.

罗宏，冯慧娟，吕连宏. 2010. 流域环境经济学初探[C]//中国环境科学学会. 2010 中国环境科学学会学术年会论文集（第二卷）. 北京.

罗艳菊，黄宇，毕华，等. 2012. 基于环境态度的城市居民环境友好行为意向及认知差异——以海口市为例[J]. 人文地理，（5）：69-75.

马世骏，王如松. 1984. 社会-经济-自然复合生态系统[J]. 生态学报，4（1）：1-10.

聂华林，王水莲. 2009. 区域系统分析[M]. 北京：中国社会科学出版社.

秦伯强，胡维平，陈伟民，等. 2003. 太湖水环境演化的过程与机理[M]. 北京：科学出版社.

秦伯强，朱广伟，张路，等. 2005. 大型浅水湖泊沉积物内源营养盐释放模式及其估算方法——以太湖为例[J]. 中国科学：地球科学，35（S2）：33-44.

秦伯强，胡维平，刘正文，等. 2007. 太湖水源地水质净化的生态工程试验研究[J]. 环境科学学报，27（1）：5-12.

盛昭瀚，金帅. 2012. 湖泊流域系统复杂性分析的计算实验方法[J]. 系统管理学报，21（6）：771-780.

太湖流域管理局. 2017-09-18. 2016 年度太湖流域及东南诸河水资源公报[EB/OL]. http://www.tba.gov.cn/contents/44/14717.html..

王承璐. 1987. 态度改变的认知说服途径分析[J]. 上海师范大学学报，（3）：99-104.

王子才，张冰，杨明. 1999. 仿真系统的校核、验证与验收（VV&A）：现状与未来[J]. 系统仿真学报，11（5）：321-325.

吴传庆，王桥，杨志峰，等. 2007. 太湖水华的遥感分析[J]. 中国环境监测，23（3）：52-56.

吴桂英. 2014. 国内环境行为研究综述[J]. 经济研究导刊，（14）：7-9.

伍山林. 1998. 中国农作制变迁的政治经济学分析——从农户行为与政府偏好角度进行分析[J]. 经济研究，（8）：67-73.

武胜利，刘诚，孙军，等. 2009. 卫星遥感太湖蓝藻水华分布及其气象影响要素分析[J]. 气象，35（1）：18-23.

许秋瑾，秦伯强，陈伟民，等. 2001. 太湖藻类生长模型研究[J]. 湖泊科学，13（2）：149-157.

颜润润，晁建颖，张磊，等. 2012. 太湖流域江苏片区工业源污染负荷研究[J]. 中国农村水利水电，（3）：39-43.

易志斌. 2011. 地方政府竞争的博弈行为与流域水环境保护[J]. 经济问题，（1）：60-64.

余亚梅，唐贤兴. 2012. 政府偏好与制度起源：以 1950 年代后的收容遣送政策为例[J]. 社会科学，（3）：34-42.

翟淑华. 2004. 2000 年以来环太湖河流出入湖污染负荷量变化分析[C]//太湖高级论坛交流文集. 上海.

张照录，崔继红，张录强，等. 2011. 农村生活污染特点与快速调查方法[J]. 安徽农业科学，39（22）：13656-13657.

朱立安，王继增，胡耀国，等. 2005. 畜禽养殖非点源污染及其生态控制[J]. 水土保持通报，（2）：40-43.

Mitsch W J，Jørgensen S E. 2003. Ecological engineering：a field whose time has come[J]. Ecological Engineering，20：363-377.

Stern P C. 2000. Toward a coherent theory of environmentally significant behavior[J]. Journal of Social Issues，56（3）：407-424.

Tim U S，Jolly R. 1994. Evaluating agriculture nonpoint-source pollution using integrated geographic information systems and hydrologic/waterquality model[J]. Journal of Environment Quality，23（1）：25-35.

第7章 三峡工程航运专题情景鲁棒性决策研究

7.1 三峡工程航运决策专题的问题背景

7.1.1 三峡工程概述

三峡水利枢纽工程是开发和治理长江的关键性骨干工程，具有防洪、发电、航运等巨大综合效益，是世界上规模最大的水利枢纽工程。该枢纽主要由大坝、水电站厂房和通航建筑物三大部分组成。其中，通航建筑物位于左岸，为双线连续五级船闸及单线一级垂直升船机。而且在三峡水库建成之后将显著改善长江宜昌至重庆 660 千米的航道，使万吨级船队每年约有半年时间可做到渝汉直达[①]，从而使整个长江流域的航运成本显著降低。

7.1.2 三峡工程航运现状

随着全国经济的高速发展，长江航运通过量也在不断地提升，1981~2008 年三峡枢纽区域货运通过量如表 7.1 所示。在 2011 年下行过坝货运量就达到了 4 499 万吨，接近实现在 2030 年达到下行过坝量 5 000 万吨的要求，提前 19 年达到了预测值。由于当时下行货运量的比重远远高于上行，所以进行预测时只考虑了下行过坝货运量，而在 2011 年上行货运量超过下行，并且双向货运总量超过 1 亿吨。

---

① 资料来源：《长江三峡工程综合经济评价专题论证报告》（1988 年 10 月）。

货运量的不断升高，使得通过三峡船闸的船舶数量不断增多，船舶的待闸时间越来越久，拥堵问题越来越严重，这给整个长江航运带来了极为不利的影响。

表 7.1　1981~2008 年三峡枢纽区域货运通过量

年份	船闸	货运通过量/万吨
1981	葛洲坝处	147.021
1982		346.811 4
1983		459.164 7
1984		552.391 2
1985		554.825
1986		549.478 4
1987		637.064
1988		770.774 5
1989	葛洲坝船闸	873.158 1
1990		708.4
1991		732
1992		928.4
1993		949.5
1994		1 045.4
1995		1 430
1996		1 591.3
1997		1 386
1998	导流明渠+临时船闸	1 136.9
1999		1 156.6
2000		1 302.8
2001		1 624.1
2002		1 842.8
2003	临时船闸+驳运翻坝设施	1 925
2004	三峡船闸+翻坝转运设施	4 309
2005		4 393
2006		5 024
2007		6 057
2008		6 847

注：葛洲坝船闸于 1981 年通航，葛洲坝工程于 1988 年完工，1981~1989 年数据取自陈任贤（1991）葛洲坝处统计数据。三峡船闸于 2003 年 6 月开始通航，故 1990~1997 年数据取自杜嘉（2008），以葛洲坝船闸的通过量为近似数据。1998~2003 年数据来自《三峡工程阶段性评估报告》，1997 年 10 月，导流明渠正式通航；1998 年 5 月，临时船闸正式通航；2002 年 11 月，导流明渠截流合龙；2003 年 4 月，临时船闸停止通航，进入断航期；67 天短期断行，右岸建设驳运翻坝设施；2003 年 5 月 21 日至 6 月 16 日的 27 天内，翻坝设施停止运行；2003 年翻坝货运量为 98.3 万吨。故 1998~2001 年货运量是根据当时通航的导流明渠和临时船闸数据统计而得的；2002 年货运量根据当时通航的导流明渠、临时船闸和驳运翻坝设施数据统计而得的；2003 年货运量根据临时船闸、驳运翻坝设施、三峡船闸数据统计而得；2003~2008 年货运数据取自谈建平（2014）

在三峡工程还未完全竣工时，其船闸通航能力就已经处于饱和状态。并且在2011年经过三峡船闸的货运量达到了1.003亿吨，这提前19年达到了当初设计时的通过能力，三峡船闸已经处于饱和运行状态。虽然政府采取了很多办法来挖掘通航潜力，但由于航运增长速度太快，而挖掘潜力又非常有限，近些年来三峡船闸滞堵的现象越来越严重。

随着长江航运的迅猛发展，三峡大坝的通航能力与航运需求之间的矛盾越来越严重，通航船舶待闸一两天已经成为正常现象。根据交通运输部长江航务管理局发布的《2013长江航运发展报告》，在2013年3月前后，最高待闸时间超过了240个小时，而且这种矛盾持续加重。

随着过闸运量的快速增长，船舶待闸时间可能会继续延长。为尽快疏通坝上积压船舶，长江三峡通航管理局决定在2016年4月7日18时至8日23时为下行船舶打开一条绿色通道，将运行上行闸次的三峡北线船闸换向为运行下行闸次。但过闸量的不断增长，使得三峡船闸每天平均有近300艘船舶待闸，船只停航待闸已经成为常态，三峡船闸通过能力不足已成为影响长江航运能力的"瓶颈"[①]。

而川江航运在国民经济发展中占有重要的地位，中华人民共和国成立以来，长江航道、港口及船舶得到快速发展，航运设施也有了明显改善。鉴于西南地区云、贵、川三省矿产资源丰富，已探明储量的有90多种，其中煤、铁、磷、铝、铜等矿在全国占有重要地位，而原煤、磷矿、钢铁、木材、化肥、水泥等将是水运的大宗物资。预计随着我国经济开发由东向西转移以及商品经济的发展，西南对外物资交流将会增加，故川江下水过坝运量也会不断增长[②]。

三峡工程的建设更是为川江航运的发展带来了诸多效益，不但改善了长江航运的条件，降低了航运成本，同时也提高了长江航运安全性，并且带动了整个长江流域的经济发展，从而加强了我国西南地区与中东部地区、沿海地区的经济联系。并且三峡工程在防洪、发电等方面的能力也有了很大程度的提升。总之，建设三峡工程不仅提高了川江的货运能力，也带动了长江流域的经济发展。

7.1.3　当初对三峡工程决策的论证

目前三峡航运出现严重的拥堵问题，为什么现在的航运通过量与当初的预测值有这么大的出入？通过分析当初三峡工程所做的相关决策，以找到出现偏差的原因（图7.1）。

---

① 资料来源：http://www.tzg.cn/diqu-yichang/jinrong17796.html。

② 资料来源：《长江三峡工程泥沙与航运专题：航运论证报告》。

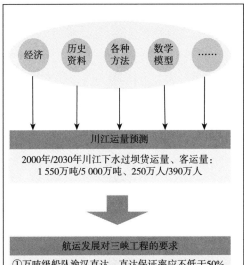

对三峡工程水位方案选择的建议

①枯水期最低消落水位应定得高一些
②防洪限制水位应尽可能控制低一些
③要保持足够的调节库容
④150米、160米、两级开发方案均不宜采用
⑤坝顶高程要一次建到185米

对175米分期蓄水方案的论证

①万吨级船队渝汉直达及其通航期、库尾港口及航道通航条件、三峡坝区及两坝之间的通航问题、葛洲坝下游河道演变问题、工程建设期间对航运的影响问题、与上游梯级衔接问题
②175米分期蓄水方案尚存在一些问题，需要认真研究，采取积极措施加以解决。三峡工程建设对航运有一定影响，围堰发电水位135米及初期水位156米运用期越长，对航运影响越大，应尽量缩短

替代方案研究与经济效益分析

①初选的175米分期蓄水方案，在后期按175–145–155米水位运用时，汛期、水库蓄水期和消落前半期，重庆九龙坡以下航道可得到明显改善，万吨级船队渝汉直达保证率一般可达45%~50%，渝宜段船舶运输成本可较目前降低35%~37%
②与航运替代方案比较，三峡工程投资及运行费用均节省：当折现率取10%，按影子价格计算，三峡工程与水运4 300万吨/年+铁运700万吨/年方案相比，折现费用差值为6.390 5亿元（未计入三峡工程通航建筑物的投资或费用分摊）

图 7.1　三峡工程航运论证过程

资料来源：《长江三峡工程泥沙与航运专题：航运论证报告》（1988 年 3 月）

1. 航运需求研究

　　三峡工程航运决策，不仅涉及水利工程方面的决策，更涉及交通工程方面的决策。一方面，纵观三峡工程航运决策过程，其通过川江运量的预测来设计各候选航运方案，并通过经济效益等方面的分析来评价并选择方案。可见，三峡工程航运决策的基础与核心是对未来航运需求的预测。另一方面，当前三峡工程航运拥堵问题与三峡工程航运量、船舶过闸情况及三峡船闸通过能力有关，而拥堵程度的衡量指标之一是船舶待闸时间。

　　因此，本节对三峡工程航运决策的研究，离不开对三峡工程航运量及船舶待闸时间的建模。从而，有必要对与航运需求有关的研究进行分析。

　　国内外学者对航运需求的研究主要在四个方面：①水路运输量统计；②水路运输仿真；③水运通道通过能力；④航运量预测。

　　1）对水路运输量统计的研究

　　主要是对统计调查方法的研究，包括对水路运输量抽样调查方法的研究、对统计数据中的问题的研究。

2）对水路运输仿真的研究

何军红等（2011）从"断面"的角度对三峡船闸或港口运输进行了仿真。朱顺应等（2011）则基于 Arena 平台从"面"的角度对三峡工程上游至葛洲坝下游船舶过闸情况进行了仿真，但该研究基于船舶的到达服从泊松分布以及三峡枢纽区域通过能力无限等假设，忽略了三峡工程船舶按照编排计划过坝以及三峡枢纽区域通过能力有限的事实，因而有一定的局限性。而且，其根据过坝运量的预测以及运量不平衡系数、过闸船舶平均载重吨位和平均载客数得到某月的船舶上下行数，通过仿真得到待闸船舶数及待闸时间，未考虑未来长期内交通环境变化的可能，所以这种方法并不能用于本章对三峡船闸长期过闸情况的研究。

3）对水运通道通过能力的研究

廖鹏（2004）对从"量"和"质"两个角度对船闸通过能力的相关研究进行了归纳。刘远平（2008）对三峡船闸通过能力进行了研究，其分别以过闸船舶艘次、载重吨位、载重价值对船舶待闸时间进行了建模，但这些方法涉及的数据众多且很难获取，从而具有一定的局限性。张杰（2001）（则建立了对沿海港口通过能力的评价模型。张凌和张雷（2014）研究了京杭大运河在苏北段的通过能力，其采用趋势外推法对内河运输需求进行了预测。

4）对航运量预测的研究

预测方法主要有三类。

（1）定性预测方法：货源调查法、专家预测法、德尔菲法、主观概率法等。

（2）定量预测方法：模型预测法、弹性系数法、增长速度法、神经网络法等。

其中，模型预测法包括时间序列预测法、回归分析预测法、灰色系统预测法。时间序列预测法又包括趋势外推法（直线、多项式、指数、对数、乘幂曲线、Logistic曲线等预测法）与指数平滑法（一、二或三次指数平滑法）。回归分析预测法又包括一元和多元回归分析法，也分为线性与非线性回归法。王珍和谢五洲（2012）采用 Logistic 曲线对三峡地区货运量进行了预测，张杰（2001）采用指数平滑法对煤炭海运量进行了预测，陈琳和孙有望（2008）采用多元回归模型对上海市货运量进行了预测，赵卫艳和谷雪松（2007）采用线性回归模型对安阳市货运量进行了预测。

弹性系数法通过定义交通运输需求对经济增长等变量的弹性系数对运输需求进行预测。

增长速度法根据运输需求随时间变化而增长的速率来预测需求。马海峰（2015）采用平均增长率法对三峡工程过闸货运量进行了预测。

神经网络法克服了上述几种方法对需求模型建立及参数估计的困难。贺晓琴等（2006）采用 BP 神经网络对内河航运量进行了预测。

（3）组合预测方法。该方法组合了多种预测法，首先利用各子方法进行预测，然后依据权重等规则来获得最终预测结果，综合利用了多种预测方法的优点，有线性与非线性组合预测模型两种。

很多学者将时间序列、回归、弹性系数等方法与灰色系统模型进行组合。顾荣忠等（1995）组合线性回归与灰色残差辨识模型对货运量进行了预测，李红喜和奇迹（2012）组合移动平均法、回归分析法与灰色系统法对云阳县水运量进行了预测，张德春（2009）组合线性回归模型与 GM（1，1）模型对裕溪船闸过闸需求进行了预测，许亚丽（2014）组合时间序列、回归分析与灰色模型对内河枢纽港运输需求进行了预测，万轶凌和朱士东（2006）组合弹性系数法与灰色系统法对水运量进行了预测，贾润东（2011）将遗传算法与灰色理论相结合对陕西省水运需求进行了预测。

也有学者将上述方法与 BP 神经网络法进行组合。钱芳（2006a）组合指数平滑、线性回归、灰色模型与神经网络四种方法形成了非线性组合预测模型，并对江苏省内河水运量进行了预测；张华（2007）组合指数平滑、线性回归、灰色模型与 BP 神经网络法对苏北运河货运需求进行了预测；韩涛（2009）使用指数平滑、回归、指数加权平均灰色模型与人工神经网络组合形成的非线性模型对小南海枢纽货运需求进行了预测；胡雪梅等（2007）通过专家调查法、灰色系统法与神经网络法的组合预测了乌江银盘水利枢纽的运输需求；Klodzinski 和 Al-Deek（2004）组合人工神经网络与微观网络仿真模型对运输需求进行了预测。

此外，李泽军等（2013）使用支持向量模型对湖南省内河航运量进行了预测，杨静和季耿善（1994）根据遥感方法统计的船舶数量预测了内河航运量。Tsamboulas 和 Moraitis（2008）建立了国际多式联运运输量的评估方法学。

纵观国内外对航运需求的研究，主要采用定量方法，其分为两个方面：①趋势性建模，如时间序列法、灰色系统法、增长速度法等，这些方法都基于未来交通运输环境与现在及历史相比没有异常的假设。②内生性建模，如回归分析法、弹性系数法等，这些方法都是根据航运需求与不同社会经济指标间的关系进行建模，能够反映交通运输环境在未来的变化。

2. 三峡工程的相关决策

1）预测川江航运量

如今经过三峡大坝的货运量远远超过了当初对川江运量的预测值，回想当初对三峡工程论证时，长江航运规划设计院（以下简称长航）、长江流域规划办公室（以下简称长办）、重庆市三峡办公室三个单位从宏观经济分析的角度出发，依据历史统计资料，考虑到西南经济开发的总趋势，采用发展速度综合化比较法、亿元产值估算法、投入产出估算法等多种方法，从定性到定量预测增长值，并辅以数学模型验证，得到预测结果，最后论证专家组综合各单位的预测结果及其他因素，确定了最终的预测结果[①]。其中，长航对中期（2000 年）川江运量的预测采用趋势外推法（线性、二次和三次抛物线、指数平滑、修正指数、双指数、皮尔模型）、自回归、灰色模型的组合方法，对远期（2030 年）川江运量的预测则采用直接预测法（布朗二次多项式指数平滑模型）、分解测算法（产值估算法）、比例分析法的组合模型。长办则采用灰色系统模型与蒙特卡洛随机模拟法进行预测。重庆市三峡办公室则采用二元线性回归、指数平滑、灰色系统、随机型时间序列分析法对客运量进行了预测，采用运量发展速度法、亿元产值法、投入产出法对西南三省进出区总货运量进行了预测，并采用德尔菲法对影响每一层次运量变化的推动、制约因素影响程度进行评分。此外，北京交通大学数学系采用综合促进和制约因素的定性分析与灰色系统模型、随机型时间序列分析相结合的定量分析对川江运量进行了预测。

对于 2000 年下水过坝运量，长航、长办、重庆市三峡办公室的预测值分别为 1 100 万吨、1 900 万吨、2 000 万吨。以 1985 年运量为基数，虽然川江运量的增长经历了不同的发展历程，但从 1952 年至 1985 年的 30 多年中，平均递增率达到 7%[②]。并且随着西南地区经济的发展以及改革开放政策的逐步深入，之后十多年中运量的平均增长率大于 7%是可能的，但由于存在一些制约因素，专家组议定在目前的论证阶段，将 2000 年的下水过坝运量预测值取为 1 550 万吨。

重庆市三峡办公室对 2030 年西南出区总运量进行了预测，预计约为 2.3 亿吨，其中向东方向的运量约为 1.2 亿吨。据推算，经襄渝、湘黔、南昆等几条铁路和红水河分流后，需通过川江外运的货物加上鄂西出口物资，总计下水过坝运量为 5 500 万~6 000 万吨。根据长航和长办预测，2030 年的下水过坝运量分别为 4 650 万~4 950 万吨和 3 730 万~4 970 万吨。专家组考虑到今后几年内西南和鄂西地区的经济的总体发展，认为将 2030 年下水过坝运量定为 5 000 万吨是适当的[①]。

本书研究的三峡工程航运决策问题，受到三峡工程航运系统内外众多深度不确定性因素的影响，这些因素是不可忽视的，因此，在对航运需求进行建模时，应该使用内生性建模方法，即根据航运需求与系统内外各种深度不确定性因素（社会、经济等因素）间的关系进行建模。

当前对航运需求的内生性建模，基本都是根据经济、社会发展等指标来预测航运需求，但对经济、社会发展的预测大都采用趋势性建模方法，却几乎未考虑经济、社会发展中的内生性（劳动、资本供给及技术进步等内生性因素）。

重大工程决策的本质是深度不确定性下的复杂系统决策，其面临的深度不确

---

① 资料来源：《长江三峡工程泥沙与航运专题：航运论证报告》。
② 资料来源：《长江三峡工程泥沙与航运专题：航运论证报告》。

定性以及传统决策方法的局限性，使决策实施后会涌现出决策者难以预想到的诸多问题，从而导致决策者对工程未来情景的预测与实际情景间出现较大偏差，并使决策方案在未来表现出较大的脆弱性。

2）航运发展对三峡工程通航能力的要求

航运发展对三峡工程通航能力有以下几点要求：①万吨级船队渝汉直达，直达保证率应不低于 50%，能达到 60%更好。②渝汉间航道得到较大的改善，并逐步做到能通航由 2 000~3 000 吨驳船组成的万吨级船队。③三峡工程永久通航建筑物应包括两线船闸、一线升船机，其单向下水通过能力应达到 5 000 万吨/年。④工程施工期必须保证川江不断航，临时通航设施应包括导流通航明渠和临时船闸，以及升船机提前投入使用。⑤应实现与长江上游干支流的梯级渠化与衔接[①]。

3）三峡工程水位方案选择

三峡工程不同水位方案的选择，对航运有着不同的影响。为了尽可能兴利除弊，实现万吨级船队渝汉直达，在选择三峡工程各种特征水位时，应尽可能做到以下几点：①枯水期最低消落水位应定得高一些，使每年 1~4 月的坝前水位有尽可能多的时间保持一定的高程（部分专家认为应不低于 165 米），以保证重庆九龙坡以下有足够的水深和水域面积，便于万吨级船队进出港区锚泊和装卸。②防洪限制水位应尽可能控制低一些，使嘉陵江口、铜锣峡一带在汛期处于天然畅流状态，以减少重庆港区的淤积。③要保持足够的调节库容，以提高枯季调节流量，满足葛洲坝坝下通航条件，有利于通过整治，提高中游航道尺度。④为了给防洪、发电、航运留有发展余地，坝顶高程应定得高一点，建议定位 185 米，并一次建成[①]。

4）对 175 米分期蓄水方案的论证

1987 年 5 月，论证领导小组确定初选 175 米方案，即"一级开发、一次建成、分期蓄水、连续移民"的方案，坝顶高程 185 米，初期按 156-135-140 米运用，后期按 175-145-155 米运用[①]。专家组从"万吨级船队渝汉直达及其通航期、库尾港口及航道通航条件、三峡坝区及两坝之间的通航问题、葛洲坝下游河道演变问题、工程建设期间对航运的影响问题、与上游梯级衔接问题"这六个方面对上述方案进行了进一步论证，并提出了有关航运的建设意见。

5）三峡工程航运替代方案研究

1988 年，川江天然航道单向年通过能力约为 1 000 万吨，与规划年下水运量 5 000 万吨相差 4 000 万吨，替代方案就是在不建三峡工程的情况下如何解决这 4 000 万吨货物的运输问题的方案。通过论证，认为如果全靠公路或全靠铁路分流均不合理，因此，选择以整治航道扩大通过能力的水运为主，辅以出川铁路进行分流的方案，并进行深入论证比较[①]。

---

① 资料来源：《长江三峡工程泥沙与航运专题：航运论证报告》。

航运专家根据交通运输部长江航务管理局和长江轮船总公司以及铁道部第四勘测设计院分别关于整治航道扩大通过能力、出川铁路建设以分流的论证成果，通过组合得到两种三峡航运替代方案：水运 4 300 万吨+铁运 700 万吨，水运 3 000 万吨+铁运 2 000 万吨。虽然这两种替代方案在能力上均能满足 5 000 万吨出川运输的要求，但由于整治航道不可能在根本上改善整个川江的水流条件，所以不能满足万吨级船队渝汉直达的要求，因而，航运成本得不到大幅度降低；新建出川铁路，投资昂贵，经济效益差，所以该线路的建设并不在铁路部门的"七五"和 2000 年的规划范围之内[①]。

如今，三峡船闸出现严重的拥堵问题，虽然当初相关部门对未来的川江航运通过量经过反复预测并加以论证，但现在三峡船闸的航运通过量已经远远超过了当初的预测值，这究竟是什么原因造成的？三峡工程是重大工程，它本身就存在众多不确定性因素，而航运系统作为三峡工程的子系统，更是开放复杂的巨系统，不但其内部各要素具有强相关性，而且它与外部环境之间的相互作用更加强烈，从而使系统的决策呈现出高度复杂性，所以在确定三峡航运通过量的决策过程中会出现深度不确定性，从而导致当初的预测结果和实际通过量之间出现较大的偏差。

由于三峡航运系统具有深度不确定性，决策者只依靠传统的判断方法进行决策是无法全面考虑到某些不确定因素的。尽管当初有关部门已经对未来川江航运通过量进行多次论证，但从实际结果来看和当初的决策偏差仍然非常大。

7.2 三峡工程航运系统建模

7.2.1 建模框架和目标

1. 建模框架

本章立足于三峡工程航运决策的具体问题，参照 Lempert 等（2006）对鲁棒决策应用研究中的关系模型来构建模型框架。其主要包括人口模型、经济模型和运输模型，其中运输模型又包括运输需求模型与运输分配模型，还包括评价指标模型。

首先介绍评价指标，评价指标主要包括平均待闸时间 T、节约效益 U 和策略

---

① 资料来源：《长江三峡工程泥沙与航运专题：航运论证报告》。

实施的累积成本 LC；其次构建人口模型，人口模型主要受生育率、死亡率、人口自然增长率等因素的影响；再次构建经济模型，经济模型主要由资本投入、劳动力、生产函数和全要素生产率组成；最后构建运输需求模型，它主要对磷矿、煤炭、矿建材料和石油的需求进行建模。三峡工程航运系统模型框架如图 7.2 所示。

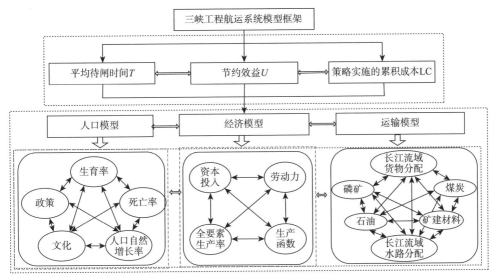

图 7.2　三峡工程航运系统模型框架

2. 不确定因素选取

由于三峡工程是重大工程，其本身就具有不确定性。为了更好地研究三峡航运系统，需要针对它的不确定性进行分析，进而找出对其造成影响的众多不确定因素。根据对三峡工程航运系统模型的相关研究，并综合考虑经济、社会、交通等系统给三峡航运带来的影响，共找出 15 个与之相关的深度不确定性因素，如表 7.2 所示。

表 7.2　三峡工程航运决策面临的深度不确定性因素

编号	不确定因素	参数说明	范围
1	s_b	存储率变化率	$(-0.108\,8, -0.085\,52)$
2	d	全要素生产率增长率的下降系数	$(-0.031, -0.003\,432)$
3	r	人口自然增长率	$(0.037\,77, 0.041\,68)$
4	b_u	城镇化率随人均 GDP 的增长率	$(1.262, 1.521)$
5	b_o	人均石油需求随人均 GDP 的增长率	$(1.726, 2.642)$
6	b_s	人均钢铁需求随人均 GDP 的增长率	$(3.318, 5.124)$
7	b_p	人均磷肥需求随人均 GDP 的增长率	$(0.837\,5, 1.279)$
8	b_c	人均水泥需求随人均 GDP 的增长率	$(2.617, 3.458)$
9	μ	全国主要货种需求占全国货运需求的比重$(0.489\,8, 0.534\,1)$	$(0.388\,3, 0.659\,2)$

续表

编号	不确定因素	参数说明	范围
10	τ	长江流域货运需求占全国比重	（0.310 4，0.538 8）
11	q_3	长江流域公路货运量占比	（0.726 6，0.807 8）
12	e	长江流域铁路货运对水路货运的价格替代弹性	（0.504，1.320）
13	φ	三峡区货运通过量占长江流域水运量的比重	（0.023 5，0.047 9）
14	p	上下行货运量中较高者所占比例	（0.5，1）
15	rcc	改善方案下长江平均航运费用相对 2003 年的变化率	（0，0.3）

3. 三峡工程航运决策方案建模

当初对三峡工程进行论证时，航运专家小组专门论证了如果不建三峡工程，航运应该采取什么替代方案的问题。通过论证分析，认为全靠公路或全靠铁路分流均不合理，因此，选用以整治航道扩大通过能力的水运为主、辅以出川铁路分流的方案，并进行深入论证比较。三峡工程建设期间，在大坝右岸建设驳运翻坝设施，对旅客和货物进行翻坝转运，部分解决了客、货过坝问题。结合以上航运替代方案，并综合考虑未来三峡的航运能力，本书共找出 6 种初始相关方案，再将初始方案进行组合得到 10 种组合方案，共 16 种方案，如表 7.3 所示。

表 7.3　三峡工程航运方案

方案	名称	说明
L_{01}	不应对方案	保持现状
L_{02}	整治川江航道	建立航道尺度的具体标准；选定船队尺寸
L_{03}	航运运能设计 1	水运 4 000 万吨
L_{04}	航运运能设计 2	水运 5 000 万吨
L_{05}	航运运能设计 3	水运 6 000 万吨
L_{06}	翻坝方案	建立三峡翻坝设施
L_{07}		L_{02}、L_{03} 方案组合
L_{08}		L_{02}、L_{04} 方案组合
L_{09}		L_{02}、L_{05} 方案组合
L_{10}		L_{02}、L_{06} 方案组合
L_{11}		L_{03}、L_{06} 方案组合
L_{12}		L_{04}、L_{06} 方案组合
L_{13}		L_{05}、L_{06} 方案组合
L_{14}		L_{02}、L_{03}、L_{06} 方案组合
L_{15}		L_{02}、L_{04}、L_{06} 方案组合
L_{16}		L_{02}、L_{05}、L_{06} 方案组合

4. 工程的决策目标建模

1）M_1——第 n 年时，三峡工程平均待闸时间 T（单位：小时）

在本书研究的三峡工程航运系统中，由于船舶按照编排计划过坝且三峡枢纽区域通过能力有限，所以对三峡船闸未来可能出现的拥堵情况进行研究，通过分析得知，船舶待闸的主要原因是日过闸船舶数量的不断增多和货运量的不断提高，可能导致日过闸船舶数超出三峡船闸的承受能力。因此，船舶待闸的根本原因可能是三峡工程航运需求超过三峡船闸设计通过能力。故可以考虑三峡工程航运需求超出三峡船闸设计通过能力的程度这一指标对三峡工程平均待闸时间[1]的影响。

从而，需要分析三峡工程货运通过量超过三峡船闸设计通过能力的程度。三峡工程货运通过量 $F(t)$ 包括三峡船闸过闸货运量 $F_1(t)$ 和翻坝转运货运量 $F_2(t)$。因为船舶通过船闸的时间较久，那些附加价值高的货物不得不选择翻坝，而翻坝的费用很高，三峡船闸过闸又不收费，故大部分船宁愿排队过闸也不翻坝。

自三峡工程开闸蓄水之后，三峡船闸过闸货运量 $F_1(t)$ 中上行比例逐渐上升，可见三峡船闸过闸货运量上下行情况具有深度不确定性。为考虑该深度不确定性，设上下行过闸货运量中较高者所占比例为 p，由上述分析可以发现其为深度不确定性因素。p 的极端最小值为 0.5（上下行比例均衡），极端最大值为 1。从而对 p 进行极端处理，得到其可能的范围为（0.5，1）。资料显示[2]，当初论证的三峡五级船闸年过闸天数为 310 天，采用的闸次间隔时间为 1 小时，进出首末级船闸总历时为 3.25 小时，单闸次装载平均吨位为 0.51 万吨，船闸年单向设计运能为 5 000 万吨。

依据道路服务水平中的平均延误时间分析方法，船舶过闸的待闸时间 t 一方面包括由船闸的操作管理而引起的正常操作时间 t_1，另一方面包括由于随机到船导致通过能力不足而造成的时间延误 t_2。所以，真正由于到船随机性造成的船舶待闸时间是 $t_2 = t - t_1$，也就是说，在分析基于船舶平均待闸时间的船闸服务水平划分时应考虑 t 的影响（廖鹏，2004）。

假设第 i 级服务水平的设计通过能力为

$$C_d = C_b \gamma_i \tag{7.1}$$

其中，C_d 为设计通过能力；C_b 为理想最大通过能力；γ_i 为第 i 级（$i = 1,2,3,4,5$）服务水平系数。则每级服务水平之间的设计通过能力之差为

$$\Delta C_d = C_b (\gamma_{i+1} - \gamma_i) \tag{7.2}$$

则每级服务水平之间相差的闸次数，即每级服务水平之间的时间间隔为

$$T_{i+1} - T_i = \frac{C_b}{G}\left(\gamma_{i+1} - \gamma_i\right) \tag{7.3}$$

其中，G 为一次平均过闸吨位。

进一步有

$$T_i - T_1 = \frac{C_b}{G}\left(\gamma_i - \gamma_1\right) \tag{7.4}$$

其中，T_i 为第 i 级服务水平的平均待闸时间。如果认为一级服务水平时船舶即到即走，则 $t_2 = 0$，取 $T_1 = 3.25$ 小时。

从而，三峡船闸单向过闸货运量最高值为 $pF_1(t)$，其中，$F_1(t) = F(t) - F_2(t)$。

理想最大通过能力为

$$C_b = p\left[F(t) - F_2(t)\right] / t_3 \tag{7.5}$$

其中，C_b 的单位为万吨/日；$F_2(t)$ 与策略有关；t_3 为船闸年过闸天数。

则一次平均过闸吨位为

$$G = F_m(t) \cdot G_0 / F_0 \tag{7.6}$$

其中，$F_m(t)$ 为运能；G_0 为单闸次装载平均吨位；F_0 为船闸年单向设计运能。

故第 n 年的平均待闸时间为

$$T = \frac{3C_b}{G}(\gamma_5 - \gamma_1) + T_1 \tag{7.7}$$

其中，$\gamma_1 = 0.54$；$\gamma_5 = 1$（廖鹏，2004）。

2）M_2——第 n 年时，长江平均航运费用相对于 2003 年降低产生的节约效益 U（单位：元/千米）

根据有关学者（唐德善等，1991；邢国江，1988；邱忠恩，1996；姚育胜，2008；郭涛，2011）对水利工程航运效益及其计算方法的相关研究，结合三峡工程建设带来的航运费用降低等现实问题，发现航运方案实施对航运费用具有重要影响。而且航运费用的降低，直接影响航运量的变化。因此，有必要将长江平均航运费用降低产生的节约效益作为评价各方案的指标。

$$\mathrm{RC} = \begin{cases} 0, & \mathrm{rcc}(t) = 0 \\ 1, & \mathrm{rcc}(t) \neq 0 \end{cases} \tag{7.8}$$

其中，$\mathrm{rcc}(t)$ 为第 t 年平均航运费用相对于 2003 年的变化率，$\mathrm{rcc}(t) = \dfrac{c(2003) - c(t)}{c(2003)}$，其值在不同阶段跟在该阶段生效的策略有关。

则每年的长江平均航运费用降低产生的节约效益为

$$u(t) = \begin{cases} F(t) \cdot (c_1 + \mathrm{RC} \cdot c_2), & F(t) < 5\,000 \\ F_m(t) \cdot (c_1 + \mathrm{RC} \cdot c_2) - (F(t) - F_m(t)) \cdot c_3, & F_m(t) < F(t) < F_m(t) + F_2(t) \\ (F(t) - F_2(t)) \cdot (c_1 + \mathrm{RC} \cdot c_2) - F_2(t) \cdot c_3, & F_m(t) + F_2(t) < F(t) \end{cases}$$

$$(7.9)$$

其中，$F(t)$ 为第 t 年的三峡工程货运实际通过量（单位：万吨）；$F_m(t)$ 为第 t 年不同策略下的航运运能；$F_2(t)$ 为第 t 年的翻坝转运量（单位：万吨）；c_1 为通过三峡船闸货物每年节约的费用［单位：元/（万吨·千米）］（1990 年价）；c_2 为整治航道后每年节约的费用［单位：元/（万吨·千米）］（1990 年价）；c_3 为货物翻坝节约的费用［单位：元/（万吨·千米）］（1990 年价）。

从而，第 n 年时，长江平均航运费用相对于 2003 年降低产生的累计节约效益为

$$U = \sum_{t=2003}^{n} u(t) \qquad (7.10)$$

本章将分别研究 2015 年、2050 年（2050 年，三峡工程达到综合折旧寿命期限[①]）时航运策略的表现，从而分别取 $n=2015$ 和 $n=2050$。

各方案生效后的参数值如表 7.4 所示。

表 7.4　各方案生效后的参数值

策略	单向 $F_m(t)$ /万吨	$F_2(t)$ /万吨	平均航运费用变化率 rcc(t)
L_{01}	1 000	0	0
L_{02}	4 300	0	rcc
L_{03}	4 000	0	0
L_{04}	5 000	0	0
L_{05}	6 000	0	0
L_{06}	1 000	3 500	0
L_{07}	4 300	0	rcc
L_{08}	5 000	0	rcc
L_{09}	6 000	0	rcc
L_{10}	4 300	3 500	rcc
L_{11}	4 000	3 500	0
L_{12}	5 000	3 500	0
L_{13}	6 000	3 500	0
L_{14}	4 300	3 500	rcc
L_{15}	5 000	3 500	rcc
L_{16}	6 000	3 500	rcc

————————

① 资料来源：《长江三峡工程综合经济评价专题论证报告》（1988 年 10 月）。该报告考虑到 20 年的建设期及 40 年的综合折旧寿命期，在评价中计算期采用 62 年，也即 2050 年为综合折旧寿命期限。

关于 $F_m(t)$，本章初步设计其与现有船闸的设计通过能力相同，即单向 5 000 万吨/年。关于 $F_2(t)$，有媒体报道称，翻坝物流产业园建成后每年可为三峡船闸分流货物 3 500 万吨[①]。从而，本章假设翻坝物流产业园建成后，对三峡工程货运的分流将达到 3 500 万吨。关于 rcc(t)。当前，长江平均航运费用相对于蓄水前的 2002 年已经大幅降低，降低了 90%以上，以后已经很难再降低。只有实施改善方案，改善通航设施、条件及管理（如船型标准化、改善船舶组织方式等），才能再使平均航运费用降低。从而，实施改善方案后，长江平均航运费用相对于 2003 年的变化率 rcc 为深度不确定性因素。通过计算，本章为考虑一般情况与极端情况，取 rcc 范围为（0，0.3）。也即在改善方案下，最极端的一种情况是不降低长江平均航运费用，另一种是降低了很多，本章认为 30%能够考虑到大多数的极端情况。

3）M_3——第 n 年时，策略实施的累计成本 LC（单位：万元）

策略实施产生成本，按照计算期限，分摊到每年。从而，第 n 年策略实施产生的累计成本为

$$LC = \sum_{t=2003}^{n} lc(t) \tag{7.11}$$

其中，lc(t) 为分摊到每年的策略实施成本（单位：万元）（1990 年价），其值在不同阶段跟在该阶段实施的策略有关。

川江航道单向年通过能力增至 4 300 万吨时，达到这一工程总投资约需 33.40 亿元[②]，三峡枢纽工程总投资 352.392 6 亿元（1990 年价）[③]。计算期包括项目的建设期和生产期，生产期又一般采用项目的综合折旧寿命或达到正常运行后的 20 年，而三峡工程当年经济评价时采用了 60 年左右的计算期（建设期 20 年+40 年综合折旧寿命）。借鉴三峡工程评价计算期选择的经验，本书将改善方案的成本计算期定为 23 年。将航运运能方案的成本计算期定为 50 年，即 10 年项目建设期及假设 40 年的综合折旧寿命期。从而，将改善方案、航运运能方案的实施成本分摊并折算成 1990 年价格，得到每年的方案成本分别为 292.035 8 万元（1 000 万吨）、9 812.403 2 万元（4 000 万吨）、12 265.504 0 万元（5 000 万吨）、14 718.604 8 万元（6 000 万吨）。将翻坝方案的计算期定为 35 年（5 年建设期及 30 年经营期）[④]，将其实施成本分摊并折算成 1990 年价格，得到每年的方案成本为 3 337.552 1 万元（1990 年价）。

---

① 资料来源：http://www.cn3x.com.cn/toutiao/2017/0302/55184.html。
② 资料来源：《长江三峡工程泥沙与航运专题：航运论证报告》。
③ 资料来源：《长江三峡工程投资估算专题论证报告》（1988 年 1 月）。
④ 资料来源：https://wenku.baidu.com/view/e40ca863f121dd36a22d8201.html。

7.2.2　人口模型

关于人口的研究，要追溯到 1798 年 Malthus 提出的人口模型（余爱华，2003；章元明和盖钧镒，1994）：

$$dN(t)/dt = rN(t) \qquad (7.12)$$

$$N(t)|_{t=t_0} = N_0 \qquad (7.13)$$

其中，r 为常数，$r>0$。

上述模型描述的是无限环境中的人口增长。而现实中人口增长受到资源等有限性的制约，从而考虑到环境的有限性，1838 年 Verhulst 对该模型进行改进，得到 Logistic 人口模型（章元明和盖钧镒，1994）。该模型描述了人口从起始的缓慢增长，到发展中期的快速增长，再到最后因衰老与环境的制约而增速降低，甚至停止增长的"S"形过程（余爱华，2003）。

使用 Logistic 人口模型（余爱华，2003；王学保和蔡果兰，2009）对人口数进行预测，则第 t 年总人口数（万人）为

$$N(t) = \frac{N_m}{1 + \left(\dfrac{N_m}{N_0} - 1 \right) \mathrm{e}^{-r(t-t_0)}} \qquad (7.14)$$

其中，N_m 为人口极限数值（单位：万人）；N_0 为初始人口数（单位：万人）；r 为人口的内禀增长率，是人类在未受到抑制的情况下的最大增长率，也即人口的自然增长率；t_0 为计算的起始年。

如图 7.3 所示，通过对我国 1949~2003 年人口数据的分析，发现人口变化呈现出"S"形发展趋势，且我国人口尚未达到峰值。通过 Matlab 对式（7.14）进行拟合（t_0=1949），得到 N_0=114 251.6，N_m=142 351.5，r=0.068 689。其中，r 为人口自然增长率，为深度不确定性因素。

7.2.3　经济模型

考虑到三峡工程航运决策可能会面临的多种不确定因素，需要根据其与经济、社会发展的关系对航运需求进行建模。而经济发展自身又受到资本、劳动投入及技术进步等多种因素的影响，故对经济发展进行建模。考虑到技术变化的影响，我们采用了改进后的柯布-道格拉斯生产函数进行建模（Tinbergen，1973；董晓花等，2008），则有

$$Y(t) = A(t)K(t)^{\alpha_K}L(t)^{\alpha_L} \tag{7.15}$$

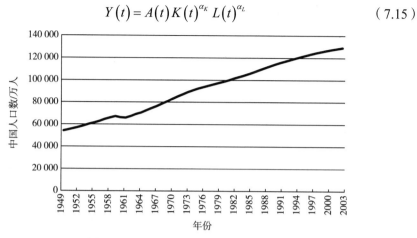

图 7.3　1949~2003 年我国人口变化

1949~2003 年人口数据来自国家统计局

其中，$Y(t)$ 为第 t 年的产出，用第 t 年的 GDP 来衡量，如表 7.5 所示（这里将经济核算的基年定为 1990 年，将不变价格定为 1990 年价格）；$A(t)$、$K(t)$、$L(t)$ 分别为第 t 年的全要素生产率、资本投入、劳动投入；α_K、α_L 分别为 $K(t)$、$L(t)$ 的产出弹性。

表 7.5　1990~2003 年全国经济产出（1990 年价）

年份	GDP （当年价）/亿元	GDP 指数 （1978=100）	GDP （1990 年价）/亿元
2003	137 422.00	989.00	66 212.48
2002	121 717.40	898.80	60 173.69
2001	110 863.10	823.60	55 139.13
2000	100 280.10	760.20	50 894.57
1999	90 564.40	700.70	46 911.11
1998	85 195.50	650.80	43 570.36
1997	79 715.00	603.50	40 403.67
1996	71 813.60	552.50	36 989.28
1995	61 339.90	502.60	33 648.53
1994	48 637.50	453.00	30 327.86
1993	35 673.20	400.70	26 826.43
1992	27 194.50	351.90	23 559.32
1991	22 005.60	308.10	20 626.96
1990	18 872.90	281.90	18 872.90

注：GDP（当年价）及 GDP 指数（1978=100）数据来自国家统计局，GDP（1990 年价）是根据二者进行折算得到的

1. 资本投入

1）资本存量数据的估算

我国关于资本存量的统计数据比较少，学术界诸多学者对其进行估算研究时普遍采用永续盘存法（张军和施少华，2003；张军扩，1991；贺菊煌，1992；邹至庄和刘满强，1995；张军和章元，2003；张军等，2004；王兵和颜鹏飞，2007；单豪杰，2008；徐杰等，2010；古明明和张勇，2012；陈昌兵，2014）。本节使用该方法对资本存量进行估算，即

$$K(t) = (1-\gamma)K(t-1) + I(t) \tag{7.16}$$

其中，$K(t)$、$K(t-1)$分别为第t年、第$t-1$年的资本存量（1990年价，单位为亿元）；γ为资本折旧率；$I(t)$为第t年的投资（1990年价，单位为亿元）。

根据式（7.16）知，需要确定经济折旧率γ，当年投资I以及基年资本存量$K(t_0)$。

（1）经济折旧率的确定。根据式（7.16），基年资本存量在$1/\gamma$年之后就将被折旧掉（孙辉等，2010），并且无任何影响。本书分析2003年之后的经济产出，又考虑到1992年之后我国逐步进行市场化改革，综合现有的研究（龚六堂和谢丹阳，2004；雷辉和张娟，2014），取折旧率γ为10%。

（2）当年投资的确定。依据现有的研究，采用支出法中的固定资本形成（当年价，单位为亿元）（张军等，2004；雷辉和张娟，2014；沈利生和乔红芳，2015），根据固定资产投资价格指数进行折算后得到的固定资本形成总额（1990年价）作为当年投资$I(t)$，如表7.6所示。

表 7.6　1990~2003 年全国资本存量估算值（1990 年价）

年份	固定资本形成总额（当年价）/亿元	固定资产投资价格指数（1990=100）	固定资本形成总额（1990 年价）/亿元	资本存量（1990 年价）/亿元
2003	53 964	204.2	9 466.92	73 786.97
2002	43 797	199.8	9 262.93	71 466.73
2001	38 064	199.4	9 244.38	69 115.34
2000	33 528	198.6	9 207.29	66 523.28
1999	30 241	196.5	9 109.94	63 684.43
1998	28 751	197.3	9 147.03	60 638.33
1997	25 363	197.6	9 160.93	57 212.56
1996	23 320	194.3	9 007.94	53 390.69
1995	20 357	186.9	8 664.87	49 314.17
1994	17 188	176.5	8 182.72	45 165.88
1993	13 574	159.8	7 408.49	41 092.41
1992	8 460.9	126.3	5 855.39	37 426.58
1991	5 794.8	109.5	5 076.53	35 079.09
1990	4 636.1	100	4 636.10	33 336.18

注：1990~2003 年固定资本形成总额（当年价）、固定资产投资价格指数（1990=100）数据来自国家统计局，固定资本形成总额（1990 年价）是根据固定资产投资价格指数对固定资本形成总额（当年价）进行折算得到的按照 1990 年价格计算的固定资本形成总额

（3）基年资本存量的估算。用增长率法来估算基年（1990年）资本存量，即

$$K(t_0) = I(t_0)/(g+\gamma) \qquad (7.17)$$

其中，$I(t_0)$ 为基年投资；g 为投资增长率。增长稳态时，资本–产出比稳定不变，故取 g 的值为 1990 年的 GDP 增长率 3.9%。由此估算出基年资本存量为 33 336 亿元。

确定了上述数据之后，从基年（1990年）递推，便得出 1990~2003 年的以 1990 年价格计算的资本存量数据，详见表 7.6。

2）资本存量的拟合

产出用于消费和储蓄。其中，储蓄有固定资本形成、存货投资和净出口三种形式。存货投资占产出的比重没有从宏观层次上调整的余地（罗云毅，2006），因此这里抽象掉存货投资。而年净出口率波动很大，且多年平均值接近 0（徐建龙和吕燕，2014）。因此，从长期考虑，本书只考虑储蓄中的固定资本形成。

根据有关研究，当年产出用于当年消费与下一年的投资（Nordhaus，2014）。故投资占产出的比重即储蓄率为

$$S_a(t) = \frac{I(t)}{Y(t-1)} \qquad (7.18)$$

由 1990~2003 年的储蓄率数据分析可以看出，储蓄率呈现出"S"形趋势，用 Logistic 曲线对其进行拟合，则

$$S_a(t) = \frac{s_m}{1 + a \cdot e^{-s_b \cdot (t-t_0)}} \qquad (7.19)$$

根据 1990~2003 年数据，利用 Matlab 对式（7.19）进行拟合（t_0=1990），得到：s_m=0.003，a=−0.99，s_b=−0.000 2（标准差=0.116）。其中，s_b 为存储率变化率，为深度不确定性因素。

从而得到，第 t 年的资本存量为

$$K(t) = (1-\gamma)K(t-1) + S_a(t) \cdot Y(t-1) \qquad (7.20)$$

2. 劳动投入

第 t 年，投入的劳动力为

$$L(t) = \mu N(t) \qquad (7.21)$$

其中，$N(t)$ 为第 t 年的全国人口数（单位为万人）；μ 为劳动参与率即总人口中就业人口占比。如图 7.4 所示，通过对 1958~2003 年我国劳动参与率的分析可知，1958 年之后，劳动参与率逐步提高，到 1991 年之后，便稳定在一定范围之内，呈稳定趋势，μ 为 1991~2003 年劳动参与率的平均值，取 $\mu = 0.566\,2$。

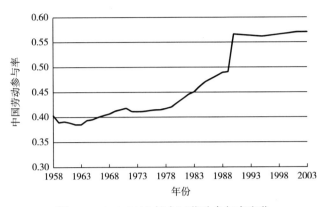

图 7.4　1958~2003 年中国劳动参与率变化

资料来源：国家统计局

3. 生产函数的拟合

如图 7.4 所示，通过对我国 1958~2003 年劳动参与率进行分析，发现劳动参与率变化呈现出 "S" 形发展趋势。对式（7.15）两边取对数（徐圣兵，2001），得

$$\ln Y(t) = \ln A(t) + \alpha_K \ln K(t) + \alpha_L \ln L(t) \tag{7.22}$$

根据 1990~2015 年的 $Y(t)$、$K(t)$、$L(t)$ 数据，利用 Matlab 对式（7.22）进行拟合，得到：$\alpha_K^* = 0.192\,1$，$\alpha_L^* = 7.888\,5$。

对其正规化，得

$$\alpha_K = 0.024，\quad \alpha_L = 0.976$$

4. 全要素生产率的拟合

全要素生产率指当资本、劳动力投入不变时所达到的额外生产效率。资本、劳动力等要素的有限性约束了经济的发展，而全要素生产率是经济可持续发展的唯一动力（楚钰，2003）。所以，在进行经济的内生性建模时要考虑全要素生产率的变化。则第 t 年的全要素生产率为

$$A(t) = \frac{Y(t)}{K(t)^{\alpha_K} \cdot L(t)^{\alpha_L}} \tag{7.23}$$

根据式（7.23），利用 $Y(t)$、$K(t)$、$L(t)$ 的历年数据，得到 $A(t)$ 的历年数据，可以看出，我国的全要素生产率在不断提高，如图7.5所示。

第 t 年的全要素生产率增长率（刘晓，2012；朱永彬等，2009）为

$$G(t) = \frac{A(t) - A(t-1)}{A(t-1)} \tag{7.24}$$

设 $G(t)$ 相对于 $G(t-1)$ 的下降系数为 d，则

$$G(t) = \frac{G(t-1)}{1+d} \tag{7.25}$$

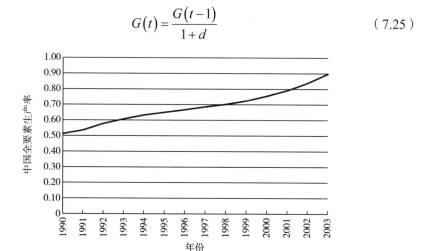

图 7.5　1990~2003 年我国全要素生产率变化

相关数据均来源于国家统计局

由此递推，可以得到第 t 年全要素生产率为

$$A(t) = A_{(t0)} \cdot e^{\frac{G(t_0)}{\ln(1+d)} \cdot \left[1-(1+d)^{-(t-t_0)}\right]} \tag{7.26}$$

根据 1990~2003 年数据，利用 Matlab 对式（7.26）进行拟合（ t_0 =1990），得到： $A(t_0) = 0.297$ ， $G(t_0)$ =0.107， d =0.041（标准差=0.009）。其中， d 为全要素生产率增长率下降系数，为深度不确定性因素。

7.2.4　运输需求模型

1. 货运需求影响因素分析

货运需求受到许多因素的影响，如资源分布的不均衡性、国民经济的规模与发展水平、能源的价格与运输费用、不同的产业结构、人口和城镇化率水平、技术进步以及经济体制与政策等因素，这些因素都会对货运需求造成很大的影响，但由于不同因素对货物需求的影响程度不同，不同的货物运输需求之间存在较大的差异，从而对航运系统的发展造成一定的影响。

三峡工程航运系统受到众多深度不确定性因素的影响，在对航运需求进行内生性建模时应该考虑到与经济、社会等方面相关的深度不确定性因素。通过对货运需求影响因素的分析可以看出，自然因素、产业结构是影响货运需求的约束因素，人均 GDP（经济因素）、人口和城镇化率（社会因素）是影响货运需求的核心因素。因此，需要重点考虑货运需求与人均 GDP、人口及城镇化率之间的关系，对货运需求进行内生性建模。

自然、经济、社会系统中货物需求和货物分布的不平衡性导致货运需求的产生，影响着交通系统中的货运量与货运方向，故货运需求与货物需求之间高度正相关。综合考虑经济、社会系统中人均 GDP、人口及城镇化率等因素对货物需求的影响，本小节分别对磷矿、煤炭、矿建材料、石油这几类总占比接近 80% 的货物（主要货种）的需求进行内生性建模。

2. 磷矿需求建模

1）磷矿需求总量基本趋势预测

磷矿大多数用于磷肥的生产（聂开省，2016），从而磷矿石需求跟磷肥产量有关。第 t 年的全国磷矿石需求量（万吨）为

$$P_{pore}(t) = \frac{\delta_3 \cdot P_{pfer}(t)}{\rho_1} \tag{7.27}$$

其中，δ_3 为矿磷比（生产每吨磷肥的磷矿石消耗量），根据有关文献可知其范围为（2.53，3.55）（陶俊法，2009），本书取 3.04；ρ_1 为磷矿用于生产磷肥的比例，其范围为 67%~85%（刘艳飞，2016；张卫峰，2005；温婧，2011；李维等，2015），取 ρ_1 为 76%。

第 t 年的全国磷肥产量（万吨）为

$$P_{pfer}(t) = \frac{D_{pfer}(t)}{\rho_2} \tag{7.28}$$

其中，ρ_2 为磷肥消费量占磷肥产量的比例。根据磷肥消费及进出口数据分析，发现磷肥进口量很少，故不考虑之，而近年来磷肥出口量占比在 20% 左右，磷肥消耗量占磷肥产量的比重在（0.624 6，0.785 0）波动，取其为历年平均值 0.730 3。

第 t 年，全国磷肥消费量（万吨）为

$$D_{pfer}(t) = \frac{d_{pfer}(t) \cdot N(t)}{1\,000} \tag{7.29}$$

其中，$d_{pfer}(t)$ 为第 t 年的全国人均磷肥消费量（千克）。

2）人均磷肥消耗量、人均 GDP

发达国家磷肥消耗经验及有关学者的研究表明，随着人均 GDP 的增长，人均磷肥消耗量呈现出 "S" 形发展轨迹（孙小虹等，2015），即从快速增长到同步增长，再到增速趋缓，最终达到消费顶点后缓慢下降。

如图 7.6 所示，根据 1990~2003 年全国人均磷肥消费量与人均 GDP 数据做出散点图，分析可以发现，随着人均 GDP 的升高，人均磷肥消费量呈现出 "S" 形

发展趋势，且我国人均磷肥消费量尚未达到峰值。通过 SPSS 对二者进行相关性分析，得到相关系数等于 0.783，表明二者显著性相关。

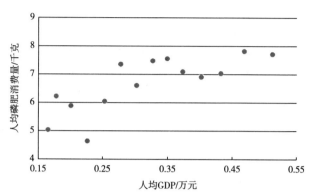

图 7.6　1990~2003 年全国人均磷肥消费量随人均 GDP 变化
相关数据均来源于国家统计局

本章使用 Logistic 模型对人均磷肥消费量进行建模，从而，第 t 年的全国人均磷肥消费量（千克）为

$$d_{\text{pfer}}(t) = \frac{p_m}{1 + a \cdot e^{-b_p \cdot y(t)}} \tag{7.30}$$

其中，p_m 为人均磷肥消费量峰值，单位为千克。有关研究表明，我国磷肥需求可能在 2020 年左右达到 1 700 万~1 800 万吨的峰值（孙小虹等，2015）。估计人均磷肥消费量峰值在 11.5 千克左右，从而取 p_m =11.5 千克。

$y(t)$ 为第 t 年的人均 GDP（万元），即

$$y(t) = \frac{Y(t)}{N(t)} \tag{7.31}$$

通过 Matlab 对式（7.30）进行拟合，得到 a =1.646，b_p =2.602（标准差=0.601）。其中，b_p 为人均磷肥需求随人均 GDP 的增长率，为深度不确定性因素。

3）各省需求比例确定

我国的云、贵、川三省具有丰富的非金属矿石资源，其中贵州等地的磷矿石资源主要通过长江干线重庆、宜昌、枝城等港口和乌江、汉江发运至沿江的湖南、江西、安徽、江苏、上海等地（万德香，2008）。因此只需对云南、贵州、四川、湖北、江西、湖南、安徽、江苏、上海等地进行分析即可，其中云南、贵州、四川、湖北磷矿储量丰富，为主要的磷矿运出地，因此磷矿通过三峡大坝的运输主要是下行而非金属矿主要以磷矿资源为主，为此我们选取磷矿资源进行建模。

我们通过对全国磷矿需求建模，得到全国磷矿需求 P_1。在已知全国需求的前提下预测各省磷矿需求，我们需要知道各省需求占全国需求的比例。通过对磷矿

需求影响因素分析得知，磷矿主要用于磷肥生产，而磷肥绝大部分用于第一产业，即农业生产。因此在确定各省对磷矿的需求时，通过分析历年来各省第一产业产值占全国第一产业产值的比例变化，得到图 7.7 和图 7.8。对图 7.7 分析可知湖北省、四川省、云南省和贵州省的第一产业值全国占比随着时间的变化呈现平稳趋势，因此本书将这四省第一产业值占全国比例设为固定范围。

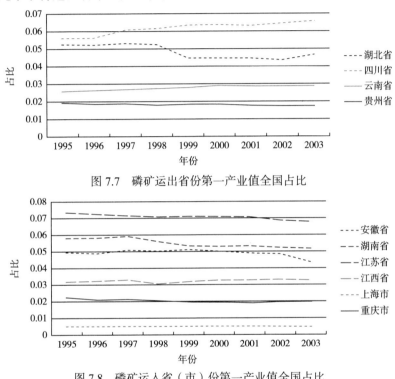

图 7.7　磷矿运出省份第一产业值全国占比

图 7.8　磷矿运入省（市）份第一产业值全国占比

相关数据均来源于国家统计局

通过以上分析，可以得到各省（市）磷矿需求全国占比，见表 7.7。

表 7.7　各省（市）磷矿需求全国占比

省（市）	范围 a（上四分位数）	范围 b（下四分位数）
安徽	4.917%	4.242%
湖北	5.311%	4.707%
湖南	5.736%	5.288%
江西	3.258%	3.099%
四川	6.538%	6.150%
云南	3.008%	2.775%
重庆	2.034%	1.766%
贵州	1.831%	1.597%

最后得到各省需求：

$$P_i = P_1 \cdot p_i \qquad (7.32)$$

其中，P_i 为各省磷矿需求量；p_i 为各省需求占比。

4）磷矿供给

（1）历年磷矿运出省生产量数据分析。通过对贵州省、湖北省、云南省三省 1978~2003 年统计年鉴进行整理，可以得到如表 7.8 所示各省磷矿历年生产量。

表 7.8　各省磷矿历年生产量（单位：万吨）

年份	贵州省	湖北省	云南省
2003	681.50	783.68	1 182.49
2002	569.37	729.20	1 255.82
2001	481.96	669.91	934.16
2000	433.52	588.70	921.11
1999	391.20	493.92	982.88
1998	350.41	436.51	800.45
1997	319.40	509.91	791.46
1996	288.99	446.40	763.58
1995	255.09	390.81	665.98
1994	232.52	341.43	
1993		307.00	
1992		348.42	
1991		342.96	
1990		323.86	485.73
1989		285.46	437.12
1988		281.82	338.64
1987		248.39	326.39
1986		162.58	259.00
1985		92.77	172.09
1984		214.34	376.36
1983		216.72	336.64
1982		207.98	300.93
1981		170.03	316.45
1980		188.02	286.85
1979		124.61	192.62
1978		169.02	277.30

通过对三省历年磷矿生产数据分析可以得到如图 7.9 所示的三省第二产业值与磷矿产量散点图，可以看出，第二产业值和磷矿产量之间存在线性关系，并设

定四川省第二产业值与磷矿产量之间也存在这样的关系。

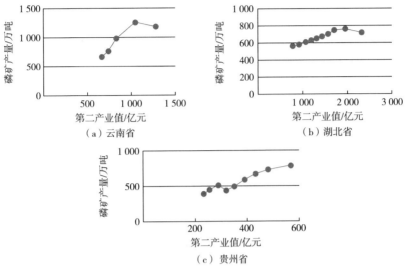

图 7.9　三省第二产业值与磷矿产量散点图

（2）各省磷矿产量模型为

$$P_{2i} = \alpha_i \cdot \text{GDP}_{2i} + \beta_i \qquad (7.33)$$

其中，P_{2i} 为各省磷矿产量；GDP_{2i} 为各省第二产业值（亿元）。

根据表 7.8，由 SPSS 回归得到以下三省磷矿产量模型。

贵州省：$P_2 = 1.21 \cdot \text{GDP}_2 + 114.245$。

湖北省：$P_2 = 0.129 \cdot \text{GDP}_2 + 479.861$。

云南省：$P_2 = 0.943 \cdot \text{GDP}_2 + 82.584$。

3. 煤炭需求建模

1）全国煤炭需求

一次能源（尤其是煤炭）的消费随着经济的增长呈现出倒"U"形（库兹涅茨曲线）变化规律（方行明等，2014），总共经历了两个阶段，第一阶段是上升阶段，能源是经济增长的主要驱动因素，能源需求快速增加；第二阶段是下降阶段，除了能源、技术进步、政策调整等因素外，其他因素的作用逐渐明显，该阶段能源消费随着经济的增长而不断下降（刘顺艳和孙根年，2009）。

当前，对煤炭需求的建模主要有直接、间接、综合三种方法。考虑到煤炭需求的内生性，应使用间接方法，即首先对煤炭需求影响因素进行建模，然后根据煤炭需求与该影响因素间的关系来对煤炭长期需求进行建模。城镇化水平、产业结构及能源加工转换效率等因素都影响着对煤炭的需求。其中，城镇化水平标志着社会经济的发展，城镇化直接影响着产业结构以及能源消费结构，从而对煤炭需求形成巨大影响（陈正，2011）。

如图7.10所示，根据1978~2003年全国煤炭消费量随城镇化率变化情况分析可以看出，煤炭消费量随着城镇化率的升高呈现出线性发展趋势，从而二者具有线性关系。利用 SPSS 对煤炭消费量与城镇化率进行相关分析，得到相关系数为0.955，二者之间显著线性相关。所以将城镇化率作为影响煤炭需求的核心因素来对煤炭需求进行建模。

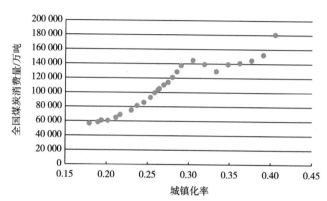

图7.10　1978~2003年全国煤炭消费量随城镇化率变化情况
相关数据来自国家统计局

从而，第 t 年的全国煤炭需求量（万吨）为

$$D_{\text{coal}}(t) = a + b\text{Urb}(t) \tag{7.34}$$

其中，$\text{Urb}(t)$ 为第 t 年的城镇化率。

对式（7.34）进行拟合，得到 $a = -3.687\text{e}+04$，$b = 5.230\text{e}+05$。

关于城镇化率的研究有很多，其中常用的是美国的城市地理学家 Northam（1979）的研究，他通过对一些发达国家城镇化进程的分析发现：城镇化发展过程呈现出"S"形曲线规律，从缓慢增长，到加速增长，再到增速放缓的缓慢进程。

因此，国内外很多学者利用 Logistic 方程来刻画城镇化率的"S"形曲线过程变化（陈彦光和郭红建，1999），并且发现城镇化率与人均 GDP 具有显著的正相关关系（夏翃，2008；谢昆，2013）。

如图7.11所示，通过对1952~2003年我国城镇化率随人均 GDP 变化情况的分析可见，城镇化率有"S"形发展趋势，且我国城镇化率尚未达到峰值。通过用 SPSS 对二者进行相关性分析，得到相关系数为0.974，故二者之间显著性相关。

为考虑经济因素对煤炭需求的影响，本书使用生长曲线（Logistic 方程）模型对城镇化率进行内生性建模。从而第 t 年的城镇化率为

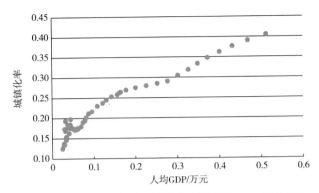

图 7.11　1952~2003 年我国城镇化率随人均 GDP 变化情况

相关数据均来源于国家统计局

$$\mathrm{Urb}(t) = \frac{U_m}{1 + a e^{-b_u \cdot y(t)}} \tag{7.35}$$

其中，U_m 为城镇化率峰值，根据发达国家经验以及国内外学者的研究，U_m 取值在（0.75，0.85）（陈素平等，2015），本书综合各方面的研究，认为 U_m 取 0.75 比较合适。

利用 1952~2003 年的数据，使用 Matlab 对式（7.35）进行拟合，得到 a=3.698，b_u=3.146（标准差=0.118 9）。其中，b_u 为城镇化率随人均 GDP 的增长率，为深度不确定性因素。

2）各省市煤炭需求预测

在 20 世纪 90 年代前后，随着工业化、城镇化水平的提高，煤炭的消耗量直接影响着各省的经济发展。在长江流域，除了江苏、上海发展较快外，其余大部分中部省市的发展速度没有太大差异，所以可以认为中部省市的煤炭需求占全国煤炭需求比例不会出现大的变化。另外，经过三峡的煤炭几乎都是下行，而且江苏、上海等东部省市的大部分煤炭都是从山西、安徽等地通过水路及铁路运输获得。对我国 1995~2003 年长江流域各省市煤炭消耗占全国比例进行分析，得到图 7.12。

因此，对于各省市的煤炭需求，我们将根据历史数据，给出各省市的煤炭需求比例范围。假设各省市煤炭需求比例如下。

上海：ω_1（0.015，0.035）　　　江苏：ω_2（0.055，0.080）

安徽：ω_3（0.035，0.045）　　　江西：ω_4（0.017，0.021）

湖北：ω_5（0.036，0.046）　　　湖南：ω_6（0.023，0.040）

重庆：ω_7（0.013，0.022）　　　四川：ω_8（0.030，0.060）

云南：ω_9（0.019，0.030）　　　贵州：ω_{10}（0.030，0.040）

其中：$\sum_{i=1}^{10} \omega_i = (0.35, 0.41)$

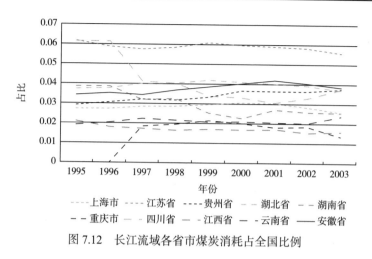

图 7.12 长江流域各省市煤炭消耗占全国比例

3）各省市煤炭生产预测

在煤炭储量比较高的省市，其煤炭生产量快速增长，如贵州、云南、安徽、湖南等省。而对于其他煤炭储量不高的省市，其煤炭生产量相对比较平稳。由于煤炭的生产主要取决于煤炭的需求，因此，应建立全国煤炭产量与需求量之间的函数关系，即建立各省市煤炭产量和全国煤炭产量、煤炭储量及能源效率的函数。

全国煤炭产量为

$$\text{CoalPro} = \beta_0 + \beta_1 \text{CoalDmd} \tag{7.36}$$

其中，CoalPro 表示全国煤炭产量；CoalDmd 表示全国煤炭需求量。

各省市煤炭产量比例为

上海：ω_1（0，0）　　　　　　江苏：ω_2（0.005，0.016）

安徽：ω_3（0.035，0.045）　　江西：ω_4（0.008，0.012）

湖北：ω_5（0.002 0，0.003 5）　湖南：ω_6（0.015，0.025）

重庆：ω_7（0，0）　　　　　　四川：ω_8（0.020，0.031）

云南：ω_9（0.025，0.031）　　贵州：ω_{10}（0.040，0.052）

其中：$\sum_{i=1}^{10} \omega_i = (0.17, 0.19)$

4）煤炭运输规则

由上面分析可知，通过三峡的煤炭基本上都是下行，即由云、贵、川等地运往长江中下游。而江苏、上海的煤炭主要是从山西、陕西等地通过铁路及海运等方式运来。对于运输方式将选择效用最高的，而对于目的地省市的选择，将优先满足单位效用最高的省市。例如，四川有 A 吨煤炭需要运往湖南、湖北两地，湖南需要 B 吨，湖北需要 C 吨。由四川到湖南的运输方式的效用分别为：公路 1、铁路 2、水路 3。由四川到湖北的运输方式的效用分别为：公路 4、铁路 6、水路 5。

那么由四川到湖南将选择水路，四川到湖北将选择铁路。由四川到湖南的单位效用为 $3/B$；由四川到湖北的单位效用为 $6/C$。如果 $B+C<A$，且 $6/C>3/B$，那么四川将优先满足湖北的 C 吨需求。

4. 矿建材料需求建模

全国矿建材料需求。运输中的矿建材料主要有黄沙和石料（黄强，2006；陈淑楣和杜经农，2006），而矿建材料和水泥需求主要受到固定资产投资（交通部水运司，2006），即房地产与基础设施建设的影响。目前，建设施工中使用量最大且最广泛的建筑材料是水泥混凝土（郭宝锋，2014），其由水泥、沙、石料、水等按一定比例混合而成。通过对不同型号混凝土相关数据的分析，发现混凝土中沙与水泥的质量比一般在（1.01，2.29），石与水泥的质量比一般在（2.06，3.53），沙石（黄沙与碎石等）与水泥的质量比 θ 在（3.32，5.51），取 θ =4.42。

则 t 年时，全国矿建材料（沙石）消费量（万吨）为

$$D_{sandstone}(t) = \theta \cdot D_{cement}(t) \tag{7.37}$$

t 年时，全国水泥消费量（万吨）为

$$D_{cement}(t) = d_{cement}(t) \cdot N(t) \tag{7.38}$$

发达国家的水泥消费经验及有关学者的研究表明，水泥消费量与经济发展速度密切相关，遵从"S"形曲线发展规律（曲艺，2011），也即在经济起步时缓慢增长，然后随着经济高速增长而快速增长，达到需求高峰期后再逐渐下降，最终趋于稳定。

如图 7.13 所示，通过对 1996~2003 年全国人均水泥消费量随人均 GDP 变化情况的分析，可见，随着人均 GDP 的升高人均水泥消费量呈增长趋势，且尚未达到峰值。通过 SPSS 对二者进行相关性分析，得到相关系数等于 0.976，表明二者显著性相关。

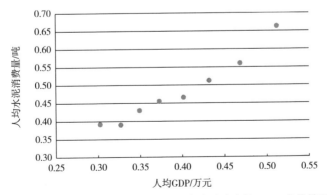

图 7.13　1996~2003 年全国人均水泥消费量随人均 GDP 变化情况

相关数据均来源于国家统计局

本书使用生长曲线（Logistic 模型）对人均水泥消费量进行建模。则第 t 年的人均水泥消费量（吨）为

$$d_{\text{cement}}(t) = \frac{c_m}{1 + a\mathrm{e}^{-b_\mathrm{c}y(t)}} \tag{7.39}$$

其中，c_m 为人均水泥消费量峰值，单位为吨。

通过 Matlab 对式（7.39）进行拟合，得到 $a=-0.305$，$b_\mathrm{c}=-1.638$（标准差=1.439 6），$c_m=0.194$。其中，b_c 为人均水泥需求随人均 GDP 的增长率，为深度不确定性因素。

5. 全国石油需求

国内外学者的相关研究表明，随着人均 GDP 的增长，人均石油消费量呈现出"S"形变化轨迹（高娜，2013；张德义，2012；李振宇等，2014），也即人均石油消费量在经历快速上升阶段后，缓慢增长，达到峰值后便会下降或稳定在一定范围之内。

如图 7.14 所示，通过对 1978~2003 年我国人均石油消费量随人均 GDP 变化情况的分析，可以看出，人均石油消费量随人均 GDP 之升高呈现出"S"形发展趋势，且我国人均石油消费量尚未达到峰值。通过 SPSS 对二者进行相关性分析，计算出相关系数等于 0.985，可见，二者显著相关。

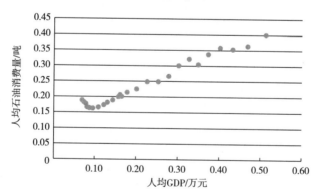

图 7.14　1978~2003 年我国人均石油消费量随人均 GDP 变化情况
相关数据均来源于国家统计局

本书使用生长曲线（Logistic 模型）对人均石油消费量进行建模，即第 t 年的人均石油消费量（吨）为

$$d_{\text{oil}}(t) = \frac{o_m}{1 + a\mathrm{e}^{-b_\mathrm{o} \cdot y(t)}} \tag{7.40}$$

其中，o_m 为人均石油消费量峰值，单位为吨。

通过 Matlab 对式（7.40）进行拟合，得到 $a=5.541\ 7$，$b_\mathrm{o}=2.963\ 4$，$o_m=0.915$。

其中，b_0 为人均石油需求随人均 GDP 的增长率，为深度不确定性因素。

从而，第 t 年的全国石油需求量（万吨）为

$$D_{\text{oil}}(t) = d_{\text{oil}}(t) N(t) \tag{7.41}$$

7.3　三峡工程航运鲁棒决策研究

7.3.1　模型校验

1. 当初论证的模型

在经济发展和航运设施改善的条件下，长江货运量持续增长。随着运量的不断增长和平均运距的增加，船型和船队也逐步向标准化、大型化方向发展，以利于提高航道和船闸的通过能力，提高港口的装卸效率和船舶的营运效率[①]。

而对于远期的下水过坝量，长航、长办和重庆市三峡办公室分别进行了调查研究和分析预测。鉴于西南地区矿产资源丰富，所以随着我国经济开发由东向西转移和商品经济的发展，西南对外物资交流必将相应增加。三个单位在论证时从宏观角度出发，采用多种论证方法，确定最终预测结果。专家组考虑到对于今后几十年内西南和鄂西地区的经济发展应有足够估计，认为将 2030 年下水过坝量定位 5 000 万吨是适当的[①]。

2. 实际情形

纵观三峡工程航运决策过程，其通过川江运量的预测来设计各候选航运方案，并通过经济效益等方面的分析来评价并选择方案。在 1981~2003 年，三峡枢纽区域货运通过量缓慢增长。而自 2003 年三峡工程开闸蓄水之后，三峡枢纽区域货运通过量总体上在快速增长，并于 2011 年超过了 1 亿吨，提前 19 年达到且超出三峡船闸双向 1 亿吨/年的设计通过能力目标。

三峡工程建成后，长江航运的货运量发展迅速，远远超过"原论证"阶段的货运量。而三峡工程的建成，使船舶通过船闸需要耗费时间，进而可能增加船舶的待闸时间，从而造成拥堵，这与当初论证时各单位预测的结果差异较大。由于三峡工程属于重大工程，本来就具有深度不确定性，从而造成各单位预测的结果

[①] 资料来源：《长江三峡工程泥沙与航运专题：航运论证报告》。

与实际相比差异较大。

3. 校验模型

由于当初的论证结果和实际值存在较大的偏差,所以本书使用一种不同于之前的预测方法进行模型校验。通过对多方面影响因素进行分析,得到表 7.9 中 $n=2015$ 时各项指标的上四分位数值,并将其与实际值进行比较。

表 7.9　$n=2015$ 时各项指标的上四分位数

方案	平均待闸时间 T /小时	货运量/万吨
L_{01}	264.519 468 60	10 510.017 71
L_{02}	59.168 680 77	10 723.619 97
L_{03}	62.168 882 06	10 510.017 71
L_{04}	50.385 105 65	10 510.017 71
L_{05}	42.529 254 70	10 510.017 71
L_{06}	175.512 529 00	10 510.017 71
L_{07}	59.168 680 77	10 723.619 97
L_{08}	51.340 065 46	10 723.619 97
L_{09}	43.325 054 55	10 723.619 97
L_{10}	44.498 182 93	10 723.619 97
L_{11}	46.315 632 25	10 510.017 71
L_{12}	37.702 505 80	10 510.017 71
L_{13}	31.960 421 50	10 510.017 71
L_{14}	44.498 182 93	10 723.619 97
L_{15}	38.723 437 32	10 723.619 97
L_{16}	32.811 197 77	10 723.619 97

通过与实际三峡航运方案进行对比,发现方案 L_{08} 与当前三峡航运方案基本吻合。将方案 L_{08} 在 $n=2015$ 时的平均待闸时间 T 和货运量的预测结果与实际情况进行比较,发现结果具有高度一致性。

7.3.2　三峡工程情景发现与方案分析

本书将分别研究 $n=2015$ 和 $n=2050$ 时航运方案的表现。首先以 $n=2015$ 为例,进行详细阐述;其次研究 $n=2050$ 时航运方案的表现,并将其与 $n=2015$ 时的表现进行对比分析。

1. 情景构建

在 7.2 节中已经找出了影响三峡工程航运的 15 个深度不确定因素，本节将对这 15 个深度不确定性参数 $X = \{X_1, X_2, \cdots, X_{15}\}$ 进行拉丁超立方体抽样，从而得到 20 000 个情景。

其中，拉丁超立方体抽样，即多维分层抽样。这里，要在 15 维向量空间里抽取 20 000 个情景。首先，将每一维分成 20 000 个互不重叠而且长度相同（考虑均匀分布）的区间。其次，在每一维中的每个区间里随机地抽取一个点。最后，从每一维中，随机地抽取上步中所选取的点，将它们随机组成一个 15 维向量。因此，每一个情景即一个 15 维向量，包含 15 个深度不确定参数的取值，是一个深度不确定性组合。

这 20 000 个情景即 20 000 个深度不确定性组合，构成 20 000 个情景，每个情景都是未来的一种可能状态。情景集合记为 $F = \{F_1, F_2, \cdots, F_{20\,000}\}$。每个情景都可以看作由 15 个深度不确定性参数构成的 15 维列向量，即 $\boldsymbol{F}_j = \{X_{1j}, X_{2j}, \cdots, X_{15j}\}$。

方案集 $L = \{L_{01}, L_{02}, \cdots, L_{06}\}$ 与情景集 $F = \{F_1, F_2, \cdots, F_{20\,000}\}$ 共同构成了未来集合 E，即 $E = L \times F$，包括未来的方案与未来的可能状态。

对方案集 $L = \{L_{01}, L_{02}, \cdots, L_{06}\}$ 中的每个方案在情景集 $F = \{F_1, F_2, \cdots, F_{20\,000}\}$ 中的每个未来情景作为深度不确定性参数输入的情况下进行仿真，并计算评价指标值 $M = \{T, U, LC\}$，则每个方案都可计算出 20 000 个指标集合值。

评价指标值只能反映每个方案在每个情景中自身的表现好坏，而其与其他方案在每个情景下表现的对比很难直观看出。很多学者利用后悔值和相对后悔值（Lempert et al., 2006）来衡量每个评价指标下，每个方案在每个情景中的表现的"遗憾"，从而能更好地对各个方案在大量未来情景中进行比较与评估。

$$\text{Regret}_{M_k}\left(L_i, F_j\right) = \underset{i=1,2,\cdots,8}{\text{Max}}\left[\text{Performance}_{M_k}\left(L_i, F_j\right)\right] - \text{Performance}_{M_k}\left(L_i, F_j\right) \quad (7.42)$$

$$\text{Relative\_Regret}_{M_k}\left(L_i, F_j\right) = \frac{\underset{i=1,2,\cdots,8}{\text{Max}}\left[\text{Performance}_{M_k}\left(L_i, F_j\right)\right] - \text{Performance}_{M_k}\left(L_i, F_j\right)}{\underset{i=1,2,\cdots,8}{\text{Max}}\left[\text{Performance}_{M_k}\left(L_i, F_j\right)\right]}$$

$$(7.43)$$

式（7.42）中，方案 L_i 在情景 F_j 下的后悔值为该情景下表现最好的方案的绩效与方案 L_i 在该情景下的绩效表现之差；式（7.43）中，则用上述差值除以情景 F_j 下表现最好的方案的绩效，来描述方案 L_i 在情景 F_j 下相对于该情景下表现最好的方案的后悔值。本书为综合考虑一定情景下表现最好的方案与最差的方案，对式（7.42）与式（7.43）进行改进，得到评价指标 M_k 下，方案 L_i 在情景 F_j 中相对于表现最好与最坏方案绩效之差的后悔值，也即相对后悔值，即

$$\text{Relative\_Regret}_{M_k}\left(L_i, F_j\right)$$

$$= \frac{\underset{i=1,2,\cdots,8}{\text{Max}}\left[\text{Performance}_{M_k}\left(L_i, F_j\right)\right] - \text{Performance}_{M_k}\left(L_i, F_j\right)}{\underset{i=1,2,\cdots,8}{\text{Max}}\left[\text{Performance}_{M_k}\left(L_i, F_j\right)\right] - \underset{i=1,2,\cdots,8}{\text{Min}}\left[\text{Performance}_{M_k}\left(L_i, F_j\right)\right]} \quad (7.44)$$

其中，M_k 为第 k 个评价指标，$M_1 = T$，$M_2 = U$，$M_3 = \text{LC}$；$j = 1,2,\cdots,20\,000$。$\text{Performance}_{M_k}\left(L_i, F_j\right)$ 表示在评价指标 M_k 下，方案 L_i 在情景 F_j 中的表现；$\underset{i=1,2,\cdots,8}{\text{Max}}\left[\text{Performance}_{M_k}\left(L_i, F_j\right)\right]$ 表示在评价指标 M_k 下，情景 F_j 中表现最好的方案的表现；$\underset{i=1,2,\cdots,8}{\text{Min}}\left[\text{Performance}_{M_k}\left(L_i, F_j\right)\right]$ 表示在评价指标 M_k 下，情景 F_j 中表现最差的方案的表现。也即评价指标 M_k 下方案 L_i 在情景 F_j 中的相对后悔值为该评价指标下情景 F_j 中表现最好的方案的表现与方案 L_i 在情景 F_j 中的表现之差，与情景 F_j 中最好的表现与最差的表现之差的比值。那么评价指标 M_k 下，方案 L_i 在情景 F_j 中的相对后悔值为 0 代表方案 L_i 即该评价指标下在情景 F_j 中表现最好的方案之一。

对于评价指标 M_1（T），方案 L_i 在情景 F_j 中的相对后悔值为

$$\text{Relative\_Regret}_T\left(L_i, F_j\right) = \frac{\underset{i=1,2,\cdots,8}{\text{Min}}\left[T\left(L_i, F_j\right)\right] - T\left(L_i, F_j\right)}{\underset{i=1,2,\cdots,8}{\text{Min}}\left[T\left(L_i, F_j\right)\right] - \underset{i=1,2,\cdots,8}{\text{Max}}\left[T\left(L_i, F_j\right)\right]} \quad (7.45)$$

对于评价指标 M_2（U），方案 L_i 在情景 F_j 中的相对后悔值为

$$\text{Relative\_Regret}_U\left(L_i, F_j\right) = \frac{\underset{i=1,2,\cdots,8}{\text{Max}}\left[U\left(L_i, F_j\right)\right] - U\left(L_i, F_j\right)}{\underset{i=1,2,\cdots,8}{\text{Max}}\left[U\left(L_i, F_j\right)\right] - \underset{i=1,2,\cdots,8}{\text{Min}}\left[U\left(L_i, F_j\right)\right]} \quad (7.46)$$

对于评价指标 M_3（LC），方案 L_i 在情景 F_j 中的相对后悔值为

$$\text{Relative\_Regret}_{\text{LC}}\left(L_i, F_j\right) = \frac{\underset{i=1,2,\cdots,8}{\text{Min}}\left[\text{LC}\left(L_i, F_j\right)\right] - \text{LC}\left(L_i, F_j\right)}{\underset{i=1,2,\cdots,8}{\text{Min}}\left[\text{LC}\left(L_i, F_j\right)\right] - \underset{i=1,2,\cdots,8}{\text{Max}}\left[\text{LC}\left(L_i, F_j\right)\right]} \quad (7.47)$$

从而，在上述仿真的同时，也计算每个方案在每个评价指标下于每个情景中的相对后悔。最后，得到 $6 \times 20\,000$ 条记录，每条记录包括 21 个参数（包括 15 个深度不确定性参数 $F_j = \{X_{1j}, X_{2j}, \cdots, X_{15j}\}$，方案 L_i 在情景 F_j 下的表现 $M\left(L_i, F_j\right) = \left\{T\left(L_i, F_j\right), U\left(L_i, F_j\right), \text{LC}\left(L_i, F_j\right)\right\}$ 及相对后悔值 $\text{Relative\_Regret}_T\left(L_i, F_j\right)$、$\text{Relative\_Regret}_U\left(L_i, F_j\right)$、$\text{Relative\_Regret}_{\text{LC}}\left(L_i, F_j\right)$）。

2. 工程决策度量

本章分别描述了初始决策方案在 $n = 2015$ 和 $n = 2050$ 时的表现，依据以上三种

评价指标对前 6 种初始相关方案进行初始鲁棒方案选取。对 6 个初始方案在 20 000 个情景中进行仿真，根据仿真的结果，画出各评价指标下各方案在各情景中的相对后悔值的箱线图。

当 n =2015 时，通过仿真得到图 7.15 中（a）、（b）、（c）所示的结果。进一步得到各评价指标下各方案在大量情景中的上四分位相对后悔值，如图 7.15（d）所示。

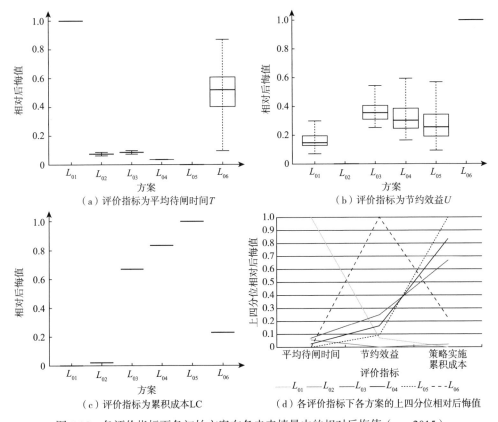

（a）评价指标为平均待闸时间 T

（b）评价指标为节约效益 U

（c）评价指标为累积成本 LC

（d）各评价指标下各方案的上四分位相对后悔值

图 7.15　各评价指标下各初始方案在各未来情景中的相对后悔值（ n =2015 ）

由图 7.15 可以看出，在初始鲁棒方案选取时，可以发现 L_{05} 虽在评价指标 T 下表现最好，但其在评价指标 U 及 LC 下均表现较差；L_{02} 在评价指标 U 下表现最好，在评价指标 LC 下的表现较好，但其在评价指标 T 下表现相对较差；L_{01} 虽在评价指标 LC 中表现最好，但其在评价指标 T 及 U 下表现均特别差。

从而，可以看出，方案 L_{02} 是鲁棒性相对较好的方案。因此，n =2015 时，同样选取方案 L_{02} 为初始候选鲁棒方案。

当 n = 2050 时，同样对 6 种初始方案在 20 000 个情景中进行仿真，得到各评价指标下各方案于各情景中的相对后悔值，如图 7.16 中（a）、（b）、（c）所示的结果。进一步得到各评价指标下各方案在大量情景中的上四分位相对后悔值，如图 7.16（d）所示。

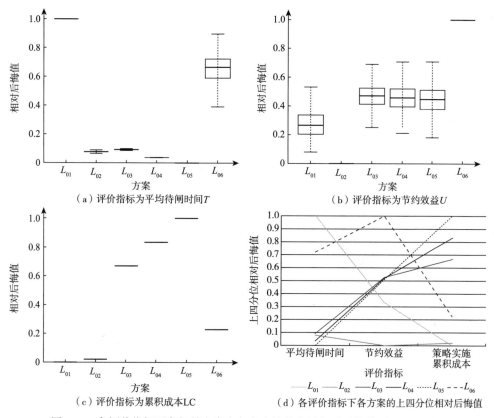

图 7.16　各评价指标下各初始方案在各未来情景中的相对后悔值（ n =2050）

对图 7.16（a）中评价指标 T 下每个方案在每个情景中的相对后悔值进行分析，可以发现：评价指标 T 的上四分位相对后悔值最小的方案是 L_{05} ，其最大相对后悔值为 0，说明 L_{05} 是评价指标 T 下在这 20 000 个情景中表现最好的方案； L_{04} 的表现次之； L_{02} 、 L_{03} 的表现稍差； L_{01} 、 L_{06} 在评价指标 T 下的上四分位数相对于其他方案表现更差。

对图 7.16（b）中评价指标 U 下每个方案在每个情景中的相对后悔值进行分析，可以发现：评价指标 U 的上四分位相对后悔值最小的方案是 L_{02} ，其最大相对后悔值均为 0，说明这些方案是评价指标 U 下在这 20 000 个情景中表现最好的方案； L_{01} 、 L_{03} 、 L_{04} 、 L_{05} 的表现稍差；方案 L_{06} 表现最差，其最小相对后悔值为 1。

对图 7.16（c）中评价指标 LC 下每个方案在每个情景中的相对后悔值进行分析，可以发现：评价指标 LC 的上四分位相对后悔值最小的方案是 L_{01} ，其最大相对后悔值为 0，说明 L_{01} 是评价指标 LC 下表现最好的方案；其次是方案 L_{02}，表现较好；方案 L_{03}、L_{06} 的表现稍差；方案 L_{04}、L_{05} 的表现更差。

根据上述分析，再结合对图 7.16（d）中各方案在各评价指标下对大量未来情景中的上四分位相对后悔值的分析，可以看出：在这 20 000 个情景中，评价指标 T 下表现最好的方案 L_{05} 在评价指标 U 及 LC 下均表现特别差；而评价指标 T 下表现相对较好的方案 L_{02}，在评价指标 LC 下表现比 L_{05} 好，其在评价指标 U 下表现最好。在评价指标 U 下表现最好的方案 L_{02} 虽然在评价指标 LC 下表现次好，但其在评价指标 T 下表现相对较差。

综上所述，结合各个评价指标下方案的表现，发现方案 L_{02} 虽然在评价指标 T 下表现较差，但其在另外两个评价指标下均表现很好甚至最好；方案 L_{05} 虽然在评价指标 T 下表现较好，但其在另外两个评价指标下均表现较差；L_{01} 虽然在评价指标 LC 下表现较好，但其在另外两个评价指标下均表现非常差；其他方案均在两个甚至三个评价指标中表现都很差。可见，方案 L_{02} 是鲁棒性相对较好的方案。因此，本节选取方案 L_{02} 为初始候选鲁棒方案。

从而可以看出，方案 L_{02} 是鲁棒性相对较好的方案。因此，无论是 $n=2015$ 还是 $n=2050$，都选取方案 L_{02} 作为初始候选鲁棒方案。

3. 情景发现

由上文分析可知，需要对 L_{02} 在评价指标 T 下的表现进行分析，识别其在哪些情景下表现不好，也即识别它的脆弱性。因此，接下来将在评价指标 T 下对初始候选鲁棒方案 L_{02} 进行情景发现，以研究 L_{02} 在哪些情景中表现出脆弱性。

在评价指标 T 下，利用忍耐规则归纳方法（patient rule induction method，PRIM）（Bryant and Lempert，2010）执行块搜索，来构建情景箱。通过 PRIM 对 L_{02} 在评价指标 T 下的 20 000 个相对后悔值进行分析，共得到六个情景箱（box1，box2，…，box6）。

通过对仿真结果进行深入分析可知，初始候选鲁棒方案 L_{02} 在评价指标 U 下的上四分位相对后悔值为 0，方案 L_{02} 在评价指标 T 下的上四分位相对后悔值相对于另外两个指标较大，故需要对方案 L_{02} 在评价指标 T 下进行情景发现。

综合考虑密度和覆盖率，对每个情景箱进行分析，研究其中每个深度不确定性因素的范围。发现其中 6 个深度不确定性因素需要重点考虑，也即关键因素，从而得到使 L_{02} 脆弱的情景（vulnerable scenario）。脆弱情景通过不确定性参数组合范围的形式描述了初始候选鲁棒方案的脆弱性。

当 $n=2015$ 时，通过 PRIM 分析，得到鲁棒决策脆弱情景中的 6 个关键因素的取值范围，即当 φ 大于 0.037 4，μ 小于 0.553 7，τ 大于 0.4，p 大于 0.704 5，q_3 小

于 0.79，d 小于 0.043 2 时，所构建的脆弱情景箱的密度函数为 0.722，表明脆弱情景下，使用初始鲁棒方案时有 72.2%的可能性是平均待闸时间高于 72 小时的。而拉丁立方体抽样出来的 20 000 个情景中有 2 199 个情景是脆弱情景。下面给出脆弱情景中 6 个关键因素的箱线图，如图 7.17 所示。

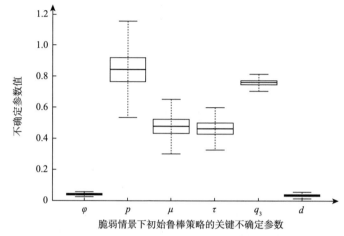

图 7.17　评价指标 T 下使初始候选鲁棒方案脆弱的情景（n =2015）

当 n =2050 时，通过 PRIM 分析，得到鲁棒决策脆弱情景中的 6 个关键因素的取值范围，即当 φ 大于 0.034 3，μ 小于 0.494 5，τ 大于 0.382 7，p 大于 0.691 2，q_3 小于 0.780 7，d 小于 0.048 1 时，所构建的脆弱情景箱的密度函数为 0.726，表明脆弱情景下，使用初始鲁棒方案时有 72.6%的可能性是平均待闸时间高于 96 小时的。而拉丁立方体抽样出来的 20 000 个情景中有 3 099 个情景是脆弱情景。下面给出脆弱情景中 6 个关键因素的箱线图，如图 7.18 所示。

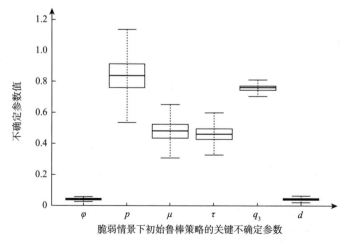

图 7.18　评价指标 T 下使初始候选鲁棒方案脆弱的情景（n=2050）

4. 决策方案分析

为了发掘比初始鲁棒方案在各指标下表现更好的方案，对初始方案进行组合得到 L_{07}，L_{08}，…，L_{16}，增加了 10 个候选鲁棒方案，共计 16 个方案。

情景发现中识别了初始候选鲁棒方案 L_{02} 的脆弱性，接下来要识别这样的方案，其满足如下条件：在多情景下绩效指标和 L_{02} 相差不大，或者比 L_{02} 弱一点；在脆弱情景下比 L_{02} 绩效表现好。

当 $n=2015$ 时，分别得出评价指标 T、U、LC 下，脆弱与非脆弱情景下 16 个方案的上四分位相对后悔值，分别如图 7.19 中（a）、（b）、（c）所示。

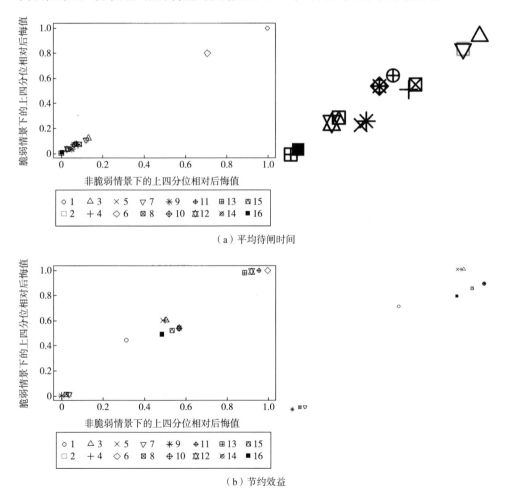

（a）平均待闸时间

（b）节约效益

图 7.19　$n=2015$ 时各评价指标下各方案在各未来情景中的相对后悔值

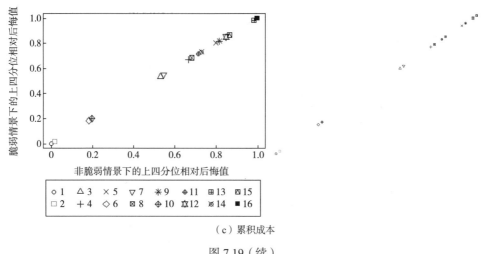

（c）累积成本

图 7.19（续）

通过图 7.19 中（a）、（b）、（c）可以看出，L_{13} 在评价指标 T 下表现最好，但其在评价指标 U 及 LC 下均表现特别差；L_{09} 在评价指标 U 下表现最好，在评价指标 T 下表现较好，在评价指标 LC 下表现比较差；L_{08} 在评价指标 U 下表现次好，在评价指标 T 和评价指标 LC 下表现一般；方案 L_1 虽然在评价指标 LC 下表现最好，但其在评价指标 T 及 U 下均表现特别差。

根据上述分析，相比初始鲁棒方案 L_{02}，方案 L_{08} 和 L_{09} 在脆弱情景和非脆弱情景下表现相对较好，因此，该方案可作为方案更新后的鲁棒方案。

当 $n = 2050$ 时，分别得出评价指标 T、U、LC 下，脆弱与非脆弱情景下 16 个方案的上四分位相对后悔值，如图 7.20 所示。

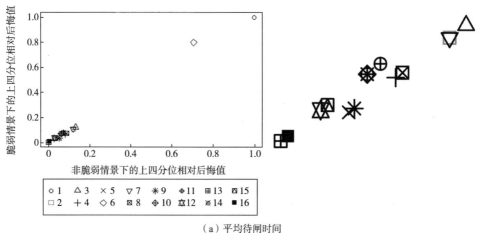

（a）平均待闸时间

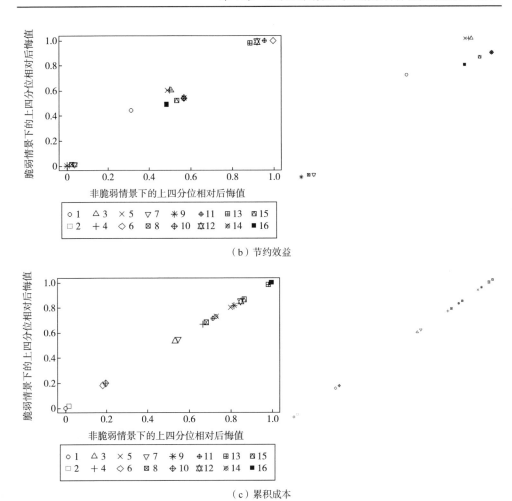

（b）节约效益

（c）累积成本

图 7.20 $n = 2050$ 时各评价指标下各方案在各未来情景中的相对后悔值

通过图 7.20 中（a）、（b）、（c）可以看出，L_{13} 在评价指标 T 下表现最好，但其在评价指标 U 及 LC 下均表现特别差；L_{09} 在评价指标 U 下表现最好，在评价指标 T 下表现较好，在评价指标 LC 下表现比较差；L_{08} 在评价指标 U 下表现次好，在评价指标 T 和评价指标 LC 下表现一般；方案 L_1 虽然在评价指标 LC 下表现最好，但其在评价指标 T 及 U 下均表现特别差。

根据上述分析可以发现，无论是 $n =2015$ 还是 $n =2050$，结果都表现出高度的一致性，即相比初始鲁棒方案 L_{02}，方案 L_{08} 和 L_{09} 在脆弱情景和非脆弱情景下表现相对较好，因此，该方案可作为方案更新后的鲁棒方案。

无论是选取初始鲁棒方案，还是加入组合方案后进行决策方案分析，各方案在 $n =2015$ 时的表现与 $n =2050$ 时的表现在总体上是一致的。

7.4 重大工程情景鲁棒性决策分析

本章主要是使用鲁棒决策方法对三峡工程航运决策问题进行研究。

第一，简单介绍了三峡工程的背景以及三峡工程通航现状，同时也分析了其给航运所带来的经济效益，并回顾了当初对三峡工程决策的论证。

第二，对三峡工程航运系统进行分析，为系统建模奠定基础。通过对系统外部自然、经济、社会、交通等环境的分析，发现三峡工程航运决策的本质是深度不确定下的复杂系统决策。对三峡工程航运系统进行建模，模型主要包括人口模型、经济模型和运输需求模型。其中人口模型是利用 Logistic 人口模型对社会系统中的人口进行生长性建模；经济模型是根据经济发展与资本、劳动投入及全要素生产率间的关系，利用生产函数对经济系统中的 GDP 进行建模；运输模型是在货运需求影响因素分析的基础上，对磷矿、煤炭、矿建材料和石油进行建模。

第三，对当初论证的模型进行校验。先以 $n=2015$ 为例，对三峡工程航运决策问题进行了不确定性分析。通过拉丁超立方体抽样，构建了 20 000 个未来情景；对每个方案在每个未来情景作为深度不确定性参数输入的情况下进行了仿真，得到了每个评价指标下每个方案在每个情景中的评价指标值及相对后悔值；通过对相对后悔值的分析，发现 L_{02} 是鲁棒性相对较好的方案，从而选择了 L_{02} 作为初始候选鲁棒方案。

第四，对初始候选鲁棒方案进行了情景发现。利用 PRIM 构建了 6 个情景箱，识别出使 L_{02} 脆弱的 6 个关键深度不确定性因素及其范围，得到脆弱情景与非脆弱情景。

第五，在初始鲁棒方案的基础上加入组合方案，再对脆弱与非脆弱情景下方案的表现进行分析。通过对三个评价指标下脆弱情景与非脆弱情景中各方案的上四分位相对后悔值的综合分析，寻找出多情景下绩效表现和 L_{02} 相差不大、脆弱情景下比 L_{02} 绩效表现好的方案，最后得到 L_{08}、L_{09} 可以作为后续更新的鲁棒性相对较好的方案。

第六，研究了航运方案在中长期（$n=2050$）的表现。通过不确定性分析，发现各评价指标下各方案的表现与 $n=2015$ 时总体一致，也选定了 L_{02} 作为初始候选鲁棒方案；通过 PRIM 识别的脆弱情景中的关键深度不确定性因素与 $n=2015$ 时是一致的，这些关键因素的范围相对于 $n=2050$ 时有所缩减；对脆弱与非脆弱情景中各方案在各评价指标下的表现进行了分析，并寻找与多情景下绩效表现和 L_{02} 相差不大、脆弱情景下比 L_{02} 绩效表现好的方案，得到 L_{08}、L_{09} 依然是后续更新的鲁棒性相对较好的方案。

总之，本章使用鲁棒决策方法对三峡工程航运决策问题进行了研究，将原来复杂、多维的深度不确定性问题进行了简化，最终给出了决策者需要重点考虑的方案及脆弱性。

参 考 文 献

陈昌兵. 2014. 可变折旧率估计及资本存量测算[J]. 经济研究，（12）：72-85.

陈琳，孙有望. 2008. 基于城市产业结构变化的货运量预测实证研究[J]. 交通与运输，（H12）：72-74.

陈任贤. 1991. 葛洲坝水电站投资综合效益分析[J]. 投资与建设，（8）：48-51.

陈淑楣，杜经农. 2006. 关于三峡坝区翻坝运输的若干思考[J]. 武汉交通职业学院学报，8（2）：6-8.

陈素平，张乐勤，许信旺. 2015. 基于 Logistic 模型的中国城镇化演进阶段特征及趋势探析[J]. 干旱区地理（汉文版），38（2）：384-390.

陈彦光，郭红建. 1999. 城市化水平 Logistic 方程参数性质的初步探讨[J]. 信阳师范学院学报（自然科学版），12（1）：65-69.

陈正. 2011. 中国煤炭需求的影响因素分析及峰值预测[J]. 商业经济与管理，（11）：69-77.

楚钰. 2003. 全要素生产率[J]. 政策，（1）：32.

董晓花，王欣，陈利. 2008. 柯布-道格拉斯生产函数理论研究综述[J]. 生产力研究，（3）：148-150.

杜嘉. 2008. 长江三峡枢纽水路客货运输量预测[D]. 重庆交通大学硕士学位论文.

杜志芳. 2011. 综合货运枢纽公路货运场站布局规划研究[D]. 北京交通大学硕士学位论文.

方行明，杨锦英，郑欢. 2014. 中国煤炭需求增长极限及其调控[J]. 经济理论与经济管理，（12）：63-73.

冯余. 2006. 货物运输市场需求与供给的机理研究[D]. 大连海事大学硕士学位论文.

高娜. 2013. 关于中国石油消费环节的分析[J]. 科技创新与应用，（25）：243.

龚六堂，谢丹阳. 2004. 我国省份之间的要素流动和边际生产率的差异分析[J]. 经济研究，（1）：45-53.

古明明，张勇. 2012. 中国资本存量的再估算和分解[J]. 经济理论与经济管理，（12）：29-41.

顾荣忠，吴风平，何惠. 1995. 江苏省航运量的预测[J]. 河海大学学报（自然科学版），（6）：53-58.

郭宝锋. 2014. 水泥混凝土配合比设计影响因素探析[J]. 四川水泥，（12）：97.

郭涛. 2011. 三峡工程的航运效益分析[J]. 水运工程，（7）：104-106.

韩涛. 2009. 长江小南海枢纽过坝货运量预测与通航规模研究[D]. 重庆交通大学硕士学位论文.

何军红，李皓，康风举，等. 2011. 三峡五级船闸运行系统仿真技术研究[J]. 计算机仿真，18（3）：76-79.

贺菊煌. 1992. 我国资产的估算[J]. 数量经济技术经济研究，（8）：24-27.

贺晓琴，陈峻，卞华. 2006. BP 神经网络在航道网总运量预测中的应用[J]. 水运管理，28（8）：16-18.

胡雪梅，杨忠超，柳恩梅，等. 2007. 乌江银盘枢纽工程河段货运量神经网络预测研究[J]. 中国水运（学术版），7（11）：118-119.

黄强. 2006. 长江航运物流需求分析[J]. 中国水运，（4）：20-21.

贾润东. 2011. 基于遗传算法的水路交通运输量预测与营运组织方案研究[D]. 长安大学硕士学位论文.

交通部水运司. 2006. 固定投资推动矿建材料增幅高达68% 一季度水运重点物资需求旺盛[J]. 中国水运，（5）：61.

雷辉，张娟. 2014. 我国资本存量的重估及比较分析：1952-2012[J]. 经济问题探索，（7）：16-21.

李红喜，奇迹. 2012. 区域航运量预测模型研究[J]. 中国水运，12（5）：55-56.

李维，高辉，罗英杰，等. 2015. 国内外磷矿资源利用现状、趋势分析及对策建议[J]. 中国矿业，（6）：6-10.

李泽军，黄佳玉，唐永芳，等. 2013. 支持向量模型的自适用航运量预测研究[J]. 科技视界，（4）：26.

李振宇，朱庆云，卢红，等. 2014. 从汽柴油消费变化预测我国中长期石油需求[J]. 中外能源，19（8）：1-6.

廖鹏. 2004. 京杭运河苏北段船闸通过能力研究[D]. 河海大学硕士学位论文.

刘顺艳，孙根年. 2009. 中国省际煤炭消费与GDP增长关系及拐点预测[J]. 资源科学，31（11）：1880-1886.

刘晓. 2012. 中国区域碳排放配额控制政策的建模和系统开发研究[D]. 华东师范大学博士学位论文.

刘艳飞. 2016. 中国磷矿供需趋势研究[D]. 中国地质大学（北京）硕士学位论文.

刘远平. 2008. 三峡船闸过闸需求预测及提高过闸能力对策研究[D]. 重庆交通大学硕士学位论文.

陆佑楣. 2003. 三峡工程的决策和实践[J]. 中国工程科学，5（6）：1-6.

罗云毅. 2006. 我国固定资本形成率并不算过高——从储蓄与固定资本形成平衡角度的观察[C]// 中国投资协会投资咨询专业委员会. 投资增长速度研究专题研讨会论文集. 北京.

马海峰. 2015. 三峡枢纽过闸货运量预测分析及对策研究[J]. 中国水运，（3）：23-25.

聂开省. 2016. 资源与环境约束下的中国磷矿资源需求探析[J]. 低碳世界，（22）：42-43.

钱芳. 2006a. 水运量预测方法及其应用研究[D]. 河海大学硕士学位论文.

钱芳. 2006b. 基于ANN的非线性组合预测方法在水运货运量预测中的应用[J]. 港口科技，（3）：31-34.

邱忠恩. 1996. 水利工程的航运效益及其计算方法[J]. 人民长江，（9）：29-31.

曲艺. 2011. 基于生态用地约束的土地利用数量结构优化研究——以江苏省南通市为例[D]. 南京农业大学硕士学位论文.

单豪杰. 2008. 中国资本存量K的再估算：1952~2006年[J]. 数量经济技术经济研究，（10）：17-31.

沈利生，乔红芳. 2015. 重估中国的资本存量：1952—2012[J]. 吉林大学社会科学学报，（4）：122-133，252.

孙辉，支大林，李宏瑾. 2010. 对中国各省资本存量的估计及典型性事实：1978~2008[J]. 广东金融学院学报，25（3）：103-116，129.

孙小虹，陈春琳，王高尚，等. 2015. 中国磷矿资源需求预测[J]. 地球学报，（2）：213-219.

谈建平. 2014. 三峡船闸通过能力研究[J]. 港口科技，（8）：40-43.

唐德善，周之豪，黄立文，等. 1991. 黄河干流航运效益计算方法探讨[J]. 水运工程，（4）：1-5.

陶俊法. 2009. 应正确定位我国磷矿资源的现状与前景——我国磷矿资源服务年限分析[J]. 磷肥与复肥，24（3）：6-8.

万德香. 2008. 长江散货运输需求预测研究[D]. 武汉理工大学硕士学位论文.

万轶凌，朱士东. 2006. 组合预测在水路货运量预测中的应用[J]. 交通与运输：学术版，（Z2）：22-24.

王兵，颜鹏飞. 2007. 技术效率、技术进步与东亚经济增长——基于 APEC 视角的实证分析[J]. 经济研究，（5）：91-103.

王学保，蔡果兰. 2009. Logistic 模型的参数估计及人口预测[J]. 北京工商大学学报（自然科学版），（6）：75-78.

王莹. 2016. 2015 年我国磷复肥行业生产运行情况及发展趋势[J]. 中国石油和化工经济分析，（6）：36-40.

王珍，谢五洲. 2012. 基于 Logistic 模型的三峡地区物流产业发展与经济增长关系的实证研究——以宜昌市为例[J]. 三峡大学学报（人文社会科学版），34（2）：62-65.

魏巧云. 2003. 我国水路货物运输流向分析与预测研究[D]. 武汉理工大学硕士学位论文.

温婧. 2011. 中国磷矿资源类型和潜力分析[D]. 中国地质大学（北京）硕士学位论文.

夏翃. 2008. 中国城市化与经济发展关系研究[D]. 首都经济贸易大学博士学位论文.

谢昆. 2013. 中国城市化率与经济发展水平之间关系的研究[D]. 南京大学硕士学位论文.

邢国江. 1988. 关于三峡工程航运效益计算方法的探讨[J]. 水运工程，（3）：17-21.

徐建龙，吕燕. 2014. 居民消费率曲线呈 U 形假说实证研究——兼对中国大陆居民消费率最低年形势判断[J]. 青海社会科学，（3）：61-66，79.

徐杰，段万春，杨建龙. 2010. 中国资本存量的重估[J]. 统计研究，（12）：72-77.

徐圣兵. 2001. 生产函数模型的回归分析及其应用[D]. 湘潭大学硕士学位论文.

许亚丽. 2014. 内河枢纽港发展综合评价理论与方法研究[D]. 重庆交通大学硕士学位论文.

杨静，季耿善. 1994. 苏南运河航运量的遥感估测[J]. 国土资源遥感，6（1）：45-51.

姚育胜. 2008. 从三峡工程航运效益谈长江干流水电开发[J]. 中国三峡，16（3）：60-63.

余爱华. 2003. Logistic 模型的研究[D]. 南京林业大学硕士学位论文.

张德春. 2009. 裕溪船闸通过量预测分析[J]. 工程与建设，23（4）：461-463.

张德义. 2012. 中国能源消费形势与石油需求预测探讨[J]. 当代石油石化，20（3）：1-10.

张华. 2007. 苏北运河货运量预测研究[D]. 河海大学硕士学位论文.

张杰. 2001. 沿海煤炭港口通过能力分析及发展对策研究[D]. 大连海事大学硕士学位论文.

张军，施少华. 2003. 中国经济全要素生产率变动：1952-1998[J]. 世界经济文汇，（2）：17-24.

张军，章元. 2003. 对中国资本存量 K 的再估计[J]. 经济研究，（7）：35-43，90.

张军，吴桂英，张吉鹏. 2004. 中国省际物质资本存量估算：1952—2000[J]. 经济研究，（10）：35-44.

张军扩. 1991. "七五"期间经济效益的综合分析——各要素对经济增长贡献率测算[J]. 经济研究，（4）：8-17.

张凌，张雷. 2014. 内河水运通道能力与适应性分析[J]. 水运工程，（7）：137-140.

张卫峰. 2005. 中国磷矿资源开发利用及其对磷肥产业竞争力的影响[D]. 中国农业大学硕士学位论文.

章元明，盖钧镒. 1994. Logistic 模型的参数估计[J]. 教师教育学报，（2）：46-51.

朱顺应，朱凯，工丽铮. 2011. 基于 Arena 的三峡枢纽运输系统仿真模型[J]. 水运工程，（2）：40-44.

朱永彬，王铮，庞丽，等. 2009. 基于经济模拟的中国能源消费与碳排放高峰预测[J]. 地理学报，（8）：935-944.

邹至庄，刘满强. 1995. 中国的资本形成与经济增长[J]. 数量经济技术经济研究，（3）：35-43.

Bryant B P, Lempert R J. 2010. Thinking inside the box：a participatory, computer-assisted approach to scenario discovery[J]. Technological Forecasting & Social Change, 77 (1): 34-49.

Kapros S, Panou K, Tsamboulas D. 2005. Multicriteria approach to the evaluation of intermodal freight villages[J]. Transportation Research Record Journal of the Transportation Research Board, 1906 (1): 56-63.

Klodzinski J, Al-Deek H. 2004. Methodology for modeling a road network with high truck volumes generated by vessel freight activity from an intermodal facility[J]. Transportation Research Record, (1): 35-44.

Lempert R J, Groves D G, Popper S W, et al. 2006. A general, analytic method for generating robust strategies and narrative scenarios[J]. Management Science, 52 (4): 514-528.

Nordhaus W. 2014. Estimates of the social cost of carbon: concepts and results from the DICE-2013R model and alternative approaches[J]. Journal of the Association of Environmental & Resource Economists, 1 (1): 273-312.

Northam R M. 1979. Urban Geography[M]. Hobken: John Wiley & Sons.

Tinbergen J. 1973. Labour with different types of skills and jobs as production factors[J]. De Economist, 121 (3): 213-224.

Tsamboulas D, Moraitis P. 2008. Methodology for estimating freight volume shift in an international intermodal corridor[J]. Transportation Research Record Journal of the Transportation Research Board, (1): 10-18.

后　记

　　本书为"我国重大基础设施工程管理的理论、方法与应用创新研究"系列丛书之一，是南京大学工程管理学院研究团队多年来关于重大工程决策、方法与应用研究的成果。

　　本书是国家自然科学基金重大项目"重大基础设施工程决策分析与决策管理研究"（71390521），国家自然科学基金委员会重大研究计划"大数据驱动的管理与决策研究"的培育项目"大数据驱动的太湖流域水环境综合治理全景式情景重构与预测研究"（91646123）的重要研究成果之一，我们对管理科学部表示深深的谢意。

　　本书的学术思想、理论体系中的核心概念、基本原理及科学问题等由盛昭瀚教授提出，并由他负责全书整体结构的策划，徐峰副教授负责最后统稿工作，具体章节安排如下：第1章（丁斅、盛昭瀚）、第2章（丁斅、盛昭瀚）、第3章（梁茹、盛昭瀚）、第4章（徐峰、盛昭瀚、陈永泰等）、第5章（辛文杰、徐群、莫思平、何杰、应强、季荣耀、王俊等）、第6章（徐峰、陈永泰、石恋、丁斅等）、第7章（徐峰、徐伟伟、陈永泰、马梦园等）。此外，研究生马梦园、王温、张燕如、万敏、马宇辰等参与大量稿件校对和修订工作，在此一并致以衷心的感谢。

　　本书能够在科学出版社顺利出版，缘于魏如萍编辑的帮助和支持。正是她认真严谨的工作才使得本书得以顺利完成。在此，我们对她深表谢意！

　　重大工程情景鲁棒性决策理论及其关键技术涉及多领域、多学科，本书只是我们在这一领域内探索初期的阶段性成果，许多更为深刻的问题尚有待于我们进一步去研究和认识。由于我们水平有限，学术积淀尚需进一步积累，故本书难免有不足之处，尚祈专家与读者不吝赐教。